一 切 从 未 发 生

梵澄译丛·主编闻中

一切从未发生
帕帕吉传（上）

[英]大卫·高德曼 著

顾象 智原 译

广西师范大学出版社
·桂林·

总顾问

高世名

顾 问

（以姓氏笔画为序）

王志成

毛世昌

卢勇

乐黛云

孙波

孙向晨

杜伽南达

吴学国

余旭红

张颂仁

高世名

雷子人

主 编

闻中

中译者说明

《帕帕吉传》原书为英语，分为三卷，书名为 *Nothing Ever Happened*。中文译本将分为上、中、下三卷出版，各自取名为《一切从未发生》《一切从未分离》《一切从未结束》。顾象、智原所译的中译本获得了 Avadhuta Foundation 的独家中文翻译授权。

正文中的人名、地名和书名在书中首次出现时会在圆括号中标注英文原文，或在脚注中标注原文。有些专业词汇本来就以梵文形式出现，也会在圆括号中标注出来。

正文中出现的术语后圆括号或方括号中的解释性文字是原编撰者大卫·高德曼（David Godman）所作。全书脚注为中译者编撰。

书中出现的印度灵修术语、神祇名号、著名宗教人物名字，大多遵照目前约定俗成的方法翻译，比如 Krishna 译为"黑天"，kundalini 译为"拙火"，gunas 译为"三德"等。有一些艰深的印度灵修术语，如智（buddhi）、毗梨耶（Vritti）等，我们大多遵从研究印度教的华人学者们的译法，并且编写了脚注，期望尽量能让学有余力的读者进一步领略印度灵修传统的博大精深。

一些在西方的灵修语境中已经约定俗成的英语词汇，比如 mind、Self、vision、experience、meditate、consciousness、awareness、 bliss、trance 等，若固定翻译为某一个中文词会显得机械而僵硬，且无法尽显其中多种的含义，于是我们根据上下语境，采取了较为灵活的译法，并没有拘泥于一个特定用词。

书中摘录了许多当事人的回忆、书信等资料，因为出自不同人之口，用词习惯也有不同，甚至有些讲述、文字语意不明，或者语法有误，都在中译本中尽量予以保留和展现。

英文原本每一卷卷末有"资料出处"、"索引"和"词汇表"三部分附录内容，这些资料所针对的是英语读者，语境与中文读者相差颇大，所以在此中译本中并未收录。简体中译本中有一些地图、图片资料，也做了相应的删减。此中译本的中文繁体版本由台湾红桌文化出版社出版。

翻译出版本书的目的是使读者了解印度文化，仅供学术研究之用，而非认同原作观点。

原编撰者序

许多年前，我曾着手搜集资料，希望能为室利·拉玛那·马哈希这位南印度无可比拟的智圣重编一本传记，他的生平和教法对身处世界各个角落的人们产生了很大影响，受到启发并被转变的不计其数。但这项计划一直没有真正启动，因为我意识到这样一位圣者，本质上就注定了不可能对他有确定性的、客观准确的描述。真正的智者就是一切众生的真心，没有名字，没有形象。虽然他看上去好像具有一种人格和气质，似乎拥有一段人生故事，但他的言谈及行为，也就是编写传记所依据的原始材料，基本上都只是对接触者们头脑的回应而已。接触到一位真正的上师时，人们的所见所感各不相同，但反映出来的永远都只是那个人自己的需求、渴望和内在成熟程度。那些通过他的恩典，对他的无形之体有了直接体会的人，才能真正清楚地见到他。如同室利·拉玛那自己在一首泰米尔语诗歌中所写的："唯有他知道我，知道我的真面目。"

明白这点后，我开始将自己的研究工作转向那些在他身边有过非凡觉醒体验的弟子，关注起了他们的生活和经历。经过数年的时间，我搜集到了许多详尽的第一手叙述，讲述了和他共同生活、和他交谈，以及受他感染而契入他内在的寂静会是什么样子。我本想为每位弟子各立一章，但有两人的材料太过丰富，非常引人入胜，于是就从章节扩展成了两本完整的书。第一本是《信受奉行》(Living by the Words of Bhagavan)，由安纳玛莱·斯瓦米①记述在室利·拉玛那身边的多年经历，此书于1994年出版。自那时起到现在的这三年，我大部分时间都在搜集、编写哈利万什·拉尔·彭嘉（Hariwansh Lal Poonja）的生平和教法，他如今以"帕帕吉"之名广为人知。他是旁遮普人，20世纪40年代被引领至室利·拉玛那身边。我试图在《帕帕吉传》这三卷中介绍他的生平和教导，时间跨度从他最早的儿童时期到20世纪80年代开始吸引大批西方访客为止。而此后的故事，我希望能在未来出版续卷加以记载。任何在20世纪80年代至90年代间遇见过帕帕吉的人，我会很乐意能收到你们的讯息和邮件，以将他的人生故事尽可能完整地记录下来。

《帕帕吉传》以帕帕吉本人的第一人称叙述为主，经过了我的编辑，并加上我从他的家人和弟子处收集到的故事和访谈作为补充。我的插叙、评论和解释以楷体标示。为了行文方便简洁起见，在全书中我都称他为"帕帕吉"（Papaji，意为"敬爱的爸爸"），尽管这个名字是最近几年才开始流行的。早些年间，人们以许多名字和称号称呼他："罗摩"（Ram）、"哈尔班斯"（Harbans）、"哈利拉

---

① 安纳玛莱·斯瓦米（Swami Annamalai, 1906—1995），拉玛那的弟子、侍者。年幼时，父亲为防其出家，不让他上学读书。他十七岁时离家出走，二十二岁跟随拉玛那修行，并成为侍者和之后道场工程的负责人。十年后，遵师嘱离开道场自行闭关参问，数十年后终达证悟。20世纪80年代开始，许多西方求道者慕名前往他的住处参访，其中的问答被集结成书，由大卫·高德曼编辑出版，名为《安纳玛莱·斯瓦米：最后的谈话》(Swami Annamalai: Final Talks)。——译者注
以下皆为译者注，不再一一标注。

尔"(Harilal)、"彭嘉吉"(Poonjaji)、"斯瓦米吉"(Swamiji)、"马哈拉吉"(Maharaj)、"上师"(the Master),甚至还有"蝎子巴巴"(Scorpion Baba)。

由于帕帕吉在英治印度下长大并接受教育,他的书面英语更偏英式而非美式。因此我也保留了这一风格,尤其是几年前帕帕吉告诉我,他不喜欢早些年一本关于他的书,因为书里让他显得"太美国人"了。

能和帕帕吉共同生活,并和他一同参与编写此书是我的莫大殊荣。现在我将此书供养给室利·拉玛那·马哈希以及所有曾接触过他并知晓了他的真正面容之人——其中也包括帕帕吉。过去的十五年中,我大部分时间都和这些人在一起生活、工作。将他们的事迹记录下来,这对于我而言就是一种致敬,是表达最高敬意的方式。叙述他们的生平和教法编年时,我尽力做到事实上的准确和学术上的规范,让本书不落入单纯吹捧性的圣徒行传之流。但同时,我也不掩饰自己确实视这些人为神在人间的化现。我景仰他们的成就,崇敬他们的高超境界,因而尽我所能收集一切信息并展现给普通大众,希望至少有些许读者会受激励去追求证得实相——这些圣者毫不造作地就彰显出的实相。这些书可以说是我个人的示敬之举。

我要以一首17世纪马拉地圣者图卡拉姆①的诗歌作为前言的结尾,对于自己写下的文字,他与我有着相同的感受:

言辞乃是吾

---

① 图卡拉姆(Tukram, 1598—1650),简称图卡(Tuka),印度伟大的马拉地语诗人,虔爱道的圣者。

所具唯一珍。
言辞乃是吾
所穿唯一衣。
言辞乃是吾
唯一系命食。
言辞乃是吾
散众唯一财。

图卡如是言：
"见证真言者为神。
吾以言辞顶礼彼。"

大卫·高德曼

1997年3月于勒克瑙[①]

---

① 勒克瑙（Lucknow），印度北方邦（Uttar Pradesh）的首府。帕帕吉晚年大多住于勒克瑙，直至1997年9月6日过世。

感谢

本书的编写工作非常耗费心血,许多人为此贡献出了时间、专业意见和知识。我要感谢以下所有人,感谢他们的付出和帮助。

文本和故事

本书内容主要来源于帕帕吉本人。在本项工作开始,他花了一整个夏天,在我给他的一份详细问卷上写下了回复。后来,我对他的人生经历及教法进行了补充提问,他就在原先二百三十四页的答卷上又增写了一百页。除书面回答外,他还在1995和1996年勒克瑙的萨特桑(Satsang)①上回答了我许多问题。后来帕帕吉翻阅了所有我写下的文字章节,偶尔做出一些改正。通常这是一些细微的改动,如某些名字的拼写。在1996年2月到10月间,他在勒克瑙的萨特桑上朗读

---

① Satsang 源自梵语 sat-sanga,sat 意为"真实""如是""自性",sanga 意为"陪伴""相近",指与圣者、导师的亲近。通常表现为求道者们聚集在导师、圣者面前,进行灵性问答、禅修、领受加持等活动。

了此书大约三分之二的篇幅。在每一卷末尾的"资料来源"①中都可以找到朗读的日期细节。我要感谢帕帕吉,感谢他所有书面和口头提供的资料,感谢他对这项工作自始至终给予的热心鼓励,也感谢他允许我从他的私人信件、笔记本和日记本,以及从他的亲人和弟子那里收集资料。

在我的研究过程中,我采访了许多帕帕吉的弟子。后来,一旦情况许可,我就要求所有在书中出现故事的弟子都要检查各自的部分,看看我对他们的描述是否正确,是否可以接受,务必让他们满意。我要感谢在此期间给予本书帮助的每一个人,感谢他们跟我讲了自己的故事,寄给我信件复印件,并检查自己故事的真实性。一些认识帕帕吉已有二十年甚至更久的弟子还同意阅览我的全部手稿,并就编辑和事实叙述方面给出了建议。这些参与带来了许多有用的补充和修订。我要特别感谢蜜拉・德古(Meera Decoux)、拉哲和毗纳亚克・普拉布(Raj and Vinayak Prabhu)、唵・普拉喀什・西亚勒(Om Prakash Syal)、拉维・巴克惹(Ravi Bakre)和拉曼・埃利斯(Raman Ellis),感谢他们反馈意见并补充细节。

转录与打字

1992 年至 1995 年间,帕帕吉在勒克瑙举行萨特桑时,经常会提

---

① 英文原本每一卷卷末有 Sources and Notes,注明了卷中所载的故事、教言、对话出自何处,比如出自当面的访谈、书信、影像资料、图书或者萨特桑的录音等等。卷末还有索引和术语注解,这三个部分加在一起有四五十页之多,考虑到中文读者对帕帕吉的了解尚属初期阶段,所以这三个原文附录部分在本中译本中都予省略。

到自己生活中的一些故事。这一期间的录音和录像，记录了大约 800 小时开示与对话。许多人替我听完了这些录音录像，把和帕帕吉生平相关的故事转录成了文字。我要感谢 Reena 帮助协调这方面的工作，感谢 Jahnavi 和 Chandramana 承担了几乎一半的工作，而下面这些人承担了剩下的部分：

Aditi, Alba, Amandan, Amravati, Ana, Angeline, Ann, Aruna, Asha, Atma, Bob, Brijbala, Caroline, Darrell, Dinesh, Durga, Gauri, Gomati, Gopal Ram, Gopi Krishna, Jaya, Jayant, Kate, Katia, Kevan, Kirparam, Krishnaprem, Maithreyi, Nirmala, Nitya, Prasanna, Priya, Radha, Ramba, Rani, Sankalpa, Santosh, Shambu, Shanti, Shubha, Sitara, Spar, Susan, Triveno, Vajra, Vasanta, Yogi。

在搜集过程中，我汇总了数千页的原始材料，有信件、访谈和故事。许多人帮我打字录入这些材料，但我要特别提到 Katia、Kirparam、美国人 Bhagirti 和德国人 Bhagirti。为了把这些数据输入我的电脑，他们每个人都投入了数百小时。

图像、照片和整体设计

本书大部分的照片都来自帕帕吉自己的收藏。我要感谢他的亲人和弟子们提供了其他的照片。我要特别提到 Markus Horlacher 和拉维·巴克惹。前者走遍了卡纳塔克邦和果阿邦，从 20 世纪 60 年代至 70 年代期间认识帕帕吉的弟子手里，搜集了所有能找到的照片；后者则为这项工作提供了帮助，不辞辛劳辨认出了旧合照中所有人。英文版封面上的这张照片是帕帕吉自己选的。他也检查了我所选择用来放在正文中的黑白照片，修改了几处我写的图片说明。

我要感谢 Dharama 和 Rama 制作的地图，感谢 Carol Watts 制作封面，感谢 Mike Pocreva、Michele Moore 和 Rama 修缮了许多旧图片，感谢 Priya 进行排版和整体设计。

技术和财务支持

我受惠于一名希望匿名的弟子捐献出资金，承担了此书的首次印刷费用。出版前，筹备此书的大部分资金支持出自 Avadhuta Foundation 的 Kamal。我要感谢他提供的资金和设备，才使此书得以问世，我要感谢他对我提出的任何请求都没有说过"不"。还要感谢唵·普拉喀什（Om Prakash）在勒克瑙炎热而尘土漫天的环境中维持我那台老出问题的烂电脑能运作下去。我还想要提到并感谢 Almira，感谢她在此书准备工作的数年间慷慨、温柔、充满温暖的支持。

研究、翻译、编辑和校对

Rama Bonner-Crowell 积极地为我追踪到了许多鲜为人知的历史事实，并帮助准备了术语表。我要感谢他和以下这些人，阅读了手稿并找到了许多需要修正或改善的词句和段落，他们是：Gita、Jaya、Jahnavi、Vasanta、Dev Gogoi、Swami Ramanananda Giri 和 Swami Nirvanananda。Swami Ramanananda Giri 还翻译了帕帕吉用非英语写下的那部分日记。还要感谢 Anasuya，他翻译了 20 世纪 70 年代一些原本用法语记录的萨特桑对话；要感谢弥拉（Mira）替我找到了帕帕吉在澳大利亚的一名老弟子，并采访了他。

虽然我在许多方面得到了建议和帮助，但最后成文中任何可能出现的错误，则由我负担全责。

出版社

我要感谢室利·拉玛那道场（Sri Ramanasramam）的主席允许我在书中收录一张室利·拉玛那·马哈希的照片；要感谢德里的阿比什克塔南达协会（Abhishiktananda Society）的 James Stuart 神父允许我大段摘录阿比什克塔南达·斯瓦米（Swami Abhishiktananda）出版的著作中的文字；感谢卡尔洛斯·希尔瓦（Carlos Silva）允许我从他的自传《第四运动》(*The Fourth Movement*) 中摘录片段；感谢企鹅图书（Penguin Books）允许我摘录 Dilip Chitre 的《图卡说》(*Says Tuka*) 中图卡拉姆的诗句。

目 录

第一章　早年生活 \001

第二章　拉玛那·马哈希 \087

第三章　矿场经理 \178

第四章　罗摩寺 \274

中译者后记 \383

第一章
早年生活

20世纪初,西旁遮普省莱亚普尔地区①恰好地跨边界线。英国政府急于掌控土地,承诺任何人只要愿意清理森林、开垦农田就可免费获得五十英亩土地。政府还新建了一条灌溉渠,使农垦计划切实可行。于是成千上万人从印度更为贫瘠的地方移民来此。莱亚普尔镇是英国人19世纪建造的,寄望它能成为新兴发展地区的核心。镇子以一位英国高官的名字命名,市中心街道布局也类似英国的米字旗线条。当地的常住居民多数是穆斯林,但大部分安顿下来的新移民则信奉锡克教或印度教。这波移民潮结束时,莱亚普尔镇人口约有四万,其中大约一半为锡克教徒和印度教徒。

帕帕吉的家族并不在这批农业移民中。他们属于一个小型婆罗门族群,许多代人都在这片土地上生活。祖上有一人曾是锡克王朝末代统治者冉吉特·辛大君(Maharaj Ranjit Singh)的文官,这一王朝直到19世纪中叶还统治着旁遮普的大部分地区。帕帕吉所属的婆罗门

---

① 旁遮普(Punjab),横跨印度与巴基斯坦的大片地区,印巴分治后分为东、西旁遮普,分属两国。莱亚普尔(Lyallpur),今巴基斯坦旁遮普省的费萨拉巴德市(Faisalabade),巴基斯坦第三大城市,印巴分治前名为莱亚普尔。

氏族祖上大多是学者,但他的父亲帕玛南德(Parmanand)打破了家族传统,去当了火车站站长。当时英国政府需要大批有文化、受过教育的人来负责政府的行政工作,于是长期以来作为印度文化教育精英的婆罗门有了许多新的工作机会。

大约在1911年,帕玛南德娶了一个十六岁少女,名叫雅穆纳·提琵(Yamuna Devi)。他自己时年二十。两年后帕帕吉出生了,成为他们总共九个孩子中的长子。依据传统,婴儿被送往母亲的娘家,一个叫穆拉利瓦里(Muraliwali)的小村庄,位于莱亚普尔东北约五十英里处。

帕帕吉的一些早期生活记录表明他出生于1910年10月13日。但我从官方文档、他的家人、他年轻时的熟人那里搜来的信息,以及帕帕吉对自己早年生活口述的点点滴滴,却让我相信他出生在1913年10月13日。帕帕吉知道官方文档上记录的是1913年,但他认为文档有误,正确的年份应该是1910年。编写这本传记时,我采用的是稍晚的年份,理由详细记录在本卷末尾的"资料来源"中[①]。

由于帕玛南德在不同车站间频繁调动,而且经常在不适宜安顿家人的偏远地区工作,帕帕吉幼年时没有和父亲生活在一起。他六岁以前大部分时间都是和母亲一起在穆拉利瓦里的外祖父母家度过。距村庄最近的镇子是六英里之外的古吉澜瓦拉(Gujranwalla),是当地的中心。后来,帕玛南德在古鲁纳纳克普拉(Guru Nanak Pura)买了栋房子,那里是莱亚普尔南部的小型婆罗门聚集区。尽管帕玛南德继

[①] "资料来源"中大卫·高德曼详细列举了许多资料,官方文档、他的家人、熟人的回忆,都倾向于他出生于1913年。这些资料所针对的是英语读者,语境与中文读者相差颇大,所以在此中译本中并未收录。

续在旁遮普和俾路支省①不同地区生活、工作,也常带着家人一起赴职履新,莱亚普尔的这栋房子一直是家庭的主要住宅,直至1947年印巴分治。

帕帕吉对于不停地从上一个城镇搬家到下一个的生活还有些模糊的记忆,尽管大部分细节都不记得了。

"我一生都在旅行,"他有次对我说,"整个一生都在从一地搬到另一地。直到20世纪80年代后期,因为年龄关系我才开始在勒克瑙安顿下来,此前我从没在一个地方住超过一年。"

除了因父亲工作而频繁迁移,帕帕吉还常被带去旅行。每年盛夏,全家人都会休至少一个月的假,住在恒河边的圣城哈德瓦(Hardwar)。恒河在此处离开喜马拉雅山,进入印度平原。帕帕吉对恒河,尤其是对哈德瓦长达一生的热爱,可以追溯至每年都在河里游玩数周的少年时代。

我一生都被拉向哈德瓦。还是小孩的时候,我每年就和父母去那里住上一两个月。我父亲当时在铁路局工作,所以我们有免费的往返票。学校放两个月暑假时,他也会休假,和我们一起去哈德瓦。我五岁时就在恒河里学会了游泳和漂浮。那时我就能游到对岸。

帕帕吉的父母都是虔诚、本分的印度教徒。雅穆纳·提琵会给娘

---

① 俾路支省(Baluchistan),位于今巴基斯坦西部,该国四个省份之一,北邻阿富汗,南邻阿拉伯海。

家村庄里的女人唱拜赞歌[1]，而帕玛南德则热衷于持诵（japa）"嘉，悉塔罗摩[2]"。持诵就是重复念诵神的名号。修行生活对帕帕吉有天然的吸引力，却不是以常见的外在修行形式表现出来。自三岁或四岁开始，他就会静静地坐着，闭着眼睛；寂静之流穿过他，他沉浸其中。他早年的修行举动让父母印象深刻，因此就给他取了个昵称叫"罗摩"（Ram）。罗摩是《罗摩衍那》的男主人公，是毗湿奴神（God Vishnu）的化身。从更普遍的意义上说，罗摩就是神本身的一个常用名号。

帕帕吉对自己童年只有零星的记忆，但我从他妹妹苏蜜特拉（Sumitra）那里收集了一些细节。尽管她那时还很年幼，可能没有亲眼见到，但帕帕吉早年的奇特举止早已是家族内的传奇故事。1994年我在她德里家中和她倾谈过，对话中，她经常称帕帕吉为"巴伊·撒赫伯"（Bhai Saheb），这在旁遮普语中表示"尊敬的兄长"。

大卫：你对家庭生活最早的记忆是什么？

苏蜜特拉：我出生在1918年，比巴伊·撒赫伯小五岁。所以我最早的记忆是从20世纪20年代开始的。我们的父亲在许多不同的地方当站长。他经常不在家，我们也必须在城镇间搬来搬去。

大卫：你还记得他在哪些地方当站长吗？

苏蜜特拉：大部分都是些小地方。有个地方叫齐崇奇马莲（Cheechon Ki Malian），在莱亚普尔到拉合尔[3]一线上。他也曾在噶

---

[1] 拜赞歌（bhajan），祷告歌的一种，无固定形式，从印度传统音乐中形成，以简短抒情诗表达对神的爱。
[2] 嘉，悉塔罗摩（Jai Sitaram），意为光荣属于悉塔和罗摩。
[3] 拉合尔（Lahore），现为巴基斯坦旁遮普省省会，为巴基斯坦第二大城市。

提（Gati）和乌巴斯普尔（Ubas Pur）上过班，这两地都在莱亚普尔附近。还有个车站叫作达德帕天尼（Dad Patiani），靠近哈拉帕（Harappa），他也曾在木尔坦（Multan）工作过。还有些别的地方，但我记不得名字了。

大卫：你父亲调动时，你们是否和他一起走，还是说家里其他人都留在一个地方？

苏蜜特拉：通常他调动时全家就跟着走。他每过几年就调动一次。无论我们搬去哪里，在政府的管辖区都会有住所安排给我们住。刚开始被派去的地方都非常小，在农村，设施有限。我们会直接到农民的田头去买菜，否则就没地方买了。我们养着几头水牛，提供牛奶和奶油。家里人都非常喜欢牛奶和奶油，总是吃不够。

童年时，我们身边总有些水牛。有时候它们甚至和我们一起住在屋子里。巴伊·撒赫伯和弟弟经常牵着水牛去附近的丛林里放牧。在那些地方有许多蛇，所以不管你在什么地方，只要一坐下，蛇就会爬上来。巴伊·撒赫伯告诉我有时候蛇会吃掉他带的午餐。这对他来说完全没问题，因为他一点都不怕蛇。他还很小的时候就会抓着蛇的脖子，在自己头上舞动。他喜欢和蛇一起玩。

大卫：你们在这些偏僻的地方都玩些什么？怎么消磨时间？

苏蜜特拉：我们玩火车玩得特别开心。火车到站后，我们就在车厢里玩，火车沿站台行驶时，我们就跳上跳下。

巴伊·撒赫伯非常淘气。他那时常常大肆作弄店铺的伙计。在每天最热的时候，或生意清淡时，商铺店主常会让年轻的男孩来看店。巴伊·撒赫伯常在男孩们不注意的时候跑到路边朝他们泼热水，有一次甚至泼热灰。

大卫：帕帕吉曾对我说,他还很小的时候,他母亲常叫他"罗摩"。他怎么会有这个名字的?

苏蜜特拉：他还很小的时候常常用泥巴涂身,做普嘉仪轨①。这种时候,他会重复说"我是罗摩。我是罗摩"。因此父亲就开玩笑地叫他"罗摩"。这名字就这么叫开了,父母就都称他"罗摩"了。

"罗摩"不仅只是他童年的外号。我曾遇见一些弟子到了20世纪70年代中期也这么称呼他。而帕帕吉的父母通常叫他"哈尔班斯",这是哈利万什②的简称。

大卫：他还进行别的什么修行吗?你对他早年的修行生活还记得些什么吗?

苏蜜特拉：他常常出门去拜访镇子外边的苦行僧(sadhu)道场,经常在那里待到夜深。有次他回来得太晚,被母亲责骂,他就说:"我是水牛吗?要六点回来好让你挤奶?"有时如果他不回家,父亲就会到镇子外的苦行僧营地(sadhu bela)找他。这是我们住在莱亚普尔时的事情了。父亲总是知道在哪里能找到他。如果巴伊·撒赫伯不见了,总能在当地苦行僧那里找到他。

苦行僧指印度教僧侣,通常过着四处云游的生活,在乡间漫游乞讨食物。住在莱亚普尔城外的那群苦行僧不属于印度教,而是一个被

---

① 普嘉仪轨(Pujapath),虔信敬拜仪式,包括献供(puja)、持诵(japa)和念诵经文等。"我是罗摩"就是一个常见的供持诵的咒语。
② 哈利万什(Hariwansh),帕帕吉的中间名,简称哈尔班斯(Harbans)。

称为"马斯特·卡兰达"①的穆斯林教派。1995年,帕帕吉给他一个弟子起名为"马斯特·卡兰达",那人对这一传统并不熟悉,于是请帕帕吉加以解释。

马斯特·卡兰达:您能告诉我关于您遇见过的马斯特·卡兰达的故事吗?

帕帕吉:我年纪很小时,有一群这样的人在我们镇子外扎营。他们通常一身黑衣,手腕上戴着金属镯子。他们唱诵时,会以一种极富节奏感的方式,用棍子敲击这些镯子。他们这群人非常开心、无忧无虑,四处走动时,口中总是唱着"马斯特·卡兰达!马斯特·卡兰达!"人们也因此这么称呼他们。他们甚至都不乞讨食物,就是唱歌、跳舞,镯子叮当作响,大喊着"马斯特·卡兰达",人们听到声音就会过来,给他们食物。每天晚上,从夜里十点到次日六点,他们会一直在帐篷里唱歌跳舞。我很喜欢参加,但我知道父母绝对不会允许我在那里和他们过夜。

有时我对母亲说:"我打算和朋友一起做作业,在他那里过夜,早上就从他家直接去学校。"

然后,当父母以为我在学习或睡觉时,我就会跑出去和马斯特·卡兰达们在一起,看他们跳舞唱歌。他们一般会雇一些当地妓女来给他们跳舞。那些女人自然是为了钱。莱亚普尔的马斯特·卡兰达的首领有些悉地(siddhi,神通)。只要他想用钱的时候,就能变出一些卢比硬币来,所以他一直为众人花钱买乐。那个时候一卢比算得上

---

① 马斯特·卡兰达(Mast Kalandars),在印地语或乌尔都语的字面意义上,指欢乐、妙乐、不在乎世间悲愁者。

是一大笔钱。现在可能要花一百卢比才能买到当时一卢比就能买的东西。首领的卢比硬币好像取之不尽。他用手在自己的膝盖上摩挲摩挲，就会出现一个卢比硬币。每个女子每次来跳舞都会拿到一个卢比，这让他大受欢迎。一般来说，这些女子能获得的报酬远低于此。现在，像是赛西亚·塞·巴巴①也能为弟子们变出圣灰②，可拿圣灰有什么用呢？变出钱来买乐可要实在得多。

每次帕帕吉不见踪影时，他父母就知道最有可能在镇外的苦行僧营地找到他。

有次父亲来找他，他却说："为什么你要来找我，而不是让我和神在一起？"

帕玛南德绝不会允许儿子和这群人在一起。尽管他常常斥责苦行僧们让自己的儿子在那里逗留太久，但马斯特·卡兰达们依然允许帕帕吉来看他们的表演。

在《帕帕吉访谈录》③一书里，我记录了他早年生活中的另一件事。这是帕帕吉的版本：

童年时，其他男孩会根据各自的幻想扮演士兵或假装自己是著名的体育明星或政治家。而我却渴望模仿苦行僧。我对这些人的内心生

---

① 赛西亚·塞·巴巴（Sathya Sai Baba，1926—2011），据称是舍第·塞·巴巴的转世。他展示的神通包括用圣灰变物、治愈疾病等等，其人颇有争议。
② 圣灰（vibhuti），燃香等剩下的灰烬。
③ 《帕帕吉访谈录》(*Papaji: Interviews*)，由大卫·高德曼编写，1993 年由 Avadhuta Foundation 出版，收录了 1990—1993 年间几位外国弟子和记者与帕帕吉的访谈。中译本由红桌文化在 2021 年出版。

活一无所知，但仅仅模仿他们的外表就已经让我颇为满足。我记得有一天我决定要扮演一位裸体的苦行僧，还说服了妹妹加入游戏。我们脱掉衣服，用木灰假装圣灰涂抹在身上，并在花园里生了一堆火，盘腿坐在火前。因为对禅修或瑜伽什么都不懂，我们能做的也就这样。邻居恰好从两家之间的花园围墙上看过来，可想而知，当他看到一个身上涂满了灰的全裸女孩时，是如何大惊失色。我们那时太天真，没想过年幼的女孩不应该赤身裸体坐在外面。邻居叫来我们的母亲，游戏就被叫停了。

我以为苏蜜特拉可能就是故事里的女孩，就向她询问这件事。

大卫：帕帕吉曾说过他有次脱掉了所有衣服，在身上涂木灰，坐在花园里假扮苦行僧。还提到他说服了一个妹妹也脱掉所有衣服加入。你是这个妹妹吗？

苏蜜特拉（大笑）：不，不是我。是我们邻居的女儿，名叫雪拉（Sheila）。她妈妈看到她不穿衣服坐在我们花园里，非常生气，过来向我妈妈投诉："他们在搞什么？他们在搞什么？"她没法理解那就是两个小孩在扮苦行僧的游戏。我们知道他喜欢扮苦行僧，但我们也很难说服邻居那只不过是天真无邪的游戏而已。

大卫：所以他经常像那样坐着？

苏蜜特拉：他一直都那样，盘着腿，坐在地板上。朋友来找他时，他会让朋友们也一起那样坐在地板上。对巴伊·撒赫伯来说，那不是游戏。他经常会进入一种状态，很容易就能看出他在某种程度上变了个人。他的脸会完全改变，以至于看起来不再是我们认识的那个人。产生这种变化的时候,他的头发会根根竖起。

有次当他从这种状态中出来,我问他:"你看起来像那样的时候,你去了哪里?"

他回答:"这不像是坐火车去了哪里,更像是坐飞机穿越云霄。"

莱亚普尔,古鲁纳纳克普拉,第十二街。帕帕吉一家住在这条街上,直至1947年。这张照片是近照。帕帕吉上次见到这条街已经是五十年前了,他认不出自己家是哪栋房子。

在苦行僧营地度过的夜晚及在家禅坐的时光,让他没什么时间应付学业。他也不为之烦恼,因为他对这些毫无兴趣。

我在学校时不做作业,更喜欢玩。第二天去学校时我膝盖发抖,知道自己会为不做作业受罚,但我依然如故。玩游戏要开心得多。有时候我会因为不做功课而挨藤条,但大多数情况下老师会让我站一天。我喜欢站着，这要比坐在那里被老师逼着一直解题好多了。老师自己不能打我们，他只能把我们送到教务长那里，因为所有的藤条都放在教务长的屋子里。

我在校时没怎么做作业。我喜欢和朋友一起玩，也喜欢晚上出去和苦行僧在一起，但我没时间做学校作业。我在男孩足球队里是守门员，所以常常很长时间只是站在那里什么都不干。守门员并不会一直参与比赛，大部分时间他就是站着，等着有什么发生。

老师放弃了我。我一到教室，他就会问我作业做了没有，我告诉他没做，然后就被罚在角落里面壁一天。这些惩罚不见效时，他就让我在自己的课桌上站上一整天。他觉得这样我最终会累得不行，会想坐下来，但我从未妥协。作为守门员我是练过的，有本事整天站着，没什么不舒服的。

如果我不情愿在课桌上站一天，就干脆逃学，跑出去自己玩。在我看来，对小孩来说，玩耍要比整天坐在桌子前钻研书本有益得多。我觉得自己当时就明白了这点。我心里一直有种感觉："当我能出去玩的时候，为什么要浪费时间死啃书本？"

帕帕吉童年时有一重要事件，是他在拉合尔亲戚家做客期间经历的一次深刻体验。他曾将之作为"我的最早记忆"向我叙述，所以很可能这件事发生在迄今为止所有他告诉过我的事情之前。事实上，我觉得应该说他所有童年和少年时期的特别经验都是由这件事情导致的。

那是1919年。英国刚在第一次世界大战中获胜，所有学校都放假一个月，让学生庆祝胜利。他们还让我们佩戴一块纪念胜利的小徽章。我的母亲决定用这次计划外的假期去走访拉合尔市的亲戚。这肯定发生在那年夏天,因为我清楚地记得那正是芒果当令的季节。

某个傍晚,大家都坐在拉合尔的亲戚家里,有人开始做一种用芒果、牛奶和杏仁混合的饮料。对我那个年纪的男孩来说,这东西让人垂涎欲滴。然而杯子递上来时,我却没有伸手去接的意思。并非我不想喝。事实上,我刚被一种让我平静的妙乐体验吞没,杯子递过来,我没办法回应。我母亲和其他在场妇女被我突然的静止惊吓到了。她们围拢过来,想弄明白是怎么回事,该怎么办。在此期间,我的眼睛始终闭着。尽管我不能回应她们的询问,却能听见身边的讨论声,对她们想让我回到平日有意识的状态的种种尝试都一清二楚。她们摇晃着我,轻轻拍打我的脸,捏着我的脸颊,甚至有人把我举到空中。但一切都徒劳无功。我不是在硬倔着不动。这体验是如此势不可挡,它令我完全瘫痪以至无法回应任何外部的刺激。大约过了一个小时,她们尝试了一切能想到的方法,想让我恢复日常状态,但都失败了。

我并没得病,之前在我身上从未发生过这样的体验,事发前我也没有表现出任何奇怪的征兆。因为事发突然,未有先例,而且我不管怎样摇晃都无法被唤醒,于是我的家人得出了结论:我突然而神秘地被恶灵附体了。那时候,没有精神病专家可找。一般发生类似的事情时,标准做法是带病人去当地的清真寺,请毛拉[①]驱邪。那时人们甚至会带得了病或挤不出奶的水牛去,希望驱邪术和咒语多少能去除病苦。

因此,虽然我来自一个印度教家庭,还是被带到了当地清真寺,请一位毛拉来看。他唱诵着一些字句,一边用一些金属钳子在我身上

---

① 毛拉(Mulla),伊斯兰教称呼圣人或教士。

扫过。这是驱邪的标准方法。毛拉带着惯常的乐观语气说我很快就会好起来的，但他的努力如同之前我家人一样也失败了。我还是一动不动，被带回家放到了床上。整整两天，我都处于这平静、妙乐、幸福的状态，无法和任何人沟通，但完全清楚发生在我身边的种种事情。

两天后，我重新睁开了眼睛。我的母亲，一位热忱的黑天[①]虔信者（bhakta），来到我面前问："你有没有见到黑天？"

她看到我如此快乐，就觉得并非如起初所想那样是被附体了，相反地，她设想我是有了某种和她最钟爱的神祇相关的神秘体验。

"不。"我回答，"我只能说，我很快乐。"

至于到底是什么原因，我和家人一样茫然。我那时还不知自己体验到的是什么，也不知道是什么促成我突然沉浸在那强烈得叫人无法动弹的妙乐中。

母亲再度追问时，我告诉她："那是一种无边的幸福、无边的平静、无边的美丽。我没法用语言形容。"

母亲不愿放弃她的想法。她拿来一张孩童形象的黑天画像给我看，并且问道："你是不是见到了一个长得像这样的人？"

我再次告诉她："不，我没有。"

尽管和我自己的直接体验并不相符，母亲还是在某种程度上让我相信那种喜悦是来自与黑天的接触。她鼓励我虔信黑天，说如果我冥想黑天并重复他的名号，我那种对他的体验迟早会再来。

这个记录与《帕帕吉访谈录》里的基本一致，只是略有修改。在

[①] 黑天，或译克里希纳，印度教主神毗湿奴的化身之一。

1995年接受一位名叫睿希（Rishi）的芬兰记者采访时，帕帕吉又补充了一点细节：

在此体验期间，泪水从我眼里滑落。那是妙乐之泪。母亲想要知道我为什么哭了，但我没法告诉她。我甚至不记得自己哭了。母亲很担心我，之后几天她都不让我离开她的视线，甚至让我和她一起睡。

几天后，我们回到莱亚普尔，我回到学校。但在我心里只有一个念头："让我一直有那种妙乐的到底是什么？"这种妙乐持续把我推向它本身。它不让我的注意力转去别的任何地方。

我们的房子里有座大花园，种了几棵橘子树。每天我从学校回家时，都会坐在树丛后面，手里拿本书。我不在乎书上的内容，拿着书只是为了让父母相信我是在写作业。我没法描述自己心里是多么快乐，只能说有什么东西拉着我远离一切世间活动。

我怎么会有这种体验的？我不知道。我自己没有任何努力，就这么发生了。我没有做任何事情来得到它，也从没听说过别人有类似的体验，家里没一个人提到过类似的状态。那时我们不懂印地文或梵文，所以从未接触过这些语言的哲学书籍。我们在学校和家里学的是乌尔都语①及波斯语，也能读一些那两种语言的诗歌，但这些700年前的古诗并没怎么帮助我明白发生了什么。

睿希：这一体验对你的生活有什么影响？

帕帕吉：首先，我不会称之为体验，因为要有体验，就必须有体

---

① 乌尔都语（Urdu），巴基斯坦国语，也是印度24种规定语言之一。母语使用者有6000万至8000万人，其中5200万人在印度（2001年），占当时该人口的6%；1300万人在巴基斯坦（2008年），占该国人口的8%。

验者和被体验的对象。这两者都没有。有什么东西在把我往内拉，而那个拉我的东西没有形状。我不知道它是什么。不过你问我有什么影响，那就很容易描述了。从那一刻起，我一直都很快乐。无法动弹期间我于内在感到的那种快乐，在身体恢复平日状态后也没有离开过我。那种内在的快乐一直在，但我仍然不知道那是什么。

几年前，也就是1994年，在勒克瑙一次日常的萨特桑①上，他再次强调这件发生在他身上的事情，本质上是无法描述的。

我什么都没见到。我完全觉察不到任何东西，所以我怎么可能描述它？唯一近似的描述就是我感到"无由的快乐"。每当我被问起那天发生了什么时，我就跃回那个妙乐之地，那里完全超越时间。我无法描述它，但是感觉依然还在，虽然已经过去了好几十年。我无法称之为"无"，我也无法称之为"有"。我有觉知，但却没法说是对什么的觉知。有时候我称之为"空性"（emptiness），但那还不够好。这没有表达出那个状态的喜悦和纯粹无杂染的妙乐。

接下来还是继续睿希的提问吧——

睿希：为什么对真我（Self）有过如此深层体验之后，你还是成

---

① 萨特桑（satsang），源自梵语 sat sanga，指的是与真理（即上师或智者）的亲近，没有特定的外在仪式，究其深意而言，指的是与智者的心灵上的亲近。通俗意义上，则是表现为求道者直接面对师长，进行问答、领受加持等，甚至也指求道者们相聚举行敬拜仪式等宗教活动。

了祜主黑天的赤诚虔信者？

帕帕吉：我已经告诉过你那不是任何的体验，因为没有体验者。就算说那是对真我的体验，在当时我也完全不知道真我这个词意味着什么。

我的母亲虔信黑天，就像全印度成千上万的人那样。我从母亲那里接受了黑天的故事和传统，直到它们也成为我生命的一部分。我对他的形象满怀爱慕，对我来说，他是多么美啊。

当时我很天真，所以和他不是一般常见的关系。大多数黑天的虔信者把他当作一个伟大的存在，当作神本身，他们试着去爱他，就像一个信徒敬爱神一样。神就是爱本身。他不需要任何人的爱。一开始，我并不算是他的信徒，我只是他的朋友。我把他作为朋友一样喜爱着，所以他以这种形象来和我玩。我并没有把他当作神。我只是笑着和他一起玩耍，就像我和其他同龄男孩玩一样。

听从了母亲的建议，帕帕吉开始了传统的虔信修行（bhakti sadhana）。效果立竿见影。

母亲亲自教我黑天虔信相关的仪式和修持。我一做，就很快对黑天的形象生起了真诚而热烈的爱。

我尤其钟爱一幅孩童黑天的画像，就是在我的体验结束那天母亲拿给我看的那张。我觉得他的脸庞美得无与伦比，充满吸引力，我能毫不费力地就向他倾注我全部的爱和虔信。有些不协调的是，那是一张国外的印刷品，上面印着"巴伐利亚制造"。

这份热烈的虔信让黑天开始出现在我面前，显现为画像里的样子。他定期在夜里出现，和我一起玩耍，甚至还要睡在我的床上。我那时很天真，没有意识到出现在我面前的是印度教伟大的神祇之一，他的信徒们会耗尽一生只求能见他一眼。我什么都不懂，只觉得他出现在我的卧室和我一起玩是件很自然的事。

他的色身和我的一样真实——我能感觉到，也能摸得到——不过他也能对我显现为更精微的形象。就算我在头上盖上毯子也依然能见到他。即使闭上眼睛，他的形象仍然在我面前。这位黑天精力充沛，活泼好动。他总是在我上床之后才出现。他充满孩子气，玩得兴高采烈，让我一直醒着无法入睡。他刚出现时带来的新奇感也消耗殆尽，我渐渐对他的出现感到有些厌烦，因为就算我非常疲倦，他也不让我睡着。我琢磨着用什么办法可以让他离开，突然想起来打发他去找我母亲会是个好主意。她是热忱的黑天虔信者，我知道她也会很高兴见到黑天的。

"你为什么不去和我妈妈睡一块呢？"一天晚上我问他，"你这样让我没法睡觉。去找我妈妈吧。"

黑天似乎对去找我母亲并不感兴趣。他从没去看过她，而是更愿意所有时间都和我在一起。

一天晚上母亲听到我们在说话，问道："你在和谁说话呢？"

"我在和你的黑天说话。"我直截了当地回答，"他到了晚上就来烦我，不让我睡觉。我闭上眼睛还是会见到他，有时候比睁眼时更清楚。有时候我用毯子蒙住头，还是能见到他。他一直想要和我一起睡，可是他在的话，我根本就睡不着。"

她走进房间来一探究竟，却看不见他。黑天来我们家这么多次，自始至终她一次都没见过他。

而当他不在的时候，我总是渴望见到他。我是真的很想见他，和他一起玩。唯一的问题是，他出现的时候我常常已经很累了，我觉得他应该玩上一阵子之后就识趣地离开，好让我能躺下睡一会儿。

他并非每晚都来。有时候我见到他，有时候见不到。我从没怀疑过他的真实性。我不曾想过那只是某种净观①。有次我甚至给他写了张明信片，告诉他我有多爱他。我寄了出去，当收到邮递员送来的邮票邮戳俱足的回复时，我也毫不惊讶。他对我而言是那样的真实，与他通信似乎是件再自然不过的事。

自从黑天进入我的生活那一刻起，我对学校的课业就失去了兴趣。我坐在教室里，假装在听讲，但心心念念想的都是黑天。有时候当极乐的浪涛在体内忽然涌起时，我会放任自己去尽情体验，与外界失去联系。

帕帕吉的母亲经常在家中或附近的其他地方进行拜赞仪式。当地所有的妇女都聚集在一起，唱着赞美黑天的歌曲。帕帕吉记得自己参加了许多这样的活动。

从我六岁起以及此后的几年里，我母亲会带我去参加附近的萨特桑。大约会有二十名妇女晚上聚在一起唱拜赞歌。我们一边唱一边用拍手、打鼓和摇动钦塔（Chimtas）来共度时光。钦塔看起来就像一

---

① 净观（vision），指的是人见到非日常状态的景象，禅定时见到一些禅观画面，修行虔敬而得神祇现身，或者在梦中等状态下见到一些特别的景象，都可称为vision。本书译本中在感到神祇现身时译为"净观""净相"，在其他情况下，则根据上下文，译为"境界""禅观""景象""灵感"等。

根两端带着铜环的长钳子。两边一起敲击就会发出声音。母亲通常在晚上出去跳黑天乐舞①时，就会带上我。那段时间，她走到哪里都会带着我。

在黑天乐舞中，某位妇女会装扮成黑天，而其他人则扮演他的信徒。人们会唱一些歌曲，大多是祈求黑天现身。我问苏蜜特拉，她对这些邻里聚会有什么印象。

苏蜜特拉：因为我们家是附近唯一通电的房子，妇女们常常聚到我家。巴伊·撒赫伯会在门口迎接这些妇女，并把她们带去见母亲。当大家聚集在一起时，有一个人会扮演黑天，而其他所有人都扮演他的信徒。在此期间，女人们会唱歌跳舞，祈求黑天出现在她们面前。但他并没有满足别人的愿望，只是出现在了巴伊·撒赫伯面前。在巴伊·撒赫伯还很年幼的时候，他就开始有了觐见（darshan）黑天的经历。有时在歌舞进行的过程中，他直接就进入了三摩地。

大卫：你有没有看到他和黑天一起玩？他说，黑天晚上经常跑到他的卧室和他玩。

苏蜜特拉：所有的孩子以前都睡在一个房间。母亲和父亲睡在另一个房间。黑天会出现在我们的房间里，巴伊·撒赫伯会和他一起玩耍，但是没有其他人能看到他。我看到巴伊·撒赫伯在说话、蹦来蹦去玩耍，但我看不到他在和谁玩。有时他会让黑天去和我们的母亲一起玩，因为他知道母亲很想见到他，但黑天从来都没去过。他只对和

---

① 黑天乐舞（Ras Lila），此词具有多重含义，指味道、精华、紫夜、美味、情调、情感等。

巴伊·撒赫伯玩耍感兴趣。

有一天早上，我听到巴伊·撒赫伯对母亲说："昨晚在房间里睡觉时，我以为房间里所有的灯都被打开了。可是仔细一看，不是屋子里的灯，是黑天，他让整个房间充满了光。我整晚都和他一起玩耍，我玩累了之后就对他说：'我妈妈在隔壁房间，你为什么不去和她玩呢？'可现在他不在了，我很想他。如果他再来，我不会再叫他去陪你玩的。"

大卫：当时他是在进行什么修行，还是只是和黑天玩耍？

苏蜜特拉：他总是在做普嘉仪轨，还想让我们也加入他。为了让他高兴，其他兄弟姐妹也会循规蹈矩地参加，但我们从来没有像他那样的热情。不过最终，这对我们开始有了一些影响。我们开始对神有了信心，并开始更认真地修行。

我现在是一个老太太了。我身体不好，因为有高血糖，但我完全相信女神在照顾着我。她每天给我送来食物，供我食用。我还印刷了一些关于罗摩和黑天的小书出售。我对神的信仰可以追溯到童年时代，那时巴伊·撒赫伯让我们做这些普嘉仪轨，在这个过程中，他把自己对神的一些热情传递给了我们。

苏蜜特拉于1996年过世。在她去世前，我给帕帕吉另一位健在的妹妹黎拉（Leela）写信，问她对帕帕吉的童年有什么印象。她也回忆起了黑天乐舞以及帕帕吉的参与。她以一封写给她哥哥的信的形式来回复我。

尊敬的巴伊·撒赫伯吉：

嘉，悉塔罗摩！

你还记得当你还是小男孩时在莱亚普尔发生的事件吗？你看到了薄伽梵①的圣像。我们亲爱的母亲和她的女性伙伴们在半夜开始跳起黑天乐舞，她说："今晚，在黑天乐舞中，我们将会直接面见薄伽梵。"她大声地唱起了拜赞歌，歌词如下：

> 来吧，来吧，哦 我的黑天，来吧！
> 虽然我的心在颤动，
> 没有什么我能控制。
> 夜已深沉。
> 乌云四处弥漫。
> 黑天，请不要让我离开你！
> 黑天，请来吧，来吧！

亲爱的母亲和她的女伴们完全沉浸在歌声中，进入了超觉（trance）状态，失去了外在的意识。她们进入超觉状态后，拉妲（黑天的爱侣）和黑天从另一个房间走了进来。你无法忍受这炫目的辉煌景象。

你对他说："薄伽梵，我没有呼唤你，是我亲爱的母亲在呼唤你，请去找她吧。"

---

① 薄伽梵（Bhagavan），印度对神祇的尊称，在某些教派中也用于尊称已经全然证悟的圣者，比如人们常称拉玛那·马哈希为薄伽梵。

后来你描述了他的样子，说他的皇冠和衣服上都镶嵌着钻石和珍珠。

你还说："看到他震撼人心的样子时，我就完全属于他了，但他的辉煌形象和锦衣华服发出了非常灿烂炫目的光，我无法长时间直视这样的景象，所以我才请他去见我们的母亲。"

亲爱的母亲恢复了意识，但当她重返常态后，吉祥薄伽梵却消失了。在经历了这一不寻常的怪事之后，你又有好几个月卧床不起。

纵观帕帕吉的一生，他有种对读到的文字直接产生亲身体验的能力，而不仅仅是头脑中的联想。这种不同寻常的能力在很多场合都有展现，这也部分解释了为什么各类神祇会一直出现在他面前。当他听到有关黑天的生平故事时，黑天通常就会出现在他面前。后来，当他听到与其他神祇有关的传说时，这些神祇也会出现在他面前。有时候，他会说是他的天真无邪触发了这些显现，因为他毫不怀疑这些神祇是真实存在的，也由于他从来没有怀疑过这些神祇有在他面前现身的能力，所以他们就现身了。

在我的童年时期，我从来没有对这些事情产生过怀疑。我的第一个老师是我自己的母亲。无论她告诉我什么，都会立刻发生在我身上。她会给我讲关于印度教诸神的故事，她一开始讲，故事就在我面前展开。故事里的人物会出现在我面前，为我重演他们的遭遇。当这样的事情发生在你身上的时候，你怎么会有任何怀疑呢？

总之，这些关于神的故事不只是故事，其中有一种本质、一种真实在它们当中，而故事只是传达这些真相的载体。

除了唱诵黑天拜赞歌之外,雅穆纳·提琵还学习吠檀多(Vedanta),这是一种从奥义书(Upanishads)中衍化而来的印度哲学。奥义书是古老的文本,大都写在两千多年前。而从中发展出的吠檀多哲学的起源则晚得多。

帕帕吉的母亲定期参与伊湿瓦·倡德(Iswar Chander)教授的课程,他是村里的税务官,也是帕帕吉家族名下一所房子的租客。他靠朗读《参问之海》①来教授吠檀多,这本书是19世纪旁遮普圣人尼刹拉达斯(Nischaladas)所著。《参问之海》一书中有很多地方非常注重技巧细节,所以伊湿瓦·倡德要经常停下来点评、阐释。在闲暇时,他也教授雅穆纳·提琵禅修。

从大约七岁开始,帕帕吉和母亲一起上过几次课。虽然他对文本含义的理解程度让人颇有怀疑,但他学得兴致勃勃。当雅穆纳·提琵注意到他对这些课程表现出强烈的兴趣时,就开始在家里给他一些教导。帕帕吉曾叙述这些早年课程:

> 母亲常用一种非常实在的方法来教我教理。我很小的时候她就决定要让我学习什么是五大元素——地、水、火、风、空,它们如何彼此作用,以及为什么它们并不是永远同在的。
>
> "水推动地。"我记得她这样说,并用湍急的河水会冲走河岸来举例。然后她把湿衣服放在火边,向我展示火会令水蒸发消失。接着她吹灭火焰,向我展示风能胜火。她的这些演示让我知道当元素彼此相

---

① 《参问之海》(*Vichara-sagara*),印度教圣者尼刹拉达斯用印地语所著。1909年马哈希尊者应弟子劝请,从泰米尔全译本中编写了一个精华版本,题为《参问宝鬘》。

遇时，一个通常会消灭另一个。

她之前就告诉过我身体由五种元素构成，我就开始疑惑它们怎样能好好待在一个地方而不打起来。这个疑问就带来了另一场演示，也是我的第一堂哲学课。

她拿了各种豆子和谷物，分别摆放成堆，放在厨房地板上。有大米、麦子、玉米粒、鹰嘴豆和豆子，按种类分别放好。一开始有五组，每组各含五粒相同的种子。每一组代表一种元素。

首先她从玉米堆里拿出一粒玉米放进大麦堆里。于是大麦堆里就有了六粒种子，她再取出一粒大麦放进大米里，接着用同样方式依次移动谷物豆类，直到每一组都包含了五种不同元素。我猜想演示到这一步的意思是要告诉我这些分开的元素可以组合并融合在一起煮成一餐饭，其中没有任何元素会和其他的打起来。但演示没有就此结束。虽然我当时只是一个小男孩，母亲依然开始向我解释这些元素组合的含义。

"这二十五粒种子是人体内的'谛'（tattvas）。"然后她开始罗列起来。

雅穆纳·提琵用这种简化方式向帕帕吉解释的是印度的数论（samkhya）哲学，它有一套复杂且迥异于西方的体系来解释生命如何在人体内运作。二十五谛是基本的成分或者说元素，它们互相组合、彼此反应以展现世界以及生活其间的各类生灵。二十五谛即五大（地、水、火等等），五根（鼻、眼、舌等等），五识（自我、心念、理智等等），五行动根（包括身体的不同部分，分别负责持住物品、行走、说话等等），以及五种气（prana）。气可以宽泛定义为令身体活动以及维持身体的生命力量，可再细分为不同的气，分别负责身体内不同器官的运作。

了解这些成分以及它们如何彼此作用是理解某些印度教教理的基础。母亲从她的一位老师那里学到这些。她认定我已足够成熟，可以在如此年幼时就接触这些复杂的思想体系。虽然我很快抓住了她想要传递的观念，却不能说真的接受，视其为宇宙真实运作的模式。我心里直觉知道这些描述不适用于根本且永在的实相，它们只是对转瞬即逝的身体的描述和观念而已。

建立起这套精巧的关于诸谛及其彼此关系的架构后，我们的哲学家进一步说要把这些作为"非我"全部否定掉。修行老师倡导要全面否定所有与诸谛的认同感。

"我非身体。我非感官。我非了知的元素。我非身体器官。所有这些都属于身体，而我超越所有这些。"

与二十五谛的认同都要放弃。完成这些后，就可以开始真正参问"我是谁"。这是通往解脱的究竟之问。

尽管我母亲是赤诚的黑天虔信者，但她有很强的吠檀多背景。她鼓励我去进行"非此-非此"[1]的练习，告诉我应该认同于梵，即究竟真我，而不是认同身体及其组成元素。

她还鼓励我去重复大教言"吾即梵"[2]，给我讲什么是真正真实

---

[1] 非此-非此，梵文"neti neti"，不断否认对境，直到达至真我的修行方法。
[2] 大教言（mahavakya），泛指吠陀中的名言圣说，也可专指四句教言，每一句出自一部吠陀。吠檀多认为四句教言都表明个体真我（阿特曼）与梵本来一体，修行人持此四句为咒可达究竟。"吾即梵"（aham brahmasmi）出自《大林间奥义书》。

的，而什么是不真实、需要否定的。

"你是梵，"她说，"宇宙中只有梵，别的什么都没有，而你就是那个。梵超越了任何你能想到的东西。有一个地方太阳照耀不到，月亮照耀不到，星星照耀不到。在那个地方，地水火风四大元素都不存在。那就是梵，那就是你无上而真实的居所。如果达到了那个地方，住在那里，你就不会再回到这个无尽的生死轮回了。"

对小男孩而言，这些太高深了。可是她能从我的举动和对修行的兴趣看出我不是普通孩子。我毫不费劲全盘接收了这种知识和世界观，但当时我并不能完全消化，要到许多年之后才行。

那段关于日月星辰都照耀不到的段落出自《薄伽梵歌》，第十五章第六颂："那是我的至高居处，日月火光照临不到，阿周那啊！人们到达那里，就再也不返回。"①

靠否定与诸谛或其他元素的认同而试图超越身体，母亲的这一做法总是被帕帕吉打趣。下面是《帕帕吉访谈录》里的记录：

他（伊湿瓦·倡德）了解许多吠檀多著作，并能对这些作品做极具权威的解释。他最爱的著作是印度教圣人尼利拉达斯的《参问之海》。我母亲能背诵大部分章节。许多年后，在我和马哈希相熟后，我发现他也喜欢这部作品，并且用泰米尔语作了删减修订，起名为《参问宝鬘》。

母亲的上师让她背诵许多吠檀多偈颂，而她平日也会反复唱诵。

---

① 此处采用了黄宝生的《薄伽梵歌》译本。本译中引用《薄伽梵歌》时若无其他说明，则表示采用这一版本。

传统的吠檀多修行有肯定和否定两种方法。修行人要么重复或观修一个大教言，比如"吾即梵"；要么通过口说及感受"我非身体，我非皮肤，我非血液"等来否定对身体的认同。目标是进入某种精神境界，确信自己的真实本质是真我，并坚信对色身的认同是错误的。

母亲经常唱诵这些"我非……"的诗句，我却常觉得滑稽。我无法理解这种几乎只是没完没了琐碎地罗列"我不是什么"的修持意义何在。母亲洗澡时会唱"我非肉，我非血，我非胆，我非骨"等等，这让我很受不了，我会大喊："你在那里做什么呢？是洗澡还是洗马桶啊？"我取笑她取笑得很厉害，以至于她最终不再高声吟唱这些诗句。

他还以其他方法打趣母亲的宗教活动。苏蜜特拉在讲述帕帕吉童年其他非凡事迹之前，就曾先讲到过这一点。

苏蜜特拉：母亲曾和我们一起去过许多宗教场所。她非常喜欢哈德瓦，所以我们去过那里很多次。

她喜欢唱诵拜赞歌，同时打鼓，因此被称作"雅穆纳·朵启·瓦黎"（Yamuna dholki wali，意思是"鼓手雅穆纳"）。她唱诵黑天赞歌时常常进入狂喜，会左右摇摆，泪水顺着脸颊滑落下来。可是巴伊·撒赫伯却不太欣赏这类行为。如果他见到母亲有这样的举动，就会喊她说："妈妈，是有人死了吗？你为什么哭成这样？"

大卫：这让我想起另一则故事。你曾告诉过我关于你们一个妹妹过世时帕帕吉的反应。你能再说一遍吗？

苏蜜特拉：有一天，巴伊·撒赫伯和我们其他人都睡着了，母亲走进房间，把我们叫醒。她说："你们都得起来。你们的小妹妹死了。"我们都哭了起来。巴伊·撒赫伯注意到母亲完全没哭，而是重复着"罗摩，罗摩"的名号。

于是他问母亲："你为什么不哭？"

母亲回答："无论是谁来到这个世间都必然会死。为什么要为这个哭呢？"

尸体送去下葬时，巴伊·撒赫伯也在送葬队伍中。他回来前在墓穴上做了个记号。之后连续好几天，他每天都回到墓地，但不是去哀悼死者，而是挖开墓穴看妹妹是否死而复生了。

大卫：你记得和巴伊·撒赫伯一起去哈德瓦的旅行吗？

苏蜜特拉：每年全家人都要去那里两个月。父亲会请假，我们就能全家一起去。

有次我们在那里时，巴伊·撒赫伯和另一个弟弟发现一位女性苦行僧好像在持禁语戒。她表示自己从未和任何人说过话，巴伊·撒赫伯觉得这一点很可疑，就躲在她的小棚子附近观察她。过了一会儿，一名男子独自带着些食物过来，两个人开口交谈了一会儿，这证明巴伊·撒赫伯的怀疑是正确的。他很生气，因为她骗大家自己在持禁语戒。他就走进那间木棚，点起火把它烧了个精光。

巴伊·撒赫伯无法忍受说谎的人。如果他发现有人试图欺诈或蒙骗别人，就会非常生气。他在家对我们很严格。如果被他抓到哪个弟弟妹妹讲了谎话，他就会揍他一顿。我们都学乖了，知道讲真话更安全。他一直对我们说："无论事实如何，你都必须只说真话。"

大卫：他年幼时的理想是什么？长大后想当什么？

苏蜜特拉：他一直想成为苦行僧。这一点任何人都毫不怀疑。一次有人问他为什么长大后要做苦行僧，他答道："我已经是一个苦行僧了,我不需要等到长大。"

除了伊湿瓦·倡德,帕帕吉的母亲还有几位老师。其中一人名叫果帕尔·达斯吉(Gopal Dasji),是位著名的咏唱虔爱之歌的歌者。还有一人叫果斯瓦米[①]·迦尼萨·达斯(Goswami Ganesh Das),是位社会活动家,印度教组织"永恒之法"[②]当地分支的主席。他在帕帕吉所在的区有定期聚会,雅穆纳·提琵和一些当地妇女都来参加,包括那位老师的妻子婆罗玛·提琵(Brahma Devi)。多年后,此人在哈德瓦建立了一所道场,名叫"七仙人道场"(Sapt Rishi Ashram)。帕帕吉在20世纪70年代至80年代常住在那里,总是能得到非常热情地招待,大家都知道他是道场奠基人的好朋友。

雅穆纳·提琵还有位老师,是克什米尔人,叫阿瓦杜塔·沙黎格罗摩(Avadhuta Shaligram)。他朗读《瓦西斯塔瑜伽经》[③]给她听,并深切关注帕帕吉的修行进展。帕帕吉描述了和他的故事——

阿瓦杜塔·沙黎格罗摩非常喜欢我。他推荐书给我读,还经常给我一些修行上的建议。他名下有很多土地和牛。他用一半时间教学,

---

① 果斯瓦米,果斯瓦米在印度是一个姓,也是尊称,意为"感官之主"或"诸牛之主",这里为尊称。
② 永恒之法(Sanantan Dharma),或称为永恒的宗教,原意是印度教的别称,又可指印度教复兴运动及初期的印度教民族主义,现用这个词指如雅利安社(Arya Samaj)所领导的恢复印度教正统的运动。
③ 《瓦西斯塔瑜伽经》(Vaisistha Yoga),不二论吠檀多经典。叙述智者瓦西斯塔与年轻的罗摩王子之间的对话,阐发了现象世界的如幻本质及关于非二元性的义理。全本共三万二千偈,成书于10—14世纪。

另一半时间管理土地和财产。

有天他向我母亲提出一个惊人的建议："请把你的儿子给我。我会指定他做我财产和教法的继承人。我死后，我所有的一切都是他的。我会负责他的修行，但他必须遵守一个条件，他不能结婚，必须保持梵行（brahmachari，指独身不婚的学人）。如果他同意，而且你也允许的话，我会对他负起全部责任。"

母亲极其敬爱这位上师，但她更舍不得我，没想过要把我交给别人。她谢绝了这个提议。我也非常尊敬他。如果当时母亲接受他的提议，我应该会很高兴跟他走的。

帕帕吉有次对我说："母亲拒绝他后，他说了一些自认为可算诅咒的话。他说：ّ如果我得不到他，你也不会得到他。他会离开家，成为云游僧（弃世出家的僧人）。这个男孩注定不会留在家里太太平平地和家人过日子。'"

帕帕吉从未正式出家为僧，他后来也确实几度尝试远离家庭和世俗的责任，但没有一次彻底成功。

他母亲还拜访了其他几位斯瓦米，但帕帕吉毫无兴趣认识他们。下面是他描述某次母亲想带他去拜访一位新老师而未遂的故事。

母亲还说要带我去见另一位斯瓦米，希望我从那里得到些特别的修行指导。我不喜欢这个主意，也不喜欢她为我选择的人。

我告诉她："如果你带我去见他，我会测试他是否真的已经降服了自己的欲念。我一见他，就会扇他一巴掌。如果他动怒了，那我就知道他还没有自制力。如果他不生气，我就会听他的，并且无论他教什么我都接受。"

母亲知道我会把这种威胁付诸行动。她不愿意因我的无礼而丢面子，所以就放弃了带我去见他的计划。

在帕帕吉十岁或十一岁的时候，那种自从在拉合尔无视芒果饮料之日起就一直伴随着他的神秘妙乐状态，开始推动着他去了解佛陀的生平。

我当时只是孩子，年纪太小，没法明白自己发生了什么。有些东西把我往里拉，但没人能告诉我那是什么。只是后来我才在书里读到了觉悟和证悟的说法。而在当时，就算我读到这些文字，对我也毫无意义。喜悦一直都在，但能带来这种喜悦状态的那个本身是超越喜悦的，它超越所有的描述。如果我要想个什么词，并试图用来描述那种状态，总是会在某方面不相符。比如说，那不是爱，因为爱总是发生在两个人之间，两个分离的东西之间。我在那种状态里是彻底的孑然独一，没有爱者，没有爱，也没有被爱者。

晚上我不再睡觉了。眼睛会闭着，但却没睡着。我被什么迷住了，虽然对此一无所知。一直都在的是这种喜悦、喜悦、喜悦，从不消退。我无法离开它，它也无法离开我。我会坐在花园的树丛后，让这种喜悦淹没我，却完全不知道它是什么，也不知道自己怎么了。然后，有一天，在学校课本上，我读到了佛陀的生平，读到他离开家庭寻求证悟，不知怎的，这些话在我心里回荡不息。

我想："也许这个人能告诉我，我身上发生的这些怪事是怎么回事。"

我开始寻找有关佛陀生平的资料，希望能解释我是怎么了。

起初帕帕吉被佛陀的色身形象吸引住了。他见到的第一幅图是著名的"佛陀苦行像"的照片。

一切都开始于我在历史课本上见到的一幅佛陀图片。那幅图展示的是他日食一粟的时期。他的面容极美,但身体瘦骨嶙峋,皮包骨头。我立刻被他深深吸引,虽然当时我对他的教法没有任何了解。我只是爱上了他美丽的面容,并且决定要效仿他。图片上他正在树下禅坐。可我当时对此一无所知,实际上我甚至不知道什么是禅坐。

我心里没一点畏惧,只是想着:"我也能这样做。我也能盘起腿坐在树下。我会和他一样的。"

于是我盘起腿坐在家里花园的玫瑰花丛下。自己的生活方式能够与我所爱慕的人相契合,让我觉得快乐又满足。后来,为了能够更像他,我打定主意要把自己的身体也弄得像他那样瘦骨嶙峋。那时在我们家,我们是从母亲那里盛到饭菜后端到别处单独吃。这就方便了我扔掉饭菜。趁着没人注意,我就跑到外面,把所有的饭菜都倒在街上给狗吃。过了段时间之后,我可以一点饭菜都不进。我变得非常虚弱、瘦削,骨头也渐渐突出,就像佛陀那样。这让我非常开心,我对自己的新状态极其自豪。学校里的同学见到我瘦成这样,就给我起了绰号叫"佛陀",这让我非常高兴。

父亲在铁路局工作,那段时间在俾路支省当站长。工作地离家很远,所以我们只能在他放假回家时才能见到他。我绝食一个月后,他回到家,非常震惊看到自己不在时我变得那么瘦。他带我见了好几位医生,检查了身体想查明白是哪里出了问题。没人怀疑我在有意绝食。

有位医生告诉我父亲："他个子长得太快，所以变瘦了。要给他吃得好些，多喝牛奶，多吃水果干。"

母亲遵照医嘱，再加上了一点自己的秘方。每天她都念叨说："要多吃黄油，多吃黄油。"于是街上的流浪狗们变得肥肥胖胖，可开心了，因为这些新的伙食和以前一样，都喂了狗。

学校那本收录佛陀图片的历史书只是给小孩看的简单小册子，仅仅讲述了他的主要生平，未能适当阐释禅修和证悟的概念。想必作者不认为会有孩子对这些关键的东西感兴趣吧。所以，对于佛陀究竟在树下做什么、为什么他的最终证悟极其伟大，我依然一无所知。尽管如此，我仍然深受他的吸引，强烈渴望着要尽可能地模仿他。

我从这本书里了解到佛陀身穿橙色的袍子，并且会挨家挨户拿着钵盂乞讨食物。这一点，我花点心思就能模仿。

母亲有条白色的沙丽，我觉得那是制作袍子的理想材料。趁她不注意，我拿走沙丽，染成了橙黄色，也就是佛衣的颜色。我用自以为正确的方法把它裹在身上，然后开始扮演托钵僧人。我拿了一只碗用来乞讨，在莱亚普尔的大街小巷走来走去，讨要布施。回家前我会换回平日的衣服，把橙色的纱丽卷起来放在纸盒里。我把纸盒放在学校的课本中间，觉得没人会想到去翻。

我有个朋友发现了我在做什么，对我说："你这样是瞒不过去的。会有人认出你，然后把你做的都告诉你家里人。"

可我非常自信能瞒天过海，就对他说："你的爸妈认识我。我会穿上袍子去你家讨吃的，要是我能蒙混过关，我就能瞒过所有人。"

我穿上纱丽，为了掩饰得更好，还在脸上涂满了灰，头戴帽子拿着乞讨的碗走去他们家。那时大约是晚上八点，黑夜也有助于我的伪装。我喊着"毕克沙！毕克沙！"（Bhiksha！Bhiksha！意为：乞食！乞食！），我之前见过苦行僧就是如此乞食的。我没意识到自己的声音可能会被人听出来，也就没想过要伪装声音。我朋友的母亲应了门，没有表现出任何认出我的迹象，邀请我进屋吃饭。

"斯瓦米吉，巴巴吉①，请进来吃些什么吧。"她说着，带我进了屋，给我供奉了食物。

我就顺着她，表演着自己该演的角色。

"我的孩子，"我对她说，虽然她应该比我年长大约三十岁，"你会有很多孩子，会有很多钱。"

我曾听到斯瓦米们这样给妇女赐福。因为大部分女子都想要变得有钱，想要有几个儿子，行脚的斯瓦米会给这些信徒如此祝福，希求得到更好的招待，得到些好的食物。

她哈哈大笑，揭掉我的帽子，告诉我她一开始就知道我到底是谁了。

"你的样子还挺像的，"她说，"但我听出你的声音了。"

她丈夫刚好回家，她就向他解释发生了什么。

他轻蔑地说："如果你像这样外出乞讨，谁会认不出来呢？很快就会被识破的。"

现在轮到我笑了。因为那天早些时候我在他的商店前乞讨，还从他那里得到一枚半派萨②的铜币。我把硬币掏出来给他看。

这下他不得不换个说法了。"我当时一定是忙着招呼顾客呢，"他

---

① 斯瓦米吉，巴巴吉（Babaji），都是对修行者的尊称。
② 派萨，印度和巴基斯坦货币，一卢比等于一百派萨。

说,"我肯定是看都没看就给你了。"

"不,不是这样的,"我实话实说,"你非常清楚地见到我。我乞讨着路过你的商店。你见到我,叫我回来,递给我这枚硬币。我装得已经足够像了,只要不和那些可能听得出我声音的人说话,我就能瞒过去。"

大家都被我的古怪举动逗乐了,却不知道我定期用这条偷来的染色纱丽做类似的事。他们没有告诉我母亲,所以我还能继续角色扮演。

我母亲只有三条纱丽。我拿走那条白纱丽后没多久她洗了其他两条,想找第三条来穿,当然哪里都找不到。她从没问过我,因为我不是女孩,她不觉得我拿纱丽有什么用。她最后认定是把纱丽给了洗衣工,而那人弄丢了或忘记还回来了。

我又发现佛陀曾在公开场所布道讲经,于是迎来了我扮演佛陀的最后一个阶段。讲经这件事让我很兴奋,因为这是他生平行谊中新的一面,是我可以模仿的。我对佛教完全一无所知,但当我站着布道时却从没想过这会是个障碍。

我们镇中心有座钟楼,附近搭有高台,当地的政治家通常在上面发表演说。这算是莱亚普尔的中心,各条马路从这里呈辐射状分布,通往其他城镇。我穿上那身装扮,充满自信登上台阶,开始自己第一次公开演说。我记不起当时说了什么——不可能和佛教有关,因为我当时对此一无所知——但我能记得自己的演讲情绪激昂、才气横溢。我对着路人慷慨陈词,时不时举起手臂,摆动手指来强调重点。我见过政治家演说时是这样做的。

我觉得自己的演说事业有了个非常成功的开始,并且朝着全方位模仿佛陀的行谊这一目标又前进了一步。我去了几次钟楼,在那里做了很多次布道演说。不幸的是,莱亚普尔不是座大城市,不可避免迟早有熟人认出我来。所以不出意外，有天一个邻居认出了我，把我的滑稽表现告诉了我母亲。

起初她还不信。"怎么会是他？"她问，"他哪里来的橙色袍子？"然后她想起了那条失踪的纱丽，她到我书橱里找到了那个纸盒。游戏结束了，被母亲发现后，我模仿佛陀的短暂事业就彻底终结了。

那是我人生中荒诞但非常有趣的一段插曲，事后看来，我明白这是自己当时心理状态的反映。这并不是淘气。我从未将之视作童年的玩闹。某种力量推动我这样做。也许是某些旧日业习种子（samskaras）涌现出来，让我有了这番举动。

母亲并没怎么生我的气。我们关系一直很好，而且她能领会这里面的幽默。我出生时她还非常年轻，所以我们彼此间就更像姐弟，而不是母子。我们一起玩耍，一起唱歌跳舞，甚至还经常在一张床上入睡。

我问苏蜜特拉是否记得帕帕吉扮演佛陀的事——

大卫：你还记得他假扮自己是佛教僧人的事情吗？他那段时间在绝食，好让自己看起来像是那幅图中饥饿的佛陀形象。你记得这段日子吗？

苏蜜特拉：我不记得他让自己挨饿。他年轻时一直非常瘦，所以我很可能没注意到他到底变得有多瘦。我记得有次母亲发现了那件他穿着出去乞讨、布道的袍子，但她没有生气。

她只是问："你是什么时候变成这样的？你是为了神而热情似火吗？你从哪里来的这熊熊热情？"

巴伊·撒赫伯答道："烧起大火的时候，是引火柴、小细枝最先着火。"

在勒克瑙一次萨特桑上,帕帕吉对这段时期做了一番评点:"佛陀是我第一位上师(guru)。我爱他、追随他,以我能做的一切来模仿他。最后像他那样,我远离了家庭去寻找神。而最终,像他一样,我发现不必跑到远方去找。菩提树就在内心。其他任何地方你都不会找到神。"

在另一次萨特桑上,他对这段日子做了进一步的总结——

所有这一切是怎么发生的,只是因为见到了佛陀的图片吗?我是如何爱上他,爱上正在禅坐中的佛陀的?我没法回答,也无法解释。有些力量推动我去喜爱他,用所有可能的方法模仿他。这种热情无从解释,因为我对他一无所知。最开始我不知道他的故事,也不知道他为什么闭着双眼安静地坐着。当时我不知道他正在试图达到证悟,因为证悟是一个我之前从未接触过的概念。我只是感到被推动着去追随他。我并不需要出门乞讨,我出生于一个条件良好的中产阶级家庭,家里给我提供了丰富的食物。我也不需要跑出去,在镇子中心发表演说。只是有些力量让我去那里做这些事。

在扮演"佛教僧人"期结束后,我就闭上眼睛,安静地坐着来模仿佛陀。只要有时间,我就会坐下来,闭上眼睛。就算在学校教室里,我也经常闭上眼睛,有股巨流流过我,我被拉了进去。

说"我正在禅坐"也不太准确,因为我什么也没做。更准确的说法是禅坐爱上了这个小男孩,爱得如此深沉,以至于不会让他做别的任何事。它不让他在晚上入睡,有些晚上甚至不让他留在床上。

在午夜，即使是在冬天，禅坐会在他耳边低语："起来吧，孩子，是午夜啦。离开你的床，离开你父母的陪伴，坐在地板上，让我吞没你。"

这是真正的爱。这是真正的禅坐。当你坐下来，试图要把你跑向四面八方的心停住时，那不是禅坐。那只是头脑的游戏。

我问帕帕吉在这段时间是否还有别的事情发生——

大卫：你刚十多岁时，常常整夜醒着打坐。你当时是在做哪种禅修？

帕帕吉：不是什么特别的类型，只是打坐。但会在晚上持续好几个小时。我并没有持咒或进行某种刻意的修持，只是内心有一种强烈的感觉，我必须要避免睡眠。我无法解释为什么会有这种感觉。整晚睡觉也没有任何害处。也许只是前世的业习（purva samskara）吧。

父母不喜欢见到我整夜打坐。他们会说："你必须睡觉，你必须睡觉。明天你还要去学校。"

他们会强迫我回到床上，给我盖上被子。我就只是躺在那里，让被子盖住脑袋而禅坐继续。他们可以强迫我离开地板，但没法阻止禅坐继续占据我。

我没有试着通过禅修去完成任何东西。只是有什么在我身上发生了，而且常常是在午夜。

大卫：你有次还提到在十多岁时，时不时会被光围绕，而且即使用毯子盖住头，闭上了眼睛，光依然在。你能谈谈这些经历吗？

帕帕吉：我那时即使闭上眼睛，也常常见到光芒万丈。有时在白天闭上眼睛也会发生。就算是如今，有时我坐在屋子里也会这样。

大卫：有次你进入了深层的禅定中，没人能唤醒你。那次发生了什么？

帕帕吉：那是某个冬天午夜。我们都在莱亚普尔的家里，睡在同一间房里。我醒来后，坐在地板上，开始打坐。这不是什么自主的决定。我的身体只是离开床，坐在地板上。我不认为自己做了任何选择。父母醒了，想要让我回床上，但没有成功。我是在某种禅定中，没人能和我交流，或让我做什么。

几个小时后，父亲不再试图让我回床。他觉得我可能是忽然染上了某种严重疾病，就去找我们的家庭医生辛大夫。医生住在镇子上，大概一英里外。父亲叫醒他，坐着医生的私人通嘎（tonga，二轮的马拉小车）带他来我家。

辛大夫用听诊器做检查，在我背部听了几处，然后扒开我的眼睛看了看。他没发现我身体上有任何问题。

然后他对父亲说："不用担心，也不用打扰他。他身体没有任何问题，只是进入了很深的禅定。我从没见过有人进入那么深的禅定。他前生一定是瑜伽士，这肯定是他的一些旧日业习现前，让他这样坐着。"

我在那个状态中坐了两天，没有吃也没有睡，只是享受着发生在我身上的内在平静。

大卫：你大约十二岁时还经历过某种死亡体验。你能说说发生了什么吗？

帕帕吉：我突然感到自己好像要死了。我躺在地上，注意到呼吸停止了。父亲发现我的情况，就去请铁路局的医生来看。那位医生检查完，告诉我父亲可能是哮喘发作。他开了一些药，但没什么效果。

我没有借助药物就从这个特别的症状中恢复了，但我常常有"我就要死了。明天早上我就会被送去火葬场烧掉了"的感觉。

但我一点也不为此烦恼。这似乎不是件应该回避的事。我反而决定去打坐，因为我听说有些瑜伽士在禅定中死亡。禅坐战胜了对死亡的恐惧，可是这种我要死了的感觉还是持续了一段时间。

还有一次，辛大夫又被请来处理帕帕吉打坐引发的状况。帕帕吉自己叙述道：

大约在我十五岁那年的荷丽节①，我去了一个朋友家。他母亲给了我一些为节日准备的油炸小食②。我高高兴兴地吃了两块。因为很美味，我就问能否多要些。让人惊讶的是她拒绝了。我看到她做了很多，而且还准备做更多，所以我不明白为什么她要限制我，只许我吃两块。后来我才明白，她在里面放了大麻叶，所以不希望我服下过大剂量。那些时候在节日食物里放点大麻叶子很普遍。比如婚礼上，大麻叶会让客人很开心，也会增进食欲。婚礼是大吃大喝的好机会。客人被大麻叶刺激了食欲，会饥肠辘辘然后狼吞虎咽。

我回家后开始做些日常的家务，包括给水牛挤奶。挤奶有个窍门，你带一头小牛犊去母牛那里，让小牛犊的嘴接触母牛的乳头。这些母牛非常聪明，当它们知道牛乳是给小牛吃的，牛乳就会很轻易流出。所以你可以把小牛的嘴接上乳头，等奶出来了，就移走小牛的嘴，开始自己挤奶。一旦奶开始顺利流出，母牛就没法减慢或停止了。

---

① 荷丽节（Holi），又名候丽节、霍利节、洒红节、五彩节。新印度历春分日，是印度传统新年。节日为期一周，其间大家互相投掷彩色粉末和有颜色的水，庆祝春天的到来。
② 油炸小食（pakora），印度的一种小吃，用洋葱、土豆、西红柿等蔬菜（如果不是素食的话，还可以用鸡肉）裹上面粉后油炸而成。

那天傍晚，我把小牛的嘴接上母牛的乳头后，就随它们去了。我完全没有意识自己在做什么，只是坐在那里，让小牛喝光了母牛所有的奶。它们俩都很高兴，但那天我们就没有足够的奶喝了。我好像是在梦里，一切都变得无关紧要，我只是很享受地看着小牛喝掉所有的奶。

我花了比通常挤奶长得多的时间，于是母亲出来看我在做什么。她的出现让我从梦中醒来，突然意识到是吃晚饭的时间了，而我也非常饿。

我进房间坐下吃晚饭。母亲做了些烤薄饼。我全部吃完，还觉得饿，就想再要些。她就又做了一些，但还是不够填饱我。她做好一块我就消灭一块，不停地还要更多。直到我大概吃了二十块，她才明白我出了什么问题。

她大笑着说："你吃了大麻叶，是吧？谁给你吃的？"

我告诉了她油炸小食的事，她又大笑起来。我终于开始明白为什么朋友的母亲只允许我吃两块。除了感觉到极度饥饿外，我还开始有一点迷醉。

那天晚上我们睡在同一间屋里。大约午夜时我下了床，结跏趺坐并大声喊道："你不是我父亲！你不是我母亲！"然后进入了深层禅定。父母醒了过来，但对我的举止并不太在意。他们想当然地认为那些大麻叶子的作用还没有过去，我只是受此影响而已。

凌晨三点，我还闭眼坐在那里，嘴里发出奇怪而无法辨识的声音，于是我的父母又被吵醒了。他们试图叫醒我，但我所入的禅定太深了，无法被唤出定。母亲觉得我神志不清在说胡话，让父亲出门去找医生。那是节日的午夜，他很难说服人家上门来。尽管如此，他最后还是找到医生并带回了家。

在父母焦虑的目光下，医生给我做了个全面检查。我能觉察到他在做什么，也听得到母亲忧虑的话语，但我无法把自己带出那个状态，无法恢复正常。医生最后宣布了他的结论。

"可喜可贺，"他对我父母说，"你们有一个非常棒的男孩，非常好的儿子。他身体没有什么问题，只是进入了非常深的禅定。结束时，他会非常自然地出定，并且完全恢复正常。"

那一整夜以及次日一整天我都沉浸在那个状态中。白天我继续发出奇怪的声音，没人能明白，直到当地一名梵学家经过我家。

他听到我在说的话，认了出来，就进门宣布："这个男孩正在用梵文唱诵《夜柔吠陀》(Yajur Veda)。他是在哪里、在什么时候学会这样唱诵的？"

最可能的答案就是，这是我在某个前世学会的。当时我会说旁遮普语，也就是我的家乡话；乌尔都语，这是当地穆斯林的语言；还有一点点波斯语。我不懂梵文，也从未听说过《夜柔吠陀》。一定是大麻触发了某个前世遗留的记忆和知识。正如医生的预言，我最后回到了正常状态，既不懂梵文也不懂吠陀，继续过我的日常生活。

帕帕吉四处探寻，想弄清楚自己是怎么回事。于是他来到当地一家图书馆，在这里第一次接触到印度教的一些经典。

母亲的一位老师鼓励我去当地图书馆借书，那里有一些很不错的灵修书籍。我开始阅读吠檀多和印度教圣人的作品。在这间图书馆里我第一次读到了《瓦西斯塔瑜伽经》，这本书我一直很喜欢。有天我想要借一本关于罗摩·提尔塔[①]的书，他是印度教圣人，二十多岁的时候去喜马拉雅山隐修并在那里过世，享年仅三十四岁。我有个很特别的理由要借这本书：他是我母亲的兄长。所以我自然地想要了解他更多。

图书管理员一直观察着我借的书籍，越来越警觉。在印度中产阶层，对灵修事务略有兴趣是完全可接受的，但当这种兴趣变为痴迷时，警钟就会响起。这位善意的图书管理员大概认为我对宗教过分认真，并觉得我可能会像那位舅舅一样。如果有家庭成员年纪轻轻就出家，成为喜马拉雅山区的云游苦行僧，大多数家庭是不会乐意的。图书管理员觉得自己在做好事，拒绝让我借阅这本关于我舅舅的书。他还找到我母亲警告说，在他看来我对神秘玄学所表露出的兴趣已算有害。母亲毫不在意，她自己的生活也以修行为中心，所以很高兴儿子有同样的喜好。

帕帕吉在十多岁时首次接触到罗摩·提尔塔·斯瓦米和辨喜·斯瓦米的著作。两位大师关于吠檀多的写作和演讲中结合了狂热的国家

[①] 罗摩·提尔塔（Ram Tirtha，1873—1906），在排灯节出生于旁遮普的婆罗门家庭，是最早到美国讲学的著名印度教导师之一。他拥有数学硕士学位，并在拉合尔的一所大学担任数学教授。1897年，遇到了辨喜尊者（Swami Vivekananda）后，他萌生了出家之念，于1899年抛弃了妻儿和教授职位，剃度出家。之后他便云游四海，向全世界弘扬印度教吠檀多的教义。他先去了日本，1902年来到美国，为弘扬教法在美国逗留了两年。他是继辨喜尊者之后，第二位在美国弘扬印度教吠檀多的著名导师。他弘扬"入世吠檀多"，大力主张印度应该注重教育，尤其是妇女、穷人的教育，他成立了一个组织，设立了奖学金帮助印度学生留学到美国大学进修。1904年他回到印度后，选择了退隐。1906年他来到喜马拉雅山脚，并于当年的排灯节过世。

主义言论。他们都去过美国,把吠檀多的讯息传播到了西方。两人都以其修行成就和军事政治言论而名闻全印度。这两位斯瓦米是帕帕吉早年的榜样。

才十多岁的时候他就对母亲说:"总有一天,我也会到西方,去那里传法。"

作为家族中最有名的成员,罗摩·提尔塔常被当成其他人学习的楷模。雅穆纳·提琵有次集合了所有的孩子,问他们:"谁长大之后想成为罗摩·提尔塔那样的人?"

帕帕吉站了出来,宣告说:"我会!我会像他一样,做他做过的所有事情。"

这个回答一定让雅穆纳·提琵很高兴,因为在帕帕吉出生前,她经常祈祷黑天让她有一个像罗摩·提尔塔那样的儿子。

有个弟子20世纪70年代结识了帕帕吉和雅穆纳·提琵,有次他听帕帕吉说:"我出生前,母亲对她的亲戚们说:'如果我没有生出一名像哥哥那样的圣者,那我不过是只下猪崽的母猪而已。'她真是个非常强悍的女人。"

帕帕吉很幸运,父母本身都对修行怀抱热情,也能够理解发生在他身上的怪事,产生共鸣。我之前已提过帕帕吉母亲的拜赞歌和黑天乐舞。而帕帕吉的父亲帕玛南德也有自己所痴迷的修行:他非常喜爱持诵"嘉!悉塔罗摩"("荣誉属于罗摩悉塔")。悉塔是罗摩神的妻子。这个咒语时常挂在他嘴边,甚至在工作时也如此。在工作中继续持诵的这种习惯有时会让他惹上麻烦,比如苏蜜特拉说:

苏蜜特拉:父亲非常热衷于"嘉!悉塔罗摩"圣名。无论去什么地方，入睡前、早晨起床时以及进食前他都要这么念。他还一直带着一张黑天的小图片，好做普嘉①。父亲常让大家都念诵"嘉！悉塔罗摩"，要我们对此有信心。在生命的最后时刻，他依然在念诵"嘉！悉塔罗摩"。

他的虔诚有次给他带来了麻烦。他上班时间在车站内做普嘉。由于全部注意力都在仪轨而不是火车上，他忘了切换信号灯让下一列火车进站。于是那列火车只能在站外等候，直到他完成仪轨。上司听说此事后就暂停了他的职务，对此开展了一番正式的调查，父亲不得不解释疏忽的原因。而父亲对此没有后悔。

当他被要求进行解释时，他回答："我正在履行对神的职责，而神正在照看我的工作。"

他被大大训斥了一番，但没有受到再多的责罚。

尽管这种态度看起来很不负责任，帕玛南德至少有了一次证明神确实是在照顾铁路工作的体验。这则故事来自帕帕吉的弟子B.D.德赛，他在20世纪60年代后期认识了帕玛南德。

德赛：我有次和帕玛南德谈到他的工作。

他说："我工作的时候神在照看我。我工作的时候修行持诵，而神在照看我的工作。我对此毫不怀疑。

"有次我忘了要给进站的火车信号，因为注意力都在持诵上，忘了通知火车可以进站了。没有信号，火车就只能停在站外，造成了

---

① 普嘉（puja），一种崇敬礼拜神祇的仪式，为印度教、锡克教、耆那教和佛教等所共有，可以是信徒单独在家进行的每日功课，也可以是在寺庙等场所的群体仪式。

延误。后来我终于发觉自己忘了工作,就立刻冲出去打出正确的信号。在站台上有人告诉我火车已经过了车站。一定有别的人给出了信号,但我是那里唯一的铁路局官员。那个地方非常小,什么都得我自己做。

"我就想:'神在照看我的工作。我能回去持诵了。'"

雅穆纳·提琵和帕玛南德极其渴望能见到自己所钟爱的神,但两人都没有成功。帕玛南德对此非常沮丧,有段时间甚至想结束生命。他在办公室留了遗书,告知家人说这种见不到神的生活已让他无法忍受。他爬上铁轨上方的悬桥,想跳到铁轨上,让疾驰而来的火车撞死自己。助理站长在他桌上发现了遗书,把他救了下来。遗书上写明了他的计划,所以助手能及时赶到桥上,在下一趟列车到来前把他从栏杆上拉下来。

帕帕吉十几岁时被送去雅利安社[①]寄宿学校。学校由印度教改革家达雅南陀·斯瓦米建立。达雅南陀感到年轻男孩在英国人设立的中学里不能充分接触本国的文化和历史,就自己开办了一所学校。此举大获成功,许多分校陆续开设,都叫"达雅南陀盎格鲁-吠陀学校"(Dayananda Anglo-Vedic school)。旁遮普省大部分的主要城镇里都有一所。帕帕吉在此就读时经历了另一次奇妙的深层体验。

---

① 雅利安社,由达雅南陀·斯瓦米(Swami Dayananda, 1824—1883)于1875年4月7日建立的印度教改革运动组织。强调吠陀正统,推崇梵行,反对偶像崇拜、动物祭祀、神庙供奉、祖先崇拜、朝圣、种姓制度、童婚以及对妇女的歧视。雅利安社最主要的影响力是在旁遮普。

每天早上我们都要在外面集合，围成半圆坐下，唱诵祈祷文。唱诵的结束语是"唵，善提，善提，善提"（OM Shanti, Shanti, Shanti，意为"唵，和平，和平，和平"）。祈祷结束时，印有一个"唵"字的旗帜会在学校操场上升起。旗帜冉冉上升时，我们都必须跳起来，并大喊："胜利属于法！胜利属于印度母亲！胜利属于达雅南陀·斯瓦米！"

一天早上祈祷结束时，"唵，善提，善提，善提"的唱诵让我整个身体麻痹。我无法动弹，正如幼年在拉合尔别人递来芒果饮料时那样。我察觉得到周围发生的一切，内在感到极其平静和喜悦，但肌肉丝毫不能动弹，也不能回应周围发生的事情。别的男孩都跳起来，向旗帜致敬，就我一个人坐在地上处于瘫痪状态。

监督祈祷活动的老师见我坐在地上，想当然地认为我只是在偷懒或不守纪律。他把我的名字记在惩罚名单上交给校长，这意味着我必须在次日早晨到校长那里接受鞭笞。然后他就走开了，也没来确认我不动弹的原因。与此同时，别的男孩开始拿我取乐。他们发现怎么嘲笑我也没反应时，就开始模拟葬礼。他们抬起我的身体，把我的四肢摊开扛在他们肩上，假装是在抬着我送去墓地火化。我只能任由他们瞎闹，因为没法抱怨或反抗。他们闹够了后，就把我抬回家丢在床上。那天，在之后的时间里我就那样待着，一动不动，沉浸于内在的平静和喜悦中。

次日早晨，我完全恢复了，去校长那里领受惩罚。他拿出藤条，但在他动手之前，我问道："先生，请问，我做了什么呢？我算是犯了什么错呢？"

校长也不知道。老师自己是不能实施体罚的，他们只是给校长一张要受鞭笞的男孩名单。校长询问了那位记下我名字的老师，了解到我在前一天有"不守纪律"的行为。

我告诉校长："我并不是不想站起来，是突然间全身麻木不能动了。"我把体验讲给他听，解释说这是由于听到早晨祈祷的结束语"唵！善提，善提，善提"触发的。校长人非常好。他支持圣雄甘地，做这份工作不取任何报酬，他相信印度教男孩应该在印度教的环境中成长并接受教育。在那个时候，除了政府开办的世俗学校，还有锡克教、印度教和基督教的学校。既然校长理应向我们灌输印度教价值和观念，他意识到要是因为我在听到印度教祈祷后而产生的神秘体验来惩罚我，这就太荒谬了。他放过了我，后来我们成了很好的朋友。

整个在校期间，帕帕吉都很喜欢体育，尤其是那些能展示他力量的项目。他远高于印度人的平均身高，肌肉发达，发育良好。年轻时，遇到一头病得没法走路的水牛时，他能把牛扛着走。

大卫：你体育运动的水平如何？参加过哪个级别的比赛？

帕帕吉：我在学校参加板球和曲棍球队，一直打到区级比赛。我也进了拔河队，到区里比赛。傍晚我常打羽毛球。同时还常练习许多田径项目，最喜欢跳高、铅球、掷标枪和铁饼。

我喜欢那些可以展示我力量的体育活动。我那时留着一截木桩，叫木疙瘩，就放在屋前来练习举重。这种木桩圆柱形，大概有二点五英尺长，在顶端有个把手。重量根据尺寸而变化。其他那些想要炫耀力量的人会来和我一起练习。那段日子，用木疙瘩举重是镇子里流行的运动。很长一段时间，玩这个木疙瘩是我的主要爱好。

后来我开始练习摔跤,并且玩得非常好。离开学校后,由于工作关系我去了印度许多地方。每到一处,我都去找当地的摔跤场,和场子里的人较量一番。我常常能赢。

在遇上一大帮盗贼入室盗窃时,帕帕吉这一身力气就有了用武之地。这件事发生在帕帕吉十五六岁时。

有几个贼想要闯进我们在莱亚普尔的屋子。他们大概有七个人,翻墙进了屋子后就四处搜罗。他们拿走了我们的缝纫机、一台老式的留声机,那种带大喇叭的,还有许多别的东西。有个贼发现我在屋里,就手握一根金属长矛指着我的脸,防备我起身。我知道他在,但假装不知道,只是闭着眼睛躺着装睡。防卫我的这个人是最后撤离的,在他往墙边逃走时,我追了上去,在他攀墙的当口儿扯住他。他预先在身上涂了油,这样被人抓的时候能轻松溜走。可我还是牢牢抓住了他,没让他翻过墙。一抓到他,我就连声喊人来帮忙。家里其他人听到后就冲了过来。在大家帮助下,我轻易制服了他。

盗贼被头朝下脚朝上地吊在外面的树上。家里人想把他倒吊着用棍子打一顿,但我说服他们不要这样。

"他是我抓到的贼,"我说,"是我抓到他的。但我是在他爬墙时从后面抓住他的,这并不符合高尚的体育精神。现在我要和他真正比一比。把他放下来,饶他先跑十码。如果他逃得掉,就能拿走偷来的一切。如果我抓到他,他必须把偷走的东西都还回来。"

父亲大笑,以为我在开玩笑。但反正他也不担心,因为他知道我是个运动健将,能轻易制住盗贼。

这个贼比都不想比，直接认了输。

他说："你比我力气大，很轻松就能赢。何况你还不让别人揍我，所以我必须得感谢你。你在这里等着，我会把偷走的东西都还回来。"

父亲不想放他走。

"不要听他的！"他大喊，"他是个贼！你为什么要相信这种人的话？他会溜走的，我们就再也拿不回自己的东西了。"

我再次说："他是我的贼，是我抓到他的。我已经决定了让他走。我相信他会回来的。"

我们把他放下来，让他走了。他当天就把同伴们从我们房子里偷走的东西全都还回来了，这让我家人大为惊叹。他还带来了团队的邀请。

"你非常强，"他说，"我一直以为没人能抓得住我、制得住我。你还是孩子，却做到了。我打架从没有遇到像你力气那么大的。我很佩服你的力量，还有你对我的信任。我来请你去我们那里一起吃个晚饭。"

父亲不想让我和窃贼团伙混在一起，于是想阻止我。

而我对他说："他们已经证明了自己是值得信任的。我去的话也没什么坏处。"

盗贼团伙的头领派了两匹马，一匹给带信的人，一匹给我。我和送信人一起骑马过去，和他团伙里所有的人坐在一起美美地吃了顿饭。自此之后，他们对我一直很好，非常友好地和我打招呼。

我问苏蜜特拉是否记得这件事情。

大卫：帕帕吉有时会说起他在大约十六岁时抓住一个窃贼的故事。他说那个贼对他的力气大为赞叹，还邀请他和团伙其他人一起吃晚饭。你记得这件事吗？

苏蜜特拉：他一直很强壮。在学校以及后来一段时间，任何能让他炫耀力量的体育活动他都喜欢，尤其喜欢举重和拳击。

我不记得你说的这件事，但他确实抓过很多贼。有次他抓到一个在我们家附近田里偷瓜的贼。巴伊·撒赫伯看见那人手里拿着一个沉甸甸的包袱，从田里走出来。

他觉得包袱里是偷来的瓜，就拦住那人问："你包里是什么？"

那人没法给出让人满意的答案，于是巴伊·撒赫伯就迫使他打开包袱：里面是偷来的瓜。巴伊·撒赫伯让他把那包瓜顶在头上，逼着他负重在田里来回跑了好几圈。

在他大概顶着瓜跑了有两英里时，巴伊·撒赫伯对他说："这是对你偷瓜的惩罚。你现在可以回家了，把瓜留下。"

还有一次，有群窃贼团伙同时动手洗劫我们那条街上所有的人家。每户人家里都至少有一个团伙成员。巴伊·撒赫伯醒过来，发现家里被偷了。他想去抓贼时，那人响亮地吹了一记口哨，那是个讯号，表示被发现了，让所有的贼撤离逃跑。他们全都逃之夭夭，包括在我们屋里的那个。

我还记得一件事。有个十五岁的英国女孩被我们那里的盗贼团伙诱拐过来。团伙中一人买火车票时被巴伊·撒赫伯注意到了。那人买了三张票，却自己一个人上车。巴伊·撒赫伯觉得很可疑，因为没人一起上车。他就打电话到莱亚普尔的火车站，也就是那人坐车的目的地，告诉那里的站长此人很可疑。这人到站时与他的同伙一起被逮捕了,而稍后女孩也毫发无伤地得救了。

帕帕吉还在学校时,就积极参与一些争取结束英国殖民统治的社会运动。旁遮普已经发生了数次抗英事件。在19世纪下半叶,巴巴·罗摩·辛(Baba Ram Singh)领导的呼神派运动(Kuka movement)动员了数千农民来反抗英国统治。这一运动虽然以宗教改革为起始,但很快演变成了社会和政治运动。在甘地提出同样的主张之前五十年,呼神派就组织了一场不合作运动来抵制英国的治理、教育、法律和外贸服装进口。到了19世纪70年代,运动演变为一场武装暴动,最终被镇压。

20世纪初期,移居到莱亚普尔地区的农民奋起抵制殖民当局强行实施的不公平继承法。当局允许每家长子继承当初批给移民的土地,然而若长子在父亲死亡前死亡,家族里就没人再有继承权了。最初的这些人过世之后,土地就会被政府收回。一个叫作"婆罗多母亲"(Bharat Mata)的组织动员土地所有者抵制这一不公的法律。斗争漫长而残酷,在帕帕吉度过大部分童年时光的两个镇子,也就是莱亚普尔和古吉澜瓦拉都发生了暴乱,很多人因此丧命。在帕帕吉居住时期,这些城镇充满了反抗气氛。抗争最终取得了胜利,这被视作有组织的印度群众抵抗英国政府的第一场大胜仗。

在帕帕吉的童年时代,旁遮普只有几个很小型的组织,以武力反抗英国的一些特定目标,他们没能说服更多同胞走上这条道路。

而一个恶性事件改变了旁遮普人对英国统治的态度。在1919年4月,英军在阿姆利则(Amritsar)的札连瓦拉园(Jallianwalla Bagh)屠杀了数百名手无寸铁的游行群众。当时大批平民聚集于此,对公开集会禁令进行和平抗议。①英军司令官戴尔将军（General Dyer）完全没有打算要逮捕或令人群解散，他直接命令军队列队在集会人群前，然后向平民开火。游行者无处可逃，因为游行地点是在一块开阔的空间，四周全被建筑围绕。英军把守了唯一的出口。军队一共向人群开了约一千六百枪，直到弹药耗尽才停止。戴尔将军起初还想运几门大炮过来，之所以没能运到屠杀现场，只是因为大炮无法通过札连瓦拉园的狭窄街道。

在后续调查中，他被问到如果能把大炮运进去，是否会下令开炮，戴尔将军回答："是的，很可能会。印度人需要得到教训。"

屠杀造成印度各地怒潮汹涌，在旁遮普地区的影响尤其明显，许多年轻人开始以暴力手段反对英国人在印度的统治。

起初，年轻人通过圣雄甘地当时刚倡导的不抵抗运动来宣泄怒火。这也呼应了呼神派运动的号召，即呼吁所有印度人拒绝在任何方面和行政当局合作以摆脱英国统治。这本该是和平、非暴力的抗议，但在1922年，一群在戈勒克布尔（Gorakhpur）地区、如今的北方邦境内的农民包围了绰里楚拉镇（Chauri Chaura）的警察局并纵火焚烧，二十一名困在警局里的警察被烧死。甘地对这起暴力行为大为震惊，他取消了不合作运动，以免运动失控。

甘地的决定让许多旁遮普年轻人无处发泄对政府的怒气。一些人，包括帕帕吉，决定走暴力反抗之路。

帕帕吉开始对这些革命团体产生兴趣，就像许多同时代的年轻人一样，对篡夺国家政权又暴力对待反对者的英国人十分愤怒。在一封

---

① 著名的阿姆利则屠杀，又称札连瓦拉园屠杀。英国方面公布的数字是三百七十九人死亡，一千一百人受伤，印度国会方面的说法是约一千人死亡，一千五百人受伤。

1983年写给弟子拉哲·普拉布（Raj Prabhu）的信里，帕帕吉说："札连瓦拉园的屠杀让我从和平主义者变成了对抗英国人的杀手。"

屠杀发生时帕帕吉才六岁，但那次事件的余波在数年后依旧在整个旁遮普回荡。帕帕吉很可能在十岁出头时就意识到了这一点，因为那刚好是他转向好战时期的开始。

还有一个因素促使他脱离印度的主流政治思想，而进入暴力革命的世界。那是一纸法令，叫作《罗拉特法案》（Rowlatt Act），其目的是压制国内煽动性言论。警察被赋予了极大的执行权，比如可不经审判而拘留嫌疑人，随意搜身和搜查财物。虽然这项法令本意只是用来对付恐怖分子，但它被大肆滥用——无辜者受到逮捕、搜查、遭受酷刑。帕帕吉了解到政治犯在英国监狱里备受折磨，于是坚信只有暴力回去才是最恰当的回应。

英国在印度的统治受到多重挑战。当时的气氛让人觉得如果我们自己能合理组织起来，向政府施加足够的压力，就能终结殖民统治。最著名的自由斗士甘地正在推动非暴力不合作运动，希望足够多的印度人拒绝服从英国政府的命令，这样英国人就会承认印度无法治理，然后让印度人管理自己的事务。我完全不接受这套理论。我过去和现在都深信应该采取直接的行动。当时我就觉得应该和英国人正面交锋，给他们点颜色看看。

我想："如果有人冲进我的屋子，占为己有，对我们指手画脚，我们该怎么办？"

甘地拥护者的回答是："礼貌地要求他们离开，如果他们说'不'，那么拒绝服从他们任何命令。"

我觉得这是懦夫行径。在我的经验里,擅自占有他人财产的人不会听什么礼貌的要求,所以当时我更倾向拿起棍棒,用武力把他们赶出去。

后来帕帕吉知道如果自己被捕会牵连所有家人,他那份暴力之心也就略微有所收敛。如果他被控以严重罪名,比如谋杀英国官员,他父亲很可能会失去公职,一旦如此,就没人养家了。帕帕吉父母知道儿子痴迷于暴力革命,就说服他只局限于参加宣传活动。他们觉得如果他只是因为传播反英言论而被捕,帕玛南德可能还保得住饭碗。

于是帕帕吉转而成了一名优秀的革命事业宣传员。他还是学生时就充满热情,善于公开演讲。在镇里广场上的"佛法"布道已显露了他公开演讲的天赋,这种能力一直伴随着他的一生。

苏蜜特拉对于他要暴力推翻英国统治的斗争岁月记忆犹新。

大卫:他有哪些政治活动?你对他的革命岁月还记得些什么?

苏蜜特拉:他常和其他年轻人在外面,在街上大喊反对英国人的口号。他还参与了好多次这类游行。他常常大喊"插上我们战斗的红旗",以及"杀死英国兵!"

大卫:我还听说他在莱亚普尔做过反英演讲。

苏蜜特拉:是的,他经常在集市公开演讲,许多人都去听。风声紧的时候,父母就尽力让他留在家里,但他不听。就算很可能被捕,他也坚持要去。

有天,他一个朋友来我们家告诉母亲:"我们今天要出门,哈利万什·拉尔要在镇上发表演说,我们都想去听。"

当时有很多人被捕,所以母亲非常担心巴伊·撒赫伯的安全。她把他锁在屋里,不让他出门。巴伊·撒赫伯很生气,大喊大叫,试图破门而出。可是门很结实。于是他跑到房子中间的庭院,找到条绳子,系在屋顶爬了上去。他再用一条纱丽拧成绳子,从屋子另一边爬了下去。

逃出家后,他就去了镇中心的广场,在下午四点发表演说。警察出动了,要逮捕他,但他逃脱了。警察在后面追,喊着:"抓住他!抓住他!"但却找不到他。他没有跑出广场,而是在舞台下面藏了起来直到警察离开。

他常常装扮成苦行僧来演说。隐藏在台下时,他换上了日常的穿着,直到深夜安全了才回家。这些都发生在他还在学校期间,在他结婚前。

20世纪中期,许多旁遮普革命者都属于一个地下组织,叫作"革命党"(The Revolutionary Party)。这是一个非常秘密的组织,名字也不为公众所知。1926年,其领导人认为应该有一个公开的前线组织以接触潜在的新成员。新组织被命名为"印度青年大会"(Naujawan Bharat Sabha)。帕帕吉同时是"革命党"和"印度青年大会"的成员。拉嘉·罗摩·萨斯特里(Raja Ram Sastri)是奠基者之一,在一本有关旁遮普革命者的书里他描述了这个组织的宗旨:

过去一段时间内,在年轻人中传播革命思想靠的是秘密的极端主义宣传材料。但很快,革命党就感到应该公开站出来,用自己的观点赢得民众。为此目的在1926年设立了印度青年大会。事实上,这是革命党公开的前线机构。

许多旁遮普革命领袖都是社会主义者，他们的目标是把英国人赶出印度，用本土的社会主义政府取而代之。尽管印度青年大会并没有倡导任何革命性或暴力活动，但很明显具有各类社会主义目标，分别为：

- 建立印度工农联合共和国。
- 对年轻人进行民族主义的爱国主义教育。
- 帮助并推动在经济、社会及工业领域的各类运动，反对地方自治，帮助成立理想的工农共和国。
- 组织工人与农民。

我提醒帕帕吉，大部分他的革命同伴都是社会主义者，问他是否接受这些观点。虽然他的妹妹记得他在街上走在游行队伍最前面，大唱"插上我们战斗的红旗"，但帕帕吉否认自己曾经的出身，他说自己曾加入不同的革命组织，那是因为只有在这些组织里他才能物色到愿意参加暴力反英的人。

印度青年大会在旁遮普全境都建立了分支，在中学和大学组织集会和演讲，目的是在青年人心里燃起民族主义的火焰，演讲中经常谈到过去为了争取独立而牺牲的烈士。如果发现听众中有人对这些话题表示兴趣的，就发给他们关于各类政治社会话题的宣传册。而那些表现出强烈意愿要采取直接行动抵抗英国的人，就会被介绍进一个或更多小型革命组织。这些组织由此来招募新成员。

最大也最具影响力的革命组织是一个包括了巴伽特·辛（Bhagat Singh）和苏客提婆（Sukdev）两位旁遮普革命领导人的团体。他们的组织起初叫作"印度斯坦共和联合会"（Hindustan Republican Association），后来在"印度斯坦"后面加上了"社会主义"一词。虽然帕帕吉和巴伽特·辛和苏客提婆都挺熟，但他从未正式属于这个组织。苏客提婆事实上是在莱亚普尔的帕帕吉家族名下一所房子的租客。

尽管帕帕吉从不直接参与"印度斯坦共和联合会"组织的破坏行动，但还是有必要简要总结一下此组织所做的事件，因为这间接导致了帕帕吉自己也参与军事行动。

1928年英国政府任命了一个名为"西蒙委员会"（Simon Commission）的七人小组，研究在印度进行宪政改革的可能性。七名成员都是英国人。所有的印度政治组织都决定抵制它，因为其中一个印度人都没有。无论西蒙委员会到哪里，都会遇到大规模反英游行。同年10月委员会到达拉合尔时，根本寸步难行，游行队伍把所有街道都封锁了。警察局的斯考特警司（Superintendent Scott）为了驱散人群，命令部下用名为拉踢（lathis）的警用长棍殴打示威者。示威领袖、著名的旁遮普政治家旁遮普·柯斯理·拉剌·拉吉帕·濑（Punjab Kesri Lala Lajpat Rai）被警察粗暴侮辱，并在受伤几天后死去。"印度斯坦共和联合会"在巴伽特·辛和苏客提婆的领导下决定刺杀下令使用警棍的斯考特警司来报复。埋伏安排好，但组织里负责辨认警司的人认错了人，巴伽特·辛最终开枪打死了副警司桑德斯。次日组织公开承认对此负责，在拉合尔城里的许多墙上贴了布告，说印度斯坦社会主义共和军承认谋杀是对旁遮普·柯斯理·拉剌·拉吉帕·濑之死的报复。

巴伽特·辛认为革命运动需要更多公开曝光，对战友们宣布说自己打算往议会里投掷小型低威力炸弹，然后去警察局自首。他没打算杀死谁，只是想借助之后的审判作为宣传革命的舞台。

这颗炸弹引起了巨大震荡。尽管没有死人，并且巴伽特·辛也立刻去警察局自首，但这起事件严重刺激了殖民当局。所有已知的革命者和他们的关系人都被逮捕审讯。其中有人愿意配合警察，揭发了拉合尔和萨哈兰普尔（Saharanpur）的炸弹工厂地址。警察对这些地方进行突袭，找到了数千枚炸弹。在巴伽特·辛扔完炸弹自首后，在他的物品里搜出一把枪，被证实为杀死副警司桑德斯的凶器。他以谋杀和其他几项罪名被指控。

大部分革命者都被捕了，被一起送上法庭，这就是著名的"拉合尔叛乱案"（The Lahore Conspiracy Trial）。帕帕吉没有受此案牵连，但他的许多朋友都被逮捕判罪。我给他看了一张被告名单，请他指出其中哪些是他认识的。以下是他指出的名字，以及判刑结果：

巴伽特·辛：绞刑

苏客提婆：绞刑

湿婆罗摩·罗阇古鲁（Shivram Rajguru）：绞刑

迦提婆·卡普尔（Jaidev Kapoor）：终身监禁

启朔里·拉勒（Kishori Lal）：终身监禁

昆丹·拉勒（Kundan Lal）：七年苦役

迦廷德拉纳特·达斯（Jatindranath Das）：判刑前饿死在狱中

他还指出了德什罗阇（Deshraj），此人被免予起诉。开始有二十五人被指控，最终有十六人上了法庭。在帕帕吉指出的名单里的第七人，迦廷德拉纳特·达斯，是从孟加拉来旁遮普教革命者制造炸弹的，他和在拉合尔及萨哈兰普尔发现的两处炸弹工厂关联紧密。在《帕帕吉访谈录》里，帕帕吉承认他在印度革命党那里"受训学习制造炸弹"。

拉合尔叛乱案有效地摧毁了旁遮普的革命组织，但活下来的成员决定发动最后一次攻击，作为失去众多成员的报复。他们决定炸毁英国在印度的最高代表即印度总督乘坐的专列火车。帕帕吉对此事很积极，尽管没有直接参与到爆炸行动中。

我第一次询问帕帕吉还有谁参与了爆炸行动时，他回答："我的良知不允许我说出细节。"最近他承认有个叫作无线电汉斯拉阇（Hansraj Wireless）的人是积极参与者。此人因在印度第一个演示无线电信号传播而颇有名声，后来他用技术和科学知识为革命军制造了遥控炸弹。

帕帕吉的组织成功炸毁了专列火车，但总督本人毫发无伤，因为炸弹没有直接在他所在的车厢炸响。这是旁遮普革命军最后一次有效行动，因为在监狱外的唯一革命党领袖——昌德拉色喀尔·阿扎得（Chandrasekhar Azad）在不久之后，就在与警察的一场枪战中被击毙。

帕帕吉的反英活动不仅有制造炸弹和发表演说。他还提过两件为攻击英国官员而制订的怪异计划。

大卫：你曾对我说你还在上学时，计划在当地的墓园里召唤出一些灵体，你觉得如果可以控制它们，就能用来反抗英国人了。

帕帕吉：是的，我对革命党里的朋友说过这个计划，但他们都嘲笑我。可我还是去了。我曾在书里读过一个方法，说如果连续二十一天每晚都在墓地上唱诵某个特别的咒子，一种很有力量的灵体就会出现，并为我效劳。我想可以用某个灵体来对抗英国人。我知道父母不会允许我连续三周整夜坐在墓地里，就对他们说之后几周我都要在朋友家过夜。

"我们必须在一起做点功课。"我说。这样的说辞总是很能取悦我的父母,因为他们知道我是多不喜欢在学习上用功。

连续三周,我整夜在墓地里唱诵咒语。最后那晚,一个非常恐怖丑陋的灵体出现在我面前,问我想要什么。他长着很多角,有条长长的鼻子,鼻端还有一只角,嘴在后脑勺,长满了黑色的牙齿,样子很是吓人。我汗毛直立,害怕得不能动弹。

"你想要什么?"这个鬼又问了一次,"你想要什么我都能给你。你的灵热修行(tapas)[①]让我很高兴。无论任何时候你召唤我,我都能带来你想要的。"

灵热修行一词指的是严苛的修行,经常是肉体上的苦行。传统上练习灵热是用来获得神通,或是从神那里得到恩赐。

我吓坏了,于是逃得远远的,再也没回去过。我不知道是否能用这个鬼对抗英国人,但数年后他确实来帮了忙。那时我在喜马拉雅山区高处游荡,感到非常饿,附近没有任何地方能找到食物。我忽然想起,多年前出现在我面前的这个灵体曾承诺如果我召唤,就会带来任何我想要的东西。

我想:"让我看看他是否有用。"

我召唤了他,出乎意外,他立刻出现在我面前。这一次,我毫不

---

① 梵文 tapas 原指"热",也用来指苦行者或瑜伽道的精神狂喜。瑜伽传统中,灵热原指瑜伽修行中产生的内部热燃,为修行成就的标志。后来引申指各种修行,如禅定、拜忏、瑜伽、虔信等的成就。

畏惧。

"我饿了,"我说,"你能带些食物来这个偏僻的地方吗?"

鬼魂立刻给我提供了新鲜的水果,都是些只可能长在平原的水果。他消失之后我再也没有用这个方法召唤过他。

大卫:你还有另一项计划——隐身,这样就能在英国俱乐部里向地区法官开枪,又不被发现。这项计划进行得如何?

帕帕吉:我在当地图书馆找到了一本帕坦伽利的《瑜伽经》①。其中一章有关如何获得八种悉地(siddhis),或者说八种神通,其中之一就是隐身。

我想:"这个不错。这些英国人带给我们那么多麻烦。如果我能隐身,就可以找英国人的麻烦。"

当时巴伽特·辛、苏客提婆和罗阇古鲁已经被执行绞刑了。我已经明白我们无法通过常规方法对抗英国人。英国是当时世界强大的国家,拥有强大的陆军和海军——成千上万训练有素、武器精良的士兵能轻易镇压一场几个武器和训练都很糟糕的印度人发起的叛乱。在议会遭到一颗小炸弹攻击后,他们立刻扑灭了我们整个革命运动。

所以我心想,让我看看是否能隐身。如果成功了,我就带着手枪走进清耐博俱乐部②,击爆地区法官的头,此外没别的方法能进入英国人开的俱乐部。当时,棕色皮肤的人都被挡在门外。

我还想报复在监狱中虐待政治犯的官员。我在报纸上读到西北边

---

① 《瑜伽经》(*Yoga Sutras*),作者为帕坦伽利(Pantajali),成书于大约公元前2世纪,以系统化的方式汇总了瑜伽的各类知识,为各种瑜伽修法奠定了理论基础。
② 清耐博俱乐部(Chenab Club),20世纪初英国政府在费萨拉巴德建立的社交俱乐部,当时只对当值或退休的英国官员开放。

境省有名典狱长，他逼迫犯人整夜站在齐脖深的河里。我知道那片区域，知道那里的水冰冷刺骨。他不断让犯人站出来，审问其他反英行动者的名字。如果犯人不认罪也不交代名字，就会被打一顿再推进河里。我还想杀掉这个人。

我想："首先，我会干掉这里的地区法官。如果得手了，就去西北边境省，同样处理掉那位典狱长。"

这没有奏效。悉地不是一个下午就能掌握的，需要年复一年的专修。多年后我在哈德瓦遇见一名可以在恒河上行走的男子。他花了四十年来掌握这门技术。我太急于求成，没有四十年可等。失败几次后，我就放弃了。

最后提到的那件事似乎是发生在20世纪30年代早期，除此之外，基本上帕帕吉全部的革命活动都发生于他在校期间。他的童年和青年时期非常多姿多彩：见到黑天、奇妙的深层体验、革命军和体育活动都已经叙述过了。下面还需要提到他早年生活另一面，这样才能完整展现他年轻岁月的全貌。

他在校时，就发现自己在乌尔都语诗歌上很有天赋。帕帕吉的母语是旁遮普语，但当时的教育系统应对的目标是培养能进入大学、最终能在英国政府里担任职员的人。要得到那些职位，必须通过波斯语及乌尔都语的入学考试，因此学校里广泛教授这两门课程。乌尔都语是邦政府的官方语言，而当时受过教育的旁遮普人把了解波斯语文学视为一种社会成就，可以类比同时期欧洲绅士们必须得熟悉拉丁语及希腊语的情形。

我在中学学习乌尔都语和波斯语时，对这两种语言产生了浓厚兴趣。我在当地找到精通这些语言的人，找他们额外补课。我向几位诗人和作家求学，他们介绍我阅读一些这两种语言的经典文本。

这些早期的文学熏陶，让我对诗歌产生了浓厚的兴趣。我常常参加学校在节假日举行的比赛，有次朗读自己为立春荟供[①]所作的诗歌《春》，还获了奖。我对诗歌的兴趣可能是受母亲影响，她用旁遮普语写过好几首诗歌。我们家充满文学气氛，两个妹妹都用乌尔都语和旁遮普语写诗。我现在仍喜欢听诗人富有韵律地朗诵自己的作品，但我不再有兴趣自己写诗。

诗歌比赛是当时旁遮普文化的显著特征。所有参赛者集中在一个房间，出题人给出一行乌尔都语诗，参赛者就用同样的主题和韵律作一首新诗。到访的作家或诗人当裁判，最好的诗作者会获得奖励。帕帕吉以"廓萨"（Kausar）为笔名写乌尔都语诗，好些年间他都把这个笔名写进自己的全名里。

我需要在此指出的是，在他的童年时代，帕帕吉和他的家人都使用"沙尔玛"（Sharma）这个名字，这是所有婆罗门都可以使用的姓名后缀。离开学校后，帕帕吉更喜欢用"彭嘉"这个名字。所有的印度教徒都属于一个特定的细分群体或类别。这些类别被称为"族姓"，帕帕吉的族姓是彭嘉。他的名字哈利万什·拉尔，可以翻译为"神之大家族中的红宝石"。

[①] 立春荟供（Basant Panchimi 或作 Vasant Panchimi），又称辩才天女普嘉（Saraswari Puja），是印度教与锡克教节日，在摩羯月（公历2月初）第十五天举行，作为春季的开始。印度教徒于此日礼拜学术、艺术女神辩才天女。

帕帕吉十六岁时通过了大学入学考试，但帕玛南德决定帕帕吉应立刻开始工作。这个人口众多的大家庭生活需要额外的收入来支撑。帕玛南德还决定帕帕吉应当结婚。当时旁遮普男孩很普遍都在十五六岁成亲，而他们的妻子经常是年纪更小的女孩。除了少数特例，几乎所有的婚礼都是由双方父母操办的。

帕帕吉对结婚没有任何兴趣，但还是接受了父亲的安排。帕玛南德在自己曾担任站长的大镇木尔坦找到一位门当户对的婆罗门女孩，名叫维迪雅琶提（Vidyavati）。结婚当天，帕帕吉十六岁，而他的新娘刚刚过了十四岁生日。

我问帕帕吉在婚后早期是如何养家的。他回答道：

中学毕业考试后，父亲不能继续供我在拉合尔上大学，我的弟弟妹妹还都需要受教育，家里没钱供我们同时上学。我在《论坛报》（*The Tribute*）上见到一则启事，有家公司在找人代理医疗外科设备和体育用品。公司位于锡亚尔科特[①]。我提交申请并得到了工作，做销售意味着我能够在全国到处旅游。

有次我出差到孟买，在那里找到一个薪水更好的长期职位，为一家总部在卡拉奇[②]的公司工作。这家公司也雇我当销售。我把妻子带到孟买，在古吉拉特区安顿下来。那份工作很好。我赚到的钱足够用来赡养妻儿，还有结余寄给莱亚普尔的家人。

---

① 锡亚尔科特（Sialkot），今巴基斯坦旁遮普区东北部城市，有着上千年悠久历史。位于克什米尔山脚，距拉合尔一百二十五公里。
② 卡拉奇（Karachi），今巴基斯坦信德省首府，也是该国最大的城市和港口。位于印度河三角洲西北部，濒临阿拉伯海。

当销售前,帕帕吉先是自己在莱亚普尔开店。他当时开了好几间店铺。去了锡亚尔科特那家公司后,店铺就由其他家人接手了。苏蜜特拉给出了一些细节:

大卫:帕帕吉离开学校后做了些什么?

苏蜜特拉:他十六岁时结了婚,但不常在家。他一直外出,不是出差,就是去参访圣者或圣地。那段日子里,他妻子对他不常在家也不太抱怨。

巴伊·撒赫伯说过:"所有的朝圣能去成,全靠了我妻子。"

他的意思是,他能想去哪里就去哪里,是因为在早些年,妻子对他这方面并不常抱怨。

大卫:为什么帕帕吉在莱亚普尔工作几年后搬去了孟买?

苏蜜特拉:我不知道。我不记得了。

苏蜜特拉用旁遮普语和我对话,她的回答由帕帕吉的女儿席万妮(Sivani)翻译。对话中,席万妮自己提了个问题:"是不是因为他在孟买遇见了某个女孩?他有没有追过女孩子?"

苏蜜特拉:不,他不会那样。他从没和任何女孩纠缠过。他以前喜欢听音乐,但不允许放任何淫词艳曲,不允许弟弟妹妹听任何有性暗示的歌曲。

大卫:那么工作呢?他靠什么来养家?

苏蜜特拉:父亲退休时,我们在莱亚普尔安顿下来。作为长子,巴伊·撒赫伯必须要赚钱养活我们。他开了一家店叫"孟买百货店",卖茶叶和其他东西。生意一点点扩张,最后我们一共有了五家店铺,在同一条街上紧挨着。后来家里人越来越多,我们把店都改成了住宅。巴伊·撒赫伯还开了家店卖女性化妆品,在去孟买前,他自己打理这家店。

父亲退休时,从铁路局收到一笔一次性付清的养老金。那时还没有按月支付的养老金计划。他把所有钱都给了巴伊·撒赫伯,让他安排。巴伊·撒赫伯用来投资一些土地,印巴分治后这些地都被没收了。父亲退休后,巴伊·撒赫伯负担起了全部的养家责任。

父亲一直对巴伊·撒赫伯很尊敬。大约在过世前十年,他在日记里写道:"我的儿子哈利万什·拉尔是我的上师。"我亲眼见过这个记录。

帕帕吉两个还在世的孩子是席万妮和苏仁德拉(Surendra),都出生在20世纪30年代:席万妮在1935年,苏仁德拉在1936年。另一个叫作罗蜜妮的女儿幼年夭折。我询问帕帕吉关于她死亡的细节以及他的感受:

我的一个女儿病了,被送进了医院。她当时三岁。我妻子在医院照顾她。我常常在早上给她们送饭。过了几天,妻子坐着人力车回到我们住的地方。女儿和她在一起。

看见她们我很惊讶,问:"她好些了吗?"

"不,"妻子说,"她死了。我带了她的尸体回来。"

妻子出现时,我从没想到女儿已经死了,因为妻子完全没有一点悲伤的迹象。

我接过孩子的尸体,去了火葬场,在邻居的帮助下亲手埋了她。按照我们族群的传统,五岁以下的孩子土葬,而不是火葬。我心里没有一点反应。

帕帕吉和妻子在孟买住了好几年。销售员的工作让他有大把机会在印度各地旅行。除了公务出差,他还进行了几次朝圣,去参拜一些圣地和著名的斯瓦米。有一次是去马哈拉施特拉邦的纳西克①访问萨启阿南达·斯瓦米(Swami Satchiananda),另一次去瑞诗凯诗②拜访普鲁硕檀阿南达吉·斯瓦米(Swami Purshottamanandaji),这是位住在镇子北方数英里外山洞里的著名上师。帕帕吉当时依然痴迷于黑天的形象,一直在寻找能够给他建议的斯瓦米,好让他在想见到黑天的时候就能见到。这些斯瓦米中没有一个能帮他。他在这段时间做了许多禅修和持诵,但这些修持没有如他所愿那般经常产生黑天显现的体验。

有一个人给他留下印象,叫作尼提阿南达·斯瓦米③,是穆克塔南

---

① 纳西克(Nasik),印度马哈拉施特拉邦(Maharashtra)的一座城市,位于戈达瓦利河畔。马哈拉施特拉邦位于印度中部,该邦首府是孟买。
② 瑞诗凯诗(Rishikesh),印度北部最主要的瑜伽静修圣地,著名的朝圣中心。位于喜马拉雅山脉入口处,三面环山,恒河就从山间流过。
③ 尼提阿南达·斯瓦米(Swami Nityananda,1897—1961),出生于南印度的喀拉拉。年轻时曾在喜马拉雅山区做云游的瑜伽士,之后返回南印度,以神通闻名,他在喀拉拉建造了一座道场。当地警察怀疑他制造假币,他当着他们的面跳入了有鳄鱼的池塘,然后变出了很多钱币。他并不太用语言给予教导,往往只是静坐。

达·斯瓦米①的上师。帕帕吉在孟买工作的头两年，尼提阿南达·斯瓦米就住在附近，在班扎什瓦利②。帕帕吉的邻居带他去见斯瓦米。

我第一次见到尼提阿南达是在 1932 年。我的邻居普鲁朔檀（Purushottam）正要去班扎什瓦利一睹圣容，我决定和他一起去。由于行程大约有三十五英里远，所以我们就开着他的车去了。普鲁朔檀那时在孟买的金融市场上做些投机生意。他去见尼提阿南达只是为了得到理财投资的建议。尼提阿南达住的地方叫班扎什瓦利，以硫黄温泉闻名。许多人在那里沐浴来治疗皮肤病，或缓解比如关节炎和风湿的症状。那里距离迦尼萨普利③，也就是穆克塔南达·斯瓦米几年后建立的主道场很近。

周日一大早我们从孟买动身，到达时每个人都向伟大的斯瓦米行礼。我的朋友，他妻子、女儿和叔叔都恭恭敬敬地在斯瓦米的脚下磕头行礼。但是当我跪下时，斯瓦米不准我碰他的脚。

大家立刻推断不让我跪拜是因为我罪孽深重，都开始担心我到底犯了什么可怕的事，要被这般羞辱。但斯瓦米什么都没说，我也没说。

普鲁朔檀和我讲了他的想法。我说："我很老实，每天早上九点

---

① 穆克塔南达·斯瓦米（Swami Muktananda，1908—1982），印度僧侣，师从尼提阿南达，悉达瑜伽的创立者，写有多部关于拙火、吠檀多和克什米尔湿婆派的作品。
② 班扎什瓦利（Vajreshwari），位于马哈拉施特拉邦的城市，城中有著名的班扎什瓦利女神神庙。
③ 迦尼萨普利（Ganeshpuri），印度马哈拉施特拉邦的村庄，位于孟买以北 80 公里，因尼提阿南达灵祠在此而闻名，其弟子穆克塔南达在 20 世纪 70 年代初于此建立道场。

到办公室，开始一整天的工作，下午六点回家，努力工作赚钱。而你就是个赌徒。你到这里就是为了找法子靠赌博赚更多。"

那天有许多人到来，向尼提阿南达跪拜，赠送礼物。到了吃饭的时间，在场人都可以和他一起用餐。

傍晚我们准备离开时，尼提阿南达指着我，说我必须留下。

我抗议道："明天我要去办公室。"

他不让我走。最后我请朋友次日去我办公室，交一份两天的请假申请。

我说："这人是圣者。所以他要我留下，我没办法违抗。告诉我老板这里的情况，我会尽快回去。"

他们问："你要怎么回去呢？你没有交通工具，这里又是在森林深处。"

我说："我明天自己会解决的。这人要我留下，我只能留下。"

那时许多来拜访他的人都是黄金和棉花的投机商。尼提阿南达从不和他们中任何一个人交谈，但是常做出奇特的手势。投机商会询问黄金未来的价格，然后把他怪异的手势当成答案来解读。

我和他坐了一整夜，但没有说一句话。他从没告诉我为什么要我留下。我们只是坐在一起过了一整夜。我们都没睡。离开前，他给了我一个两安纳的硬币。那是面值很小的硬币，相当于八分之一个卢比。次日早晨他让一位叫作丁萧的帕西商人开车带我回城。

我再次见到普鲁朔檀和他家人时，他们都很急切想要知道尼提阿南达和我说了什么。

我回答："什么都没说。他没有说话，我也没有。"

我给他们看从尼提阿南达那儿得到的硬币，普鲁朔檀立刻想要买下来。

他说:"我要是有这枚硬币,生意一定会兴旺发达。你想要多少钱?"

我拒绝割爱。我觉得这是从伟大的圣者处得到的加持品,所以不想放手。

在这个阶段,帕帕吉并没有能力去评估尼提阿南达的真实状态,但是在1950年第二次见面的时候,他就宣布尼提阿南达是开悟的。他在好几个场合说过尼提阿南达属于特立独行的印度教苦行僧,有时候被称作"阿果黎"[1]。这个词用来指宗教导师以一种非正统的奇特方式行事,常常放弃了一切公众行为规范。帕帕吉最近在勒克瑙一次萨特桑上谈起这类人:

尼提阿南达是一位成就者,属于常说的阿果黎。阿果黎不教学生。他们四处游荡,不说话,不洗澡。有时候赤身裸体,有时候裹着破旧的麻袋当衣服。

我旁遮普的家乡有位阿果黎。许多有学问的人——律师、教师、商人都去找他。有些阿果黎出了名,尼姆·卡洛利·巴巴[2]就是其中

---

[1] 阿果黎(aghori),一类极端的苦行僧,据称是由11—12世纪时的大瑜伽士果让纳特(Gorakhnath)创立的流派。
[2] 尼姆·卡洛利·巴巴(Neem Karoli Baba,又称Neeb Karori Baba,生年不详,1973年离世),印度灵修上师,修持哈努曼虔敬,主张无私服务众生。20世纪60—70年代来印度的美国人有不少成为其弟子,如罗摩·达斯(Ram Dass)、薄伽梵·达斯(Bhagavan Das)、克里希那·达斯(Krishna Das)等。印度圣地沃林达文、瑞诗凯诗等地及美国新墨西哥州道沃斯(Taos)都有其道场。

之一。许多年后,我住在勒克瑙,常常见到他在贡提河①边游荡。他在那里的哈努曼神庙待了很长时间。20世纪50年代,从蒂鲁瓦纳马莱开车到班加罗尔的路上,我还在克里希那吉里②附近见过另一位阿果黎。

帕帕吉与那位克里希那吉里的阿果黎的会面记载在"矿场经理"一章中。他家乡的那位阿果黎就是能变出硬币付舞娘钱的苦行僧僧团领袖。

帕帕吉在孟买的日子似乎平淡无奇。我问过他几次整个20世纪30年代都做了些什么,但他不记得有什么难忘的事。不过有一次,他说,他当时完全融入了孟买的文化中,能把自己变成古吉拉特人③。在孟买有两个主要的族群,有各自的语言:马拉地人④,语言地区覆盖城市大部分的东部和南部地区;还有古吉拉特人,主要活动在城市的中心到北部。有一阵子帕帕吉和一位只接受古吉拉特租客的房东住在一起。帕帕吉的语言水平很高,让房东完全相信他就是古吉拉特人,直到几个月后帕帕吉的妻子维迪雅琶提意外到来,事情才戳破。她不懂古吉拉特语,也不做传统的古吉拉特衣着打扮。但帕帕吉已经

---

① 贡提河(Gomti River),为恒河的分支。源自福哈尔吉赫(Fulhaar jheel),流经北方邦,共九百公里。根据印度教神话,此河是智者瓦西斯塔的女儿的化现,为印度教圣河。
② 克里希那吉里(Krishnagiri),位于泰米尔纳德邦,距离班加罗尔四十五公里。
③ 古吉拉特人(Gujaratis),印度民族,人口约六千万,除印度外,还居住在美国、加拿大、英国、澳大利亚、南非、巴基斯坦等地。宗教信仰有印度教、耆那教及伊斯兰教。语言为古吉拉特语。圣雄甘地、达雅南达·斯瓦米都是古吉拉特人。
④ 马拉地人(Marathis),雅利安-印度民族,人口七千万至八千万。主要居住在印度马哈拉施特拉邦及印度西部,其语言为马拉地语。

和房东结下了很好的关系，就可以继续住下去。

有时帕帕吉会有些怀旧地谈起孟买到白沙瓦①间的火车，他搭乘这些列车，定期回莱亚普尔见家人。

那时车票很便宜，火车也不拥挤。我一直很喜欢坐火车旅行，而这一路特别愉悦。我喜欢在旅途中和人交谈，会坐在某人身边然后开始聊天。过几分钟后，再找些借口离开。在车上，如果你想停止对话去别的地方，总能找到很好的借口。我经常整趟旅途中不断站起、坐下，和任何一个看起来有意思的人聊个天。

帕帕吉肯定是在20世纪30年代中后期回到了莱亚普尔过了相当长的日子，因为他有时会说起自己在莱亚普尔的雅利安社做秘书的事。他以雅利安社名义进行的政治活动始于20世纪30年代中期，在1938年达到高峰。

容我在这里略微岔一下题，谈谈雅利安社的背景，因为对此社团的信仰和活动的介绍能提供一扇窗口，瞥见帕帕吉20世纪30年代后期的精神状态，特别是他当时支持的政治及宗教观点。

雅利安社由达雅南陀·萨拉斯瓦提·斯瓦米在19世纪下半叶建立。虽然其基础是坚固的吠陀印度教，但它宣扬的是一种净化后的形式，摒弃了印度教中大部分的流行习俗。它反对多神论，尤其反对偶

---

① 白沙瓦（Peshawar），现巴基斯坦邻近阿富汗边境的城市，多个世纪以来一直是南亚大陆与中亚之间的贸易重镇。曾在贵霜王朝时被犍陀罗的迦腻色伽一世定为国都。

像崇拜,无论是在家还是在寺庙,不承认往世书①的传说和神话可信,反对婆罗门祭司作为人与神之间的沟通角色,不提倡几乎所有的仪式包括朝圣,反对"不可触阶级"的划分以及印度教寡妇不可再嫁的传统。达雅南陀·斯瓦米在一本题为《真理之光》②的书里阐述了他的观点,此书之后成为整个运动的宝典。

雅利安社在旁遮普地区影响尤其大。1877年在拉合尔建社后,达雅南陀·斯瓦米制定了组织的基本原则,新成员必须要遵守。

1. 所有知识以及由知识而知道的一切,其第一因就是究竟祜主(Parameswara)。

2. 神为存在、有觉、妙乐。他无形、无所不能、公正、慈悲、无生、无终、不变、无始、无与伦比,为一切之支持,为一切之主宰,遍在、本具、不老、不死、无畏、永恒而神圣,为一切之造者。

3. 吠陀经中所载,乃是真实之知。阅读吠陀,教授吠陀,听闻受持吠陀是雅利安社员的首要任务。

4. 一个人必须一直乐于接受真理,放弃非真理。

5. 必须依照正法③之教令而行一切事,即审慎衡量对错而行。

6. 社团首要目标为利益世间,即寻求其物质、社会及精神上的

---

① 往世书(Puranas),梵语原意为"古代的"或"古老的",是一类古印度文献的总称,有十八部大往世书和十八部小往世书,以讲述印度教诸神传说故事为主,堪称印度宗教的百科全书。

② 《真理之光》(Satyarth Prakash),达雅南陀1875年的作品,阐述其吠陀正统社会改革思想,最后三章对其他主要宗教信仰进行比较。原书为印地语,现已翻译成二十多种语言出版,英译书名为 The Light of Truth。

③ 正法(dharma),音译"达磨",在印度教中通常指道德义务、行为准则,是宗教徒得以采取正确行动的一些原则。本中译将之译为"正法"。有些英译本将之意译为 duty。

福祉。

7. 为人处世都应以爱与公正为规范，并符合正法之教令。

8. 应推广真知（vidya），驱散无明（avidya）。

9. 不应只满足自己的福祉，而应于众生之福祉中寻求自身之福。

10. 在遵守社会的种种利他规范时，人应该受到约束；而在追求个人福祉时，应无拘无束。

所有入会申请者都要签一份文书，声明自己同意这些基本原则。帕帕吉一定也签了，但值得怀疑的是他是否真的遵守上述十点。他当时还是狂热的黑天虔信者。有关黑天生平和教导的文本并非出自吠陀，而是往世书，雅利安社认为往世书不是真正权威可信的来源。

立社后数十年里，雅利安社在整个旁遮普都开办了学校。虽然对小学生也进行部分西式教育，以便他们日后胜任政府职务，接受更高等的教育，但更主要的是广泛传播雅利安社的原则。帕帕吉本人20世纪20年代就在一所雅利安社的学校求学，所以几年的在校生活应该让他熟悉了其观念和信念。

帕帕吉加入组织的那段时间，正值雅利安社充满战斗情绪的时期。它组织了许多运动，致力于让贱民回到印度教主流生活，结束种姓区别。为了在全国各地正面对抗那些骚扰当地印度教徒的穆斯林地方政府，雅利安社新建立了两个机构：雅利安防线（Arya Raksha），以及雅利安军（Arya Vir Dal）。帕帕吉必然属于两者之一，因为他说曾以雅利安社的名义招募并培训了数百名旁遮普青年，去抗击海德拉巴（Hyderabad）的尼扎姆（Nizam）政府的歧视政策。

在印度独立前有许多"土邦"（princely states），名义上都是独立政权。它们有自己的首领，通常是世袭的大君，在内部事务上有一定程度的独立自主。海德拉巴是最大的土邦，全盛期所控制的土地面积超过大部分欧洲国家。统治者名为尼扎姆，是印度最富有的人，也是个狂热的穆斯林。20世纪30年代尼扎姆试图在其境内限制雅利安社的活动，他感到雅利安社意图把穆斯林改宗印度教。最后，他禁止劝人改宗的雅利安社成员进入土邦境内。

为回应这次攻击，雅利安社在旁遮普的诸分支自行动员，派出了数千印度教徒游行抗议。尼扎姆把他们都抓起来关进监狱。在斗争高峰期，大约有八千名雅利安社的游行者关在海德拉巴监狱中，其中有数百人是由帕帕吉训练并派遣的。尼扎姆最后妥协了，释放了雅利安社成员并允许他们继续在境内活动。这是雅利安社一次重要的胜利。

这次斗争结束后，帕帕吉回到孟买继续工作。他一直留在那里，为同一家公司工作到1942年。在那年的年初，他换了个新职业，对一个强烈反对英国对印度的统治的人而言，这个选择是有悖常情的。他申请参加一个培养印度人到英国军队里当军官的培训课程。申请被接受了。

时值第二次世界大战，部队急速扩张。以前，军官必须要在喜马拉雅山脚的德拉敦（Dehradun）印度军事学院接受三年的密集训练，但在战争爆发后不久，学院就开设了六个月的紧急培训课程，以应对战时部队对于军官的庞大需求。

帕帕吉并非突然之间支持起了英国统治。他其实是打算花英国政府的钱在部队接受优质的军事训练。

我们几个（还存活着的革命者）决定走另一条路。那时正值第二次世界大战，英国政府积极招募印度士兵加入英军。我们认为应该加入英军当卧底,学习战争的战术战略等等,待日后时机成熟就可以发动起义,或者直接掉转枪头打英国人。有几个人还认为一旦学到了战争兵法,就可以开溜加入印度国民军,和日本人一起打英国人。我向印度军事学院申请加入指挥官训练课程,马上就被录取了。看来幸运的是,英国政府并没有我参加游击队活动的记录。

帕帕吉准确意识到20世纪20年代末至30年代初旁遮普革命者训练不足且武器落后。他们缺乏军事技能来把革命热情转化为对英国统治的有效攻击。"印度斯坦共和联合会"作为主要的革命组织取得的成果非常有限。建立伊始,许多成员就在卡廓里①一次拙劣的银行抢劫案中被逮捕。抢劫目的是为革命筹集资金,几位组织元老在事后被执行绞刑。印共联曾准备暗杀斯考特警司,但认错了目标。炸总督专列时,炸弹放在了错误的车厢。拉合尔叛国案确实有利于传播革命运动,但实在不能算是胜利,因为它的最高潮也就是运动最终被摧毁之时。逃出来的几名领袖也没活多久。运动的智囊之一,巴伽瓦提查澜·沃赫拉(Bhagawaticharan Vohra)在之后制造炸弹时意外炸死了自己,而印共联的司令昌德拉色喀尔·阿扎得在1931年和警察的枪战中被击毙。随着他的死亡,革命党基本已算解体了。

还有另一件事可以体现出革命党在各种行动中都显得很外行。在1928年,为筹集资金,他们策划了一起银行抢劫。昌德拉色喀尔·阿扎得、巴伽特·辛、苏客提婆、罗阇古鲁、汉斯拉阇·沃赫拉等人计划抢劫在拉合尔的旁遮普国家银行。他们穷得没有自己的交通工具,

---

① 卡廓里(Kakori),北方邦勒克瑙以北十四公里的一个村镇。

就租了辆车,好在得手后逃跑。准备动手的抢劫犯们先在银行门口等车,但出租车一直没来。好一阵子后,一个人坐着辆雇来的通嘎——就是马拉小车来了,通知大家说没人能发动出租车。于是抢劫就取消了。

这段经历教育了帕帕吉:装备落后的小规模团队不可能有效对抗英国统治。因此,突然爆发的世界大战给活下来的斗士们一个黄金般的机会,能够得到合理的训练,接触到复杂的武器和装备。

帕帕吉曾被问到为什么作为黑天虔信者(Krishna bhakta),他会这般投身于暴力行动。他一般引用黑天的故事以及黑天在俱卢之野战场上对阿周那的劝诫作答。下面是1995年就为何自己在年轻时选择了暴力道路他对访客的回答:

我斗争,因为我是黑天的信徒。黑天也是优秀的斗士,他告诉弟子阿周那必须要去为那些真正属于自己的东西作战。在《摩诃婆罗多》里,两军列阵准备交锋之时,阿周那对黑天说他不想参战,因为敌军的各位领袖是他的亲属和他之前的老师。而黑天激励他作战。

黑天所说的是:"反对你的人是恶人,必须为他们的所作所为而偿命。杀死他们是你的工作和责任,所以不要逃开。"那些人到底做了什么坏事?他们用不公正的手段夺走了阿周那的国家。英国人占领了我的国家,难道我不应该反抗吗?

阿周那依然无法狠下心来去杀死那些人,于是黑天说:"并不是你在杀死那些人。是我。我已经决定了所有这些人必须为自己的所作所为而死。臣服于我吧。你只是我的工具。走出去,摧毁你的敌人。我会照看你,战斗结束后,你的王国将重属于你。"

阿周那为自己国家的利益而战，他战斗是为了在他的土地上重建和平。罗摩被不公正地夺走了妻子时，他也必须走出去作战。在这类情况下去杀戮并不是错。杀死无辜的人是错，但当有人夺走你的土地和自由，挺身而出去战斗，把它们赢回来，这就是你的责任。像奴隶般活着不如死了好。

能生活在和平与和谐中固然美好，但世界并非如此。有时候你必须去战斗才能把公正与和平带回来。

在西方，源于犹太－基督教的宗教道德被视为是普适的法则，也就是说每个人都必须遵循同样的法律。印度教不采取这种态度。每个印度教族群都有其不同的法则与责任。比如说，武士的道德责任就是保卫领主的土地，在其领土内维持法令。而一名战士若对抗其"正法"，即其族群的道德准则，选择禅修而非战斗，会被视作犯罪。但一名僧人，若去战斗而非禅修也是在犯罪，因为他同样违背了其特殊族群之"正法"。帕帕吉选择了武士之路，并且坚持他所选择的职业之"正法"，奋力为祖国的自由而斗争。

帕帕吉在1942年4月开始部队训练。现存他最年轻的照片就来自这一时期。是一张他在J营，也就是他所在的训练部队的集体照。所有之前的照片，以及之后到1947年所拍摄的照片都在印巴分治动乱中丢失了。当时帕帕吉家族的房屋和财产被洗劫一空，他们所有的个人文档和照片也都不见了。

虽然部队训练非常耗人体力，但帕帕吉似乎乐在其中。他年轻时一直喜欢体力上的挑战，在需要力量和毅力的环境下，他总能表现卓越。以下是他对部队岁月的一些回忆。

1942年训练开始了，英治印度在军事上看来处境不妙。日本人正在攻打东面，而德国人和意大利人正在威胁西部。意大利人并不是很大的威胁。数千名意大利士兵在非洲的一场战役里集体投降，俘虏就关押在德拉敦附近的营地。有一次我被派去看守，发现他们大部分是被征召入伍的商人，完全没受过任何军事训练。他们在第一时间就会举手投降。他们一点都不想战斗，完全不想死，只想待在安全的地方直到战争结束。他们中有些人在营地里能烤出很好吃的面包，也乐于和看守分享。

军队更担心的是正在从东边威胁印度的日本人。他们已经打垮了缅甸，当时那里还属于印度。日军准备大举进攻，全面入侵印度其他地区。

日本人被认为是可以不借助任何武器就能征善战的军人，所以部队派来负责训练的军士长辛格莱（Sinclair）教我们日本式的徒手搏斗术，学会如何用拳头攻击敌人，击打对方身体的脆弱部分。在这些练习中，这个来自苏格兰的军士长会重击每个军官学员，一个接一个，好让我们学会这些特别的技巧。这些课程很暴力、野蛮，好几位军校生都受了伤，包括我自己。在和他的一次对打中，我折断了右手拇指和小指。

这人不喜欢印度人。他一直显露对我们的种族歧视，对我们咒骂不停。在部队里，似乎每句话都不离两个四字粗口。辛格莱整天对着我们骂骂咧咧，不停地拿他所说的我们种族的劣等之处嘲笑我们。这让我很愤怒，所以之后在一次他所谓的训练课上，他问有谁想上来对打，我自愿上前。这次打了个痛快，因为我用摔跤技巧让他无法远离我。这样他就没法使用他特别的攻击术了。他试图对我锁喉,但我攻击他下三路,成功摆脱。没有人对这种加之于我们的暴力有任何抱怨。我们都是为了战争而受训,所以都明白需要变得更强大、更成熟、更冷酷。

在战争中搏斗需要纪律,每个人都需要和他的战友合作,需要无所畏惧。我们在训练中被慢慢灌输进这些美德。如果一个排里有一人表现不佳或者犯错,全排人都会被惩罚。这类规则教会我们要对自己在集体中的行为负责。在训练中他们对我们进行实弹射击,我们要学会战胜自己的恐惧,向前而不是后退。这类反应和举止是要被训练出来的,因为不是天生就有的。

我们定期进行二十英里长跑,还经常有一些行军训练,必须带着步枪和沉重的包裹行走一整天。我们受训使用 303 步枪,我很快就发现自己对此很有天赋。我经常在靶场打出全十环。还有一些战术练习,训练我们如何在战场上进行人和装备的转移。

有一次我们行军至亚穆纳河的源头亚穆诺翠(Yamunotri)。那里海拔大约一万英尺,非常美丽。我们奉命在那里训练。这让当地的农民大为开心。他们从没听说过阿道夫·希特勒,也不知道外面正在打仗。他们就坐在石头上,笑呵呵地看着我们这群人背着沉重装备绕圈跑。

训练中,一名英国军官建议休息一下,到河里游泳。尽管我们知道河水冰冻刺骨,但都想趁此机会休息放松,凉快一下。让我大为惊讶的是英国军官们把衣服都脱光,光着身子跳进河里。我穿着内裤进水,因为在众人面前裸体让我很尴尬。在印度没有人裸体洗澡,就算周围没有人也不会。

有个军官发现我的样子，就开始拿我取笑。

"你有病啊？"他问道，"你在短裤里藏着什么见不得人的东西？和其他人的不一样吗？"

其他英国军官就扑到我身上，扯下我的裤子，再把我扔到河里。

我一直羞于当众裸露。在 20 世纪 70 年代，我和几个朋友来到法国一个裸体海滩。每个人都光着，除了我。

一个小男孩来到我面前，指着我的运动裤问他母亲："他身上这个奇怪的东西是什么？"

其他人也都拿我开玩笑，但因为已经不是在军队里了，没有人可以强迫脱掉我的裤子再把我扔进水里。

严苛而粗暴的训练不能熄灭依然在我内心燃烧的修道之火。我记得有一次我们排外出行军，一共大约三十个人，每三个人一排。我在中间，背着一个大约十公斤重的背囊，一把重重的步枪，腰带左边系着防毒面具，右边系着水壶。我们一直走着，我发现自己处于一种强烈的狂喜中。行军的距离，背负的重量都不记得了，我走了一整天，除了一种强烈的内在喜悦之感，觉察不到任何别的。那天结束后我回到营房，忽然意识到我对当天发生的一切毫无记忆。喜悦完全抹掉了所有一切。

帕帕吉自童年第一次体验到的极喜而幸福的状态从没有真正离开过他，他对于黑天形象的迷恋在他成年后也从未消减。他其余所有活动都只发生在这背景之上。

听起来可能奇怪，在这段军事生活时期，我对于黑天的迷恋以及对他强烈的爱从未消减。无论何时我想到他，极喜的波浪就会涌现，我常常发现自己处于狂喜之中，完全无法控制自己的身体。比如有一次，我正走在城中，不经意间听见有人提到"黑天"的名号。单单是一声名号就让我进入一种如痴如醉的状态，极难控制自己。虔信之波淹没了我，我几乎就在路中央入了定。

帕帕吉毕业时被任命为少尉。他第一份职位是军需官，负责采购和维持补给。他的分部需要补给时，他就向军队后勤基地发出申请。如果那里没有要订购的货物，就会收到一份书面回复，说"当地采购"。这就意味着他可以在当地官方任命的供应商那里购买任何他想买的东西。由于第二次世界大战令部队规模在短时间内急剧扩张，大部分非军事物品都不能从部队管道获得，因此军需官有许多机会从当地店铺购买补给。帕帕吉利用这个机会让他家赚取了额外的收入。帕帕吉家人在莱亚普尔拥有的商店变成了供应英军部队的小工厂。苏蜜特拉记得当时制造的一些东西。

20世纪40年代，巴伊·撒赫伯在部队时，他会下一些大订单给我们。他是负责采购的军官，所以能够以军队的名义安排数额巨大的订单。在战争期间，我们的五家店都会生产大量的肥皂和鞋油，而巴伊·撒赫伯会从我们这里采购。这些订单给我们家带来许多收入。

帕帕吉当时定然是和当地部队的某个采购员有了协议，好让自己家作为供货商。这是一种违规、非法的安排，如果他的上级军官发现了他在做什么，他很可能被送上军事法庭。

在此期间，帕帕吉对黑天身形的虔信越来越深，以至于这成了他生活的中心。

军队生活意味着要保持行为规范和严守军队纪律。要是公开对一尊印度教神祇爱慕的话，会让别人看不惯，严重时甚至会危及我的职业生涯。于是我过上了双重生活。白天，我扮演着军官先生，沉着冷静，不露声色。夜里，锁上门后，我就变身为黑天的牧牛女①。我会遣开我的勤务员，告诉他不要在次日早上五点送茶来打扰我。这样我就能整晚都和我所爱的黑天在一起。英国的军官很奇怪，他们让勤务员替自己做一切。有些人甚至让勤务员帮自己穿裤子脱裤子。我一向不太使用我的勤务员，所以当我对他说不需要在晚上和大清早过来时，没有人对此多想什么。

我并不满足于持诵黑天的名号，或对着一动不动的图画或塑像礼拜，我想要黑天本尊出现在我面前，就像我小时候他经常做的那样，这样我可以直接向他倾诉我对他的爱。

我假装自己是黑天的伴侣拉妲。我觉得如果自己在各方面都模仿她，黑天就会出现。我穿上纱丽，戴上镯子和女人的珠宝首饰，甚至脸上也化了妆。我那时把大部分零花钱都用在购买女人的首饰上，这样我就能装扮起来取悦黑天了。

这般穿戴后，我完全确信自己就是拉妲，因思念着神圣的爱人而憔悴。这奏效了。黑天现身了，我向他倾诉衷肠。在黑天现身后的次日早晨，我的脸上都会洋溢着神圣之爱带来的幸福。我的一名长官误

---

① 牧牛女（Gopi），特指爱慕黑天的一群牧牛女，其中最重要的是拉妲（Radha）。

第二章
拉玛那·马哈希

早在帕帕吉离开军队之前,他就开始寻找一位能够让他见到神的上师。20世纪30年代,他拜访了大部分听说过的圣者和斯瓦米,但没有一人给他留下印象或让他有丝毫满足。他最早见过的斯瓦米中有一位叫作萨启阿南达,在马哈拉施特拉邦的纳西克。帕帕吉五岁时,他的祖父带他去过纳西克,所以也许他是从祖父那里听说这位斯瓦米的。他满怀期盼去拜见,但很快幻想就破灭了。

我在1930年左右遇见这位斯瓦米时,他大约八十五岁。我满怀尊敬走近他,问道:"斯瓦米,我强烈地渴望见到神。你能让我见到他吗?我走了很长的路来见你,只是因为我想要见到神。"

斯瓦米对我的求助不感兴趣,因为他那时有更紧急的事情。

"我今天没法见你,"他回答,"我有些重要的法律事务要处理。坐在我边上的这个人是我的律师。我牵涉进了一宗重要的土地纠纷里。今天全部的时间我都必须用来处理这件事。"

我表示了理解,于是在他们两人讨论土地事务时静静地坐着。听着听着我开始明白这位斯瓦米拥有一块广阔的土地,他想造围墙把地都圈起来。但因为有一块大约八乘八英尺①的区域，上面住着的一位苦行僧拒绝腾出来，围墙也就没法完成了。那位苦行僧是位长者，在这块小小的地上已经生活了大约六十年。起初这个落脚点是国家的土地，不属任何私人。那位年高的苦行僧自己搭了一间小屋，在那里度过了人生大部分时光。然而萨启阿南达·斯瓦米最近刚刚说服政府把一大片土地，包括苦行僧的那个落脚点都批给了他。苦行僧则宣称自己有实际产权，拒绝搬走，于是这宗纠纷闹上了法庭。

在他们的讨论中，我发现政府批给了萨启阿南达·斯瓦米十英亩②的地，但显然对他来说这还不够。他还要那块别人已经用了六十年的长宽八英尺的弹丸之地，并且已准备好为此上法庭征讨。

在整个拜访过程中，斯瓦米一直忙于他的法律纠纷。我连跟他谈谈自己对见神的渴望的一丝机会都没有。我回到家，极其失望。随着我对印度教道场和其他宗教机构熟悉起来，我发现类似的争执比比皆是。

几年前，我请帕帕吉列出他寻师之旅时所拜访过的斯瓦米的列表。他写了下列名字，还标出了遇见他们时的地点。

1. 普鲁硕檀阿南达·斯瓦米，瓦西斯塔山洞（Vasishta Guha），瑞诗凯诗附近。

2. 克里希纳南达·斯瓦米，德瓦普拉亚格③。

---

① 1 英尺折合约 0.3 米，这块落脚点约 6 平方米。
② 1 英亩折合约 4047 平方米。
③ 德瓦普拉亚格（Devaprayag），位于印度北阿坎德邦，是阿拉克南答（Alakananda）河和巴吉拉希（Bhagirathi）河汇合成为恒河的地方，是印度教徒的朝圣地之一。

以为我是喝醉了,就给食堂的酒吧服务员下了命令,每天给我的酒不得超过三小杯。酒吧服务员实事求是地告诉他,我从来不喝酒,但是他不相信。他就是想不明白怎么会有人看起来如此喜形于色,却不是因为酒精作用。

帕帕吉起初从军是希望能找到足够多志同道合的同胞愿意利用自己所受的训练来抗击英国人。当他发现自己的希望并不现实后就放弃了计划。

很快我就发现我们的计划不切实际。我们人数太少,根本不足以形成发动起义的核心力量。并且在严谨而等级分明的部队组织结构中,进行有效的颠覆活动是那么明显的不切实际,我对于革命的热情在现实面前低落了下去。

尽管在短暂的军旅生活里,我的报国志向枯萎死去,而我对黑天的热情却与日俱增,以至于我无法再想一点别的了。对于一个只想全身心沉浸于对黑天的迷恋的虔信者来说,军队并不是个合适的地方,于是我辞去了职务。在战争时期要退伍很难,但我向一位指挥官解释了我的困境,他深表同情,在他的帮助下,我得以从军中脱身。

我回到家就看到父亲怒气冲冲。他认为我有妻子和家人要养活,放弃这么有前途的工作,又没别的退路,实在不能原谅。这倒是真的——我原本可以在军队里大有作为。我在军官培训学校的同学只要是继续留在军中的,1947年印度独立之后都在军队里担任重要职位。我在部队里的职位本来可以给在莱亚普尔店里工作的许多家庭成员带来一份稳定的收入,父亲对此尤为失望。

我不在乎他发火。当时我要的是神,比世界上其他任何一切都想要。我还需要找到一位真正的上师来帮助我去寻找。我知道留在部队里就很难找到这样一位老师,我离开了部队,并准备环游印度来看看是否有谁能帮助我实现所求。

3. 乔诗玛特①的商羯罗阿阇黎。

4. 德瓦卡辟特②的商羯罗阿阇黎。

5. 斯瑞格里玛特③的商羯罗阿阇黎,维迪雅·提尔塔·斯瓦米（Swami Vidya Tirtha）。

6. 马哈拉施特拉邦,纳西克,塔婆梵道场（Tapovan Ashram）的萨启阿南达。

7. 马哈拉施特拉邦,庞达尔普尔④的一位不知名圣者。

8. 沃林达文⑤,一位毗湿奴派圣者。

9. 瑞诗凯诗,湿婆南达·斯瓦米（Swami Sivananda）。

帕帕吉拜访普鲁硕檀阿南达似乎也同样是在20世纪30年代早期。他从未讲述过这次拜访,除了说他知道这位斯瓦米是因为那人曾为一个叫作"永恒之法"的团体组织的活动,每年都从瑞诗凯诗到帕帕吉的故乡来一次。

这张列表上的大部分老师似乎都是在他从军队离职后的那次大朝圣之旅中见到的。他提起这次旅行时从不给出细节,只是提到他问每

---

① 乔诗玛特（Joshi Math）,又称乔提辟塔（Jyotir Pitha）,建立在北阿坎德邦乔提玛特城的寺院,海拔6150英尺,是喜马拉雅山的入口,靠近巴德里纳特,又称作北方寺。商羯罗（Adi Shankara）8世纪于印度东西南北各建一座寺院,而四大寺院历代主持名号即为商羯罗阿阇黎,表示其从商羯罗传承而来。其中北方中心就是此处的巴德里那罗衍寺（Badrinarayan）,第一任主持为商羯罗弟子托塔卡阿阇黎（Totakacarya）。

② 德瓦卡辟特（Dwarka Peeth）,为商羯罗四大寺院西方中心。

③ 师林格里玛特（Sringeri Math）,为商羯罗四大寺院南方中心。

④ 庞度让嘎（Pandharpur）,马哈拉施特拉邦重要朝圣城市,位于毕玛（Bhima）河沿岸,城市呈半月形,以在当地一位开悟的圣者庞达利克（Pundalik）而命名。

⑤ 沃林达文（Vrindavan）,北方邦马图拉县城镇,为印度教圣地之一。传说为黑天童年生活的地方,城市里建有超过四千所供奉黑天的庙宇。

位老师:"你是否见过神?如果见过,你能让我见到他吗?"没一个人能做到。

似乎只有一次相遇给他留下了印象,就是在拜访湿婆南达·斯瓦米的道场之时。那次拜访大约是在1942年4月到9月之间,当时他仍然在印度军事学院接受军官培训。

我辗转数地,老师接着老师,道场接着道场,中心接着中心,寻找着有谁能让我见到神。我走遍了整片国土,从北到南,从东往西,但没有人能满足我。那是个非常严肃的请求,但无论我去哪里,人们总以此来取笑我。

每到一处我都会站在斯瓦米面前问:"你是否见到过神?如果见过,你能让我见到他吗?"

那些不嘲笑我的人会让我和他们坐在一起,并且进行某些练习。他们会说:"如果你不经过一段时间住于神的禅修,你是无法见到他的。留在这里,加入我们,唱诵他的名号,那么或许有一天他会出现在你面前。"

我不满意这种答案。我想:"神就如同太阳。见到他不需要任何练习。我只需要有谁把我的脑袋指向正确的方向,或者有谁能移除我眼中的翳障,这样他就会立刻出现在我面前。我的神是全然的爱,全然的恩典,全然的威严。为什么他要对我藏起来呢?"

当我在德拉敦的印度军事学院受训时,听说瑞诗凯诗有一个人弟子众多。他的名字是湿婆南达·斯瓦米。紧接着的那个周日是学院的法定假期,我来到四十英里外的瑞诗凯诗,想看这位斯瓦米是否愿意让我见到神。我穿着军服,这也许不会给任何一位正在那里禅修的斯瓦米留下好印象。我那段时间还有种优越感,走进去见他的时候甚至不脱靴子。

我走向他,提出我那个问题:"你是否见到过神?如果见过,你能让我见到他吗?"

他没有回答我,但我的问题和我的态度似乎令坐在那里的一些人开始不悦。

"你怎么能就这样走进来,还问这样的事情?"其中一人说道,"我们中有些人已经在这里禅修了四十年。在我们持续的寻神岁月中,胡子都变灰了。你觉得神会对一个靴子上满是泥巴,还要求立刻得睹圣容的人显现吗?"

"这是件非常简单的事情,"我回答,"如果我去一家店买米,店主就会把米给我。我付钱然后走出去。这样事情就了结了。如果店主没有我想要的货品,他不会要我坐在地板上去禅修这件东西。如果他没有,就告诉我他没有,然后我会去别的地方。

"见到神对我来说非常重要。事实上,这是我生命中最重要的事情。我愿意为此付出任何代价。如果你们的斯瓦米能让我见到神,我会给他我的命。他可以拿走我的命,或者可以让我服侍他直至他离世。如果他有我想要的,就应该给我。如果他没有,就应该如实告诉我,这样我就不必在这里浪费时间了。那么,你们的斯瓦米是否见到过神?如果他见过,他是否愿意让我见到神?"

这番话惹怒了他们所有人。当时那里大约有五百人,他们把我推出大厅,并且再也不让我进去了。

寻找能展现神的上师的种种努力都失败了,帕帕吉回到了在莱亚普尔的家。很快他接待了一位访客，这改变了他的一生。

我回去后不久，一个苦行僧出现在门口乞食。我请他进屋，供养他一些食品，然后问了他我心中最重要的问题："你能让我见神吗？如果不能，你是否知道有谁可以？"

出乎意外，他给了我一个肯定的回答："是的，我知道有个人能让你见到神。如果你去见到他，一切就都解决了。他的名字是拉玛那·马哈希。"

我之前从未听说过这个人，于是问他住在哪里。苦行僧说："室利①·拉玛那·马哈希道场，蒂鲁瓦纳马莱（Tiruvannamalai）。"我从来没听说过这个地方，于是继续询问道场在哪里，该怎么走。

他给了我详细的指示：乘火车去马德拉斯②，到艾阁摩（Egmore）车站。那里有小火车出发。从那里乘车去一个叫维卢普兰（Villupuram）的地方。在那里换车，再乘坐去往蒂鲁瓦纳马莱的火车。

我心情复杂地记下这些细节。听到在印度至少还有一个人能让我见到神，我非常高兴，但我也知道自己没钱去见他。那次失败的朝圣旅行花光了我在军队工作攒下的所有钱，而且我也知道父亲不会给我任何资助。他对我灵性之旅的反对以及认为我该花时间来养家的想法，也算人之常情。

当我告诉父亲我要去南部，还要再参见一位斯瓦米，他大发

---

① 室利（Sri），梵语的尊称，音译为"室利"，用在人名、神名之前以示尊敬。本义为光明、荣耀、吉祥。
② 马德拉斯（Madras），印度东南部一座大型城市，曾是英属印度马德拉斯省首府，今为泰米尔纳德邦首府和重要行政中枢。该市在1996年改名为金奈（Chennai）。

认错。"

"那样的话,"他回答,"请留下来吧。我会向执事介绍你,他会给你安排个地方住的。"

我听从了他的建议,大概是因为我的好奇心也被挑动了起来。这事很奇怪,我想要明白到底是怎么回事。我想要在私底下和马哈希当面对质,让他对自己奇怪的行为做出解释。

但我很快发现他从不私下会客,于是决定等他见访客的大厅相对人少些的时候再去见他。

我在道场吃了午饭。用餐结束后马哈希和侍者回到他的房间。没有别的人跟着他。我当时不知道道场有个不成文的规定,在上午十一点半到下午两点半之间,访客不应去见马哈希。执事认为马哈希需要在午饭后休息几个小时,但由于马哈希不会同意不让人们去见他,于是就形成了一种折中方案。他的大门永远敞开,但访客和弟子都被别人积极劝阻下来,不要在这段时间里去见他。我对此毫不知情,就跟着马哈希进入房间,心想这是进行私下对话的最佳时机。

马哈希的侍者,叫作克里希纳斯瓦米(Krishnaswami)的男子试图阻挡我。"现在不行。"他说,"两点半后再来。"马哈希听到了,就告诉克里希纳斯瓦米我可以进去见他。

我趾高气扬地走近他。"到我旁遮普的家来见我的那个人是你吗?"我问。马哈希保持沉默。

我又问了一次。"你是否来过我家,并且叫我到这里来?是你让我来这里的吗?"马哈希仍不作答。

既然他不愿意回答这些问题,我就讲出了我此行的主要目的。

"你是否见过神?"我问道,"如果你见过,你能让我见他吗?我愿意付出任何代价,甚至我的生命,但是你要拿走的话,必须让我见到神。"

"不,"他回答,"我不能让神现身,也不能让你看见神,因为神不是可被见到的对境。神是主体,是观者。不要去关注那些能被见到的客体对境。找到观者是谁。"他还补充:"你就是神。"这就像是在指责我去寻找外在且有别于我的神。

他的话没有打动我。对我来说,这和我从全国各地的斯瓦米那里听到的种种借口没什么两样。他承诺过让我见到神,而现在却试图告诉我非但他不能让我见到神,而且别人也都不行。若不是在他说出要我去找这个想要见到神的"我"是谁这句话之后,我立即感受到了某种体验的话,我早就把他和他的话抛到一边了。

在他说完那番话后,他看着我,当他凝视我的眼睛时,我整个身体开始颤抖、摇晃。一阵神经能量的战栗穿过我的身体。我的神经末梢似乎在跳舞,汗毛全都竖了起来。我开始在内觉察到我的灵性之心(Heart)。那不是生理的心脏,而是所有一切存在的源头和支持。在此"心"之内,我见到并感到有什么东西就像闭合的花苞。它非常亮,是浅蓝色的。在马哈希的注视下,在这种内在平静的状态里,我感到这颗花苞绽放开来。我用了"花苞"一词,但这不是准确的描述。更准确的说法应该是在我之内,在心之中,有个感觉像花苞一样的东西绽放开来。而当我说"心",并不是说这绽放是发生在身体的某个特定位置。这颗心,这颗我的心之心不在身体之内,也不在身体之外。我无法给出更准确的描述来说明到底发生了什么。我能说的只

"哦，是这样吗？"他评论道，看起来有些吃惊也有些感兴趣，"非常好，非常好。那现在你能看到他吗？"

"不，先生，现在没有。"我回答，"只有我有净观的时候我才见到他。"我仍然对自己很满意，觉得我被赐予拥有这些净观，而马哈希却没有。

"所以黑天来和你玩，然后他消失了，"马哈希说道，"一个出现又消失的神有什么用？如果他是真的神，他必然一直和你在一起。"

马哈希对我体验到的境界缺乏兴趣，这让我有些泄气，但还不至于让我愿意听从他的建议。他告诉我要放弃对外在之神的寻找，而要去找到是谁想要见到神，找到这个源头。我对此实在消化不了。我用了一生时间来崇信黑天，这使得我除了寻求人格化的神之外，无法接受别的求道方式。

尽管我对他的建议并不热衷，但马哈希身上还是有些东西启发了我、吸引着我。我请他给我一句咒语，希望借此得到他对我自己这种求道方式的认可。他拒绝了，不过在我回到马德拉斯后，他倒是在梦中传了我一句咒语。于是我问他是否愿意剃度我出家做云游僧，因为我对马德拉斯的新工作没啥兴致。我接受这份工作只是为了有机会来见马哈希。他也拒绝了。于是在我带着偏见的眼中，除了有过一次不错的体验和收到了一些糟糕的建议，我从马哈希那里一无所获，我就这样回到马德拉斯开始了新工作。

我找到一处不错的房子，大得足够住下我们一家。我开始工作。我对工作本身没有兴趣，但还是尽责尽力而行，因为我有妻子和一群孩子要抚养。所有闲暇的时间和精力我都用来亲近黑天。我在家里布置了一间普嘉房，告诉妻子当我在里面时，绝对不要打扰我。每天清晨我两点半起床开始修行。有时候我读一些黑天的故事、奥义书或《薄伽梵歌》，而大部分时间是在持诵名号。我把持名和呼吸同步起来。我算出自己每天大约呼吸两万四千次，于是决定每次呼吸至少要重复一次神的名号。我开始有个想法，觉得没有用在忆念神之名号上的呼吸都是浪费。我发现这是个比较容易实现的目标。

然后我又产生了一个想法："之前有好几年我完全没有唱诵名号。那些年所有的呼吸全都白白浪费了。如果我把每日持诵增加到五万声，我就能弥补年轻时浪费掉的那些呼吸。"很快这个新目标也实现了，每时每刻我都能做到念诵和呼吸保持同步。

我待在普嘉房里，从凌晨两点半起一直开始唱诵名号，直到早晨九点半必须要离家去办公室。工作从早晨十点开始。我总是随身带着念珠（mala）。走去车站的路上或者坐在去上班的电车里时，我都继续持诵名号。甚至在上班时，如果没什么事情需要我关注，我也会偷偷地拨动自己的念珠。在我家附近的洛亚贝塔（Royapettah）有一座黑天寺庙，我经常在早上去上班和晚上下班回来的路上去那里。工作结束回家后，我把自己锁在普嘉房，继续唱诵黑天名号直到入睡。我睡在普嘉房里，这样就有效地切断了我和家庭之间的所有互动。我甚至不再和他们说话。

在马德拉斯过了一段日子后，帕帕吉有了一个净观，强迫他去重新审视自己之前对马哈希带偏见的看法。

从我童年时期，大约六岁开始，我就一直爱着黑天。我了解黑天虔信者，知道他们的行为举止，但我从未听说过有只是静静坐着的圣者。在旁遮普，人们通过唱诵拜赞歌来表达虔信爱慕，而不是静静坐着。因为这种经历，我对于第一次参访马哈希时见到的情况无法欣赏。

第一次参访时我也有了一些好的体验，我感到某种程度上被马哈希所吸引，但我并不足够爱他，对他也没有信心。

然而有一天，这一切都改变了。在马德拉斯，马哈希自己出现在我面前，并且说："唯有黑天虔信才是真实。唯有虔信黑天才是真实。"这个时候我已经知道他从不可能为了任何理由离开蒂鲁瓦纳马莱，所以我必须要承认那是某种净观。

我回到蒂鲁瓦纳马莱，去确认是他的显现。我想要问他是否真的现身在我面前，并且说了那些关于黑天虔信的话。在我第一次参访时我确实和他有分歧，而这一分歧不知怎么在我心里挥之不去。如果一个人总是同意你的观点，你不会经常想到他。但是如果你和某人有争执，那个人和那个争执就会一直浮现在你心里。我在马德拉斯时就是如此。我经常想到马哈希，因为我不同意他对于神的见解。

我回到拉玛那道场，问马哈希："那个在马德拉斯出现在我面前并且告诉我'唯有黑天虔信才是真实'的人，是不是你？"他听见我的问题，但是没有给出任何回答。

在我等着答案时，有一群访客从沃林达文来。他们正在南部进行朝圣之旅。他们参拜蒂鲁帕蒂[①]时听闻在蒂鲁瓦纳马莱有一位斯瓦米值得参访，于是就一路来此求睹圣容（darshan）。领队向马哈希展示了一张黑天为拉妲吹笛的图片。那是一张很美的图片。马哈希看着图片，泪水缓缓从脸颊滴落下来。当你对黑天有强烈的虔信时，你就

---

① 蒂鲁帕蒂（Tirupati），印度安得拉邦奇特拉库特地区重要朝圣地，距金奈150公里。

能轻易看出其他也有着同样热情的信徒。我能看出那是真正的虔信之泪，它是从心中涌出，而不是源自头脑。当我看着泪水滑落他的脸颊，我感到那些泪水滴进了我的心中。这神圣之水沐浴了我的心，使之充满了爱。他看着照片时是那么幸福，我看着他欣赏照片时也感到非常幸福。

我心中暗忖："这个人一直对我隐藏着他的虔信。他不喜欢将之公之于众，但现在我发现了他的秘密。他和我一样是个不折不扣的虔信者。"

鸟儿若无双翼则无法飞翔。发现这点后，我见到马哈希以虔信及智慧之双生翼而高高飞翔。从那一刻起，我的种种疑惑烟消云散，并对他升起了无比的信心。

回到马德拉斯后，帕帕吉继续他的密集持诵，并且确信自己走在正确的道路上。很快他就有了一个不同寻常的净观。

有天凌晨大约两点，我听到门外有说话声。我知道那不是我妻子，因为我告诉过她，我在普嘉房时绝对不要来打扰我。于是我想到，可能是我旁遮普的一些亲戚过来看我们。从旁遮普出发的火车通常在傍晚时分到达马德拉斯，但我觉得很可能火车误点了几个钟头，所以他们这个时间才来到我家。我好奇心起，决定开门看看来的是谁。想象一下我多惊讶吧。一打开门，我没有见到自己的亲戚，却看到了罗摩、悉塔、拉克什曼和哈努曼[①]闪闪发光站在门外。我不明白

[①] 这些都是史诗《罗摩衍那》中的人物。罗摩是男主角，为毗湿奴化身，悉塔是他的妻子，拉克什曼是他兄弟。哈努曼为神猴，帮助罗摩打败了魔王。

他们在那里做什么。我一生大部分的时间都在呼唤黑天,从没觉得对罗摩有什么依恋和兴趣。尽管如此,我还是怀着极大的敬畏和虔诚向他们行礼。

我匆忙跑去喊醒睡在隔壁房间的妻子。"醒醒!醒醒!"我大声喊,用力地摇她,"罗摩、悉塔、拉克什曼来见我们了。去厨房为他们准备些吃的喝的。我会在普嘉房里招待他们。"

她看着我,好像在看个疯子。"你是在做梦吧,"她说,"回床上再睡一会儿。你明早还要去上班。"

"不!不!"我坚持,把她拉下床,"他们真的都在。你不相信我的话,就过来自己看看。"

我拉着她进了普嘉房,但她什么都没见到。我能够非常清晰地见到他们,但我的妻子却一位都见不到。她回房睡觉,边走边抱怨着我的幻觉和疯狂。

我再次单独和诸神在一起。悉塔举起她的右手,做出祝福的手势,然后开始说话:

"我们来自阿育提亚①,来此拜访你,因为哈努曼告诉我们在马德拉斯有一位非常了不起的黑天虔信者。"

我看着她举起的手,不经意间注意到她手掌上所有纹路。这幅画面永远刻进了我的记忆,每次我回忆这个场景,都清楚地见到掌上的纹路,就像她出现在我面前的那天一样。我所能肯定的是他们的身体并非寻常的人类色身,我能透过他们隐隐地看到他们身后的东西。他

---

① 阿育提亚(Ayodhya),印度古城,位于北方邦。字面意义为"不可战胜,不可夺取",是《罗摩衍那》中拘萨罗国的首都,罗摩是拘萨罗国的王子,出生于此城。

们都极其精致美丽。过了一会儿，我发现毗湿奴的坐骑大鹏金翅鸟[1]站在外面的阳台上，后面拉着一辆战车。诸神坐上车，动身飞向远方。我看着它穿越天际，飞得越来越远，变得越来越小。这一切发生时没有任何时间流逝的感觉，我觉得这似乎只持续了几分钟。

所以当我听见妻子用力敲门时感到很惊讶，她说："快点，很晚了！如果你现在不走就会迟到了。"

我看了下时间，发现已将近九点半。这一净观必然是持续了大约七个小时。我出门上班，而夜间访客的神圣形象依然萦绕在脑海中。我没有向办公室里任何人谈及这件事，我已习惯在那里只维持最低限度的谈话。只有当有工作要交接时我才开口，否则我只保持安静。

由于是哈努曼带罗摩和悉塔来到我家，我对他升起了深深的感激之情。几天后，我决定去敕特拉库特[2]进行朝圣，以一种具体的方式来表达我的感恩。那里是罗摩和悉塔被放逐出阿育提亚后住过的地方。

我请假后就立刻动身出发，长途旅行后来到了敕特拉库特。到达后我住在加尔各答达兰萨拉[3]，靠近曼达齐尼河（Mandakini River）。我之前从未去过，所以不知道要做什么，或者去哪里。第一天我只是外出散步，想要在河里沐浴一番。

我刚从河里出来，就注意到有一个人站在岸边，穿着一条破旧的

---

[1] 大鹏金翅鸟（Garuda），音译"迦楼罗"。一种类似鹫鸟、性情猛烈的神格化巨鸟，毗湿奴的坐骑。
[2] 敕特拉库特（Chitrakoot），又名卡尔维城（Karwi），位于中央邦境内，意为"奇观之山"。在这座茂密的丛林里，罗摩和悉塔度过了他们十四年流亡生活中的十一年。
[3] 达兰萨拉（Dharamsala），指朝圣路上的庇护所，朝圣者可以在此过夜，免费或者只是收取少量费用。在主要朝圣路线上这样的房子很常见。

裹裙和库尔塔①。他非常礼貌地问我是否能让他带我在喀玛德吉黎山②绕山。

我没有回答,因为我之前就已决定在敕特拉库特期间不开口。我发誓只唱诵罗摩之名,还决定一直禁食。我向这位多事的家伙做了手势,意思是他应该走开。通过不同的手势和示意,我表明自己想一个人待着、不想交谈,进行绕山时也不需要他的帮助。

他对我的拒绝毫不在意,提议在绕山时读《罗摩衍那》给我听。这就引发了我的好奇心,因为我之前从未听过唱诵的《罗摩衍那》。我大部分的修行阅读都是年幼时在旁遮普完成的,而那时当地找不到任何一种能让我顺利阅读的《罗摩衍那》译本,所以我也从未费神去通读此书。我在旁遮普见到的大部分书都是乌尔都语,那是当地的官方语言。我很熟悉乌尔都语,但那时我的印地语或梵语程度还不足以好到能直接阅读此书。

我打破了止语的誓言,因为我觉得和这位唱诵《罗摩衍那》的男子一起遍历所有的圣地会很不错。我告诉他,如果他愿意接受几个条件,我会很乐意听他唱诵。我说,首先,他不能带我去任何寺院。我还是认定他是一名导游,意图带我去逛寺院,好从寺里的僧侣手里赚取佣金。其次,他得彻底不和我交谈。他可以唱诵《罗摩衍那》,除此之外他必须保持安静。他同意了这两个条件。

---

① 裹裙(dhoti)和库尔塔(kurta),皆是印度男性传统服饰。男性的裹裙是将一块大约四点五米长的长方形布绕在腰间、裹住双腿,用腰带在前面打结固定,就成为裙子。库尔塔则是褶皱的长袖及膝衬衫。
② 喀玛德吉黎山(Kamadgiri),山名意思为"满足一切所愿所欲",据传罗摩、悉塔、拉克什曼被放逐时居于此山。绕山之路长约五公里,几乎终年绿荫覆盖,路上有许多朝圣点。

我们开始行走。我请他走在我前面几步,因为我无论如何都不愿被打扰到。他以一种甜美的嗓音,富有旋律感地开始唱诵。我仍然认为他想从我这里赚钱,但我对他诵读的方式大为惊叹。他唱的每一个字都沉入我心,萦绕不去。我加快脚步追上他,想看看他正在朗读书的哪一部分。出乎意料的是我见到他双颊上泪流不息。他被那些语言深深打动,处于一种狂喜状态。

那些词句浸入我心,而伴随着的强烈情感也以同样的方式感染了我。我的头发竖起,身体颤抖,开始流泪哽咽。

走了几里之后,他停在一口古老的井边,让我喝点水。我一点都不想喝。

我向他解释:"我绕山时从来不喝水吃东西。这不合传统。"

"这是非常神圣的水,"我的向导说,"这个地方叫巴拉特库普(Bharat Koop)。巴拉特[①]曾在此处饮水,你必须要喝一点。"

我放弃坚持,喝了一口。不知怎的,在他身边,我的不食不饮不语的誓言似乎没有那么重要了。

我赤足行走。路上遍布荆棘,尽管我非常小心躲避,还是踩到一根大刺,扎进了我的脚底。我喊住向导,说我必须要停下来几分钟把刺挑出来。

我坐着时他从附近的井里取了些水来。他就着一柄随身带着的小水壶喝水。短暂休息后,他继续那旋律优美的唱诵。与此同时,我正为脚上的刺烦恼。我没法把它弄出来。当我的向导看见我不怎么成功时,就从地上捡起另一根刺,用手握住我的脚,轻柔地把刺挑了

---

① 巴拉特(Bharat),罗摩的弟弟,来到敕特拉库特奉迎罗摩回国即位。

出来。

然后他从毛巾里拿出两块巨大的糖球①。每块肯定有一公斤重。一见它们，我的胃就涌起了一些反应。虽然我许诺过在旅途中不会进食，可想到能吃到这些糖球，我就改变了主意。

我吃了起来，但糖球对我来说太大了。我不认为我能吃完一半。于是我用他的毛巾把剩下的包好，还给他。我们起身继续行走。整个绕山总共花了八个小时，我们最终回到了早晨启程的地方。

旅途结束后，我发现在河边有一间糖果店，就想给这位博学的向导一些东西，因为他的陪伴和深情的唱诵让我非常快乐。我请他等上几分钟，我要去商店买些东西。我买了两公斤盒装的糖，并且在绑盒子的绳下塞了五十一卢比。我把这些放在他面前，向他礼敬并表达我对他的谢意。出乎我的意料，他拒绝接受。当时我仍然认为他给我做向导、陪我游历圣地是期盼获得一些报酬，所以就只是认为他想要更多的钱。而我给出的金额在当时已算非常丰厚，所以我不想再加钱了。

"我不能给你更多钱了，"我说，"我所给的已经远超过你对我提供的服务了。"

我有点失望于他不接受我提出的报酬，因为我对他的印象很好。

他摇摇头："我从不接受陪伴绕山的钱。我不是导游。我在这里，是要帮助所有我在这发现的优秀罗摩虔信者。我是出于对罗摩的爱才这样做，不是为钱。"

"好吧，"我说，"至少为了你的家人收下吧。如果你不想把它当作个人的礼物，你至少可以带回家，给你的家人。"

---

① 糖球（laddhu），印度地区常见的甜点心，由油、面粉、核果碎片等做成丸子状，经油炸而成，最后沾上糖浆。通常是节庆、供奉时的食物。

他再次拒绝，说他从不从罗摩虔信者那里收取服务费。

他的拒绝让我久久地、深深地看向他。我无法理解他到底在这样的地方做些什么。我第一次注意到他的眼睛并非通常的形状。人类的眼睛是杏仁形的，而他的眼睛更圆。我之前从未见过这种形状的眼睛。

然后我突然产生一个念头："这是猴子的眼睛，不是人类的。普通人类看上去不会这样。"

我没有告诉他这些。对一位刚刚一起愉快地度过几个小时的人说他看起来像猴子，这实在不礼貌。我继续研究他的脸，忽然意识到这和某些熟悉的东西有关。

"这看起来像是在马德拉斯来见我的那位，他带着罗摩和悉塔来到我家。他可能就是哈努曼吗？哈努曼会来见我，并且带我环绕圣地？"

我没有大声说出来，这只是划过我脑海的一个念头。

我的向导立刻笑着大叫："你认为我是哈努曼？"

他带着孩童般的欢乐拍着手，然后化成稀薄的空气消失了。我当场就非常确定我是和哈努曼度过了一天，也是他为我唱诵《罗摩衍那》，带领我环绕圣地。我第一个念头是后悔，而不是高兴。我希望在我们一起行走的时候就能知道这点，而且还希望我应该保留一些他给我的糖球，而不是还给他。

我在那里坐了整晚，无法入睡。我太兴奋了，除了兴致勃勃地回忆前一天的事情外，什么都做不了。

我在敕特拉库特又逗留了七天，但再未遇见哈努曼。马德拉斯的办公室批了我二十天假期，所以并不用急着回去。之后我又拜访了当地其他著名景点：阿纳苏雅·阿特利雅道场①，古普特·乔达瓦黎洞穴寺②，哈努曼瀑布③以及在喜剌的悉塔厨房④。我在杜尔希伽特⑤也停留了几个小时。杜勒西达斯⑥曾在这里写下《罗摩功行录》⑦。据说他常常饱含深情唱诵《罗摩衍那》，罗摩也会来听。对此有一句谚语：

Chitrakoot ke ghat par bhai santan ki bhir,

Tulsidas chandan ghise tilak deit Raghubir

意思是："诸圣聚集于敕特拉库特的伽特听闻开示。杜勒西达斯

---

① 阿纳苏雅·阿特利雅道场（Anasuya Atreya Ashram），在曼达齐尼河上游的密林中。传说在此处阿特利雅仙人及妻子阿纳苏雅和他们的三个儿子（分别是梵天、毗湿奴和湿婆的化身）在此生活修行。《罗摩衍那》中记载在敕特拉库特十年干旱无雨后，阿纳苏雅修苦行令曼达齐尼河之水降落。

② 古普特·乔达瓦黎洞穴寺（Gupt Godavari cave temple），距敕特拉库特十八公里远的两个洞穴之一，内有寺庙。洞穴入口处有湿婆、毗湿奴及梵天的雕塑。洞顶悬有一块巨石，据信为魔王玛央克（Mayank）的尸体，此魔王趁悉塔沐浴时偷取她的衣物而被拉克什曼杀死。边上有池清水，悉塔曾在此沐浴。又有两块巨石形如宝座，罗摩和拉克什曼曾在驱逐期间以此作为审判之所。

③ 哈努曼瀑布（Hanuman Dhara），传说在罗摩登基后，哈努曼要求在罗摩的王国里有一块定居之处，好治疗尾巴上的烧伤。罗摩则向敕特拉库特山顶射箭，令水流下成小瀑布以让哈努曼休息。山顶建有神庙。

④ 在喜剌的悉塔厨房（Sita Rasoi at Sila），位于敕特拉库特喀玛德吉黎山。

⑤ 杜尔希伽特（Tulsi Ghat），瓦拉纳西河边的伽特（Ghat，通往水边的阶梯建筑）之一，之前名为罗拉克伽特（Lolark Ghat），后因杜勒西达斯在此写作《罗摩功行录》而改名。

⑥ 杜勒西达斯（Tulsidas，1532—1623），古印度诗人，生于婆罗门家族，失祜后乞讨为生，十五岁时随师学习梵文与教典。成家生子后出家为僧，著有《罗摩功行录》等。

⑦ 《罗摩功行录》(*Ramcharitmanas*)，杜勒西达斯以梵语史诗《罗摩衍那》和一位无名氏作者的《神灵罗摩衍那》为蓝本加工，以工整格律诗写成，结构与中心故事大体相同，篇幅大致相当于史诗的一半，共七篇。是印地语文学史上影响最大的作品之一。

制作着檀香膏，而罗摩则把提拉克①抹在慕道者的额上。"

某天我在哈努曼瀑布附近的一个瀑布里沐浴。当我离开走下小径时，遇见几名朝圣者告诉我应该和他们一起去悉塔厨房，她曾在那里做饭。我和他们一起去了，并且立刻被生长在那里的杜尔希草②吸引。当我走上前想细看时，我见到悉塔显身给植物浇水。她绕着植物行走，在做绕行礼，然后消失不见，一如她神秘显现那般。

我回到马德拉斯，非常愉快。对我而言这是一次非常成功的旅行。

尽管罗摩、悉塔和哈努曼的出现令人惊喜，但也造成一种不寻常的效果：帕帕吉发现他无法再唱诵神的名号了。

当我试着继续唱诵，却发现无法再重复黑天的名号。不知怎么，我的心拒绝合作。我也读不进任何修行的书。尽管我的心自由而平静，但却拒绝专注在任何我设立的修行对境上。这实在让人迷惑不解。整整二十五年，无须任何努力，神的名号一直在我心中流淌，现在我却连说一次都做不到。

---

① 提拉克（tilak），印度教徒以粉或膏抹在前额或身体其他部位上的标记，其形状、颜色因种姓、教派而有所不同。例如毗湿奴派的提拉克就是以檀木粉从发际起至眉心的竖条，中间再画一U形。而湿婆派则以圣灰于前额画三道横线，中间再以檀木粉点一明点。

② 杜尔希草（Tulsi plant），又名圣罗勒，印度教中的圣草。印度教徒视之为毗湿奴的配偶吉祥天女在大地的展现，是一种草药。供奉此草是在对毗湿奴的礼敬仪式中的一环。

我立刻去见马德拉斯的罗摩克里希纳传道会[1]的领袖，卡伊拉萨南达·斯瓦米（Swami Kailasananda），并且告诉他我修行中遇到的问题。我解释说我数年来一直在唱诵神的名号，也阅读了许多修行方面的书籍，但现在无论我如何努力去尝试，我的心都没办法集中在任何与神相关的事物上。

卡伊拉萨南达·斯瓦米回答我说，基督教神秘派称这种情形为"灵魂的黑夜"。他说这是修行的一个阶段，修行者发现经过数年用功之后，修行突然变得非常困难或者毫无回报。他请我不要放弃尝试，让我来参加传道会举行的定期萨特桑，因为他觉得在那样的气氛里，我也许会觉得更容易继续系念于神。我对他的建议并不十分满意。我再没回去过，也没有参加过任何的集会。我见了马德拉斯其他几位著名的斯瓦米，但是他们多多少少说的都是同样的东西："不要放弃尝试，来参加我们的萨特桑，我们保证问题会很快消失。"

我从没参加过这些集会，部分原因是我不认可这些建议，另一部分是因为我不认为这些人有资格给我建议。尽管我知道他们都是很好的修行人，我还是觉得他们并不曾有过对神的直接体验，而在我看来这样的体验会让他们更有资格来判断我的情况。

帕帕吉也曾找过麦拉坡[2]的毗玛拉南达·斯瓦米和当时马德拉

---

[1] 罗摩克里希纳传道会（Ramakrishna Mission），由19世纪室利·罗摩克里希纳（Sri Ramakrishna）及其大弟子辨喜（Vivekananda）在印度创立。致力于不分宗派的普世灵性运动，普及教授吠檀多以及各种形式人道主义和社会服务活动，促使人类灵性复兴。

[2] 麦拉坡（Mylapore），印度泰米尔南部城市，位于马德拉斯（今金奈）南部，又名提鲁玛依籁（Thirumayilai）。

斯的乔棣雅寺（Gaudiya Math）①的住持尼提阿南达·斯瓦米（Swami Nityananda），向他们咨询。两次会面都不能让他满意。

我再次想到蒂鲁瓦纳马莱的马哈希。

"这个人，"我想，"以某种形象一路来到旁遮普，出现在我家门前，指引我去蒂鲁瓦纳马莱见他。我去了那里，而且坐在他身边时得到一次极好的体验。这个人肯定有资格给我指引。他还在马德拉斯向我显现。我们之间必然有很强的联系，他才如此两次出现。我应该去见他，听听他怎么说。"

之后的那个周六下午我安排了半天的假日，而周日自然是每周固定的假日。我周六乘火车，又一次来到了马哈希所在的大厅。如同上一次拜访，我觉得要处理的是私事，所以还是要找一个没有旁人在场的机会和他交谈。像上次会面一样，我故技重演，继续在午饭后去见他。我知道那个时候大厅里几乎没有人。如同上次那样，侍者试图劝说我稍后再来，而再一次，马哈希告诉侍者允许我进来和他说话。

我坐在马哈希面前，开始诉说我的故事。

"过去的二十五年来，我一直在重复持诵黑天的名号。直到最近我还计划每天持诵五万声名号。我还经常阅览诸多修行读物。然后罗摩、悉塔、拉克什曼和哈努曼出现在我面前。他们离开后，我就无法修行了。我无法再持诵名号。我无法读书。无法禅修。我感觉到内在很安静，但不再有任何渴望专注于神。无论怎样尝试，我都做不到。我的心拒绝系念于神。我到底怎么了？我应该怎么做？"

---

① Math 是寺院的意思，这是乔棣雅毗湿奴派的主要寺院之一。

马哈希看着我，问道："你是怎样从马德拉斯来到这里的？"

我不明白他这个问题的意义，但还是礼貌地回答："乘火车。"

"当你到达蒂鲁瓦纳马莱车站时发生了什么？"他问。

"这个，我下了火车，交了车票，然后雇一辆牛车带我来到道场。"

"当你到达道场，支付了车夫工钱，然后牛车怎样了？"

"它离开了，应该是返回镇上了。"我说道，仍然不明白这一系列问题意指何处。

然后马哈希开始解释他的用意所在：

"火车带你来到了目的地。你下车是因为你不再需要它了。它带你来到你想要到达的地方。牛车也是如此。它带你来到拉玛那道场时，你就下了车。你不再需要火车或牛车了。它们都是带你到此的工具。现在你就在这里，它们对你就没有用处了。

"你的唱诵亦是如此。你的持诵、你的阅读和你的禅修带你来到灵修的目的地。你不再需要它们了。并非你自己放弃了修行，是修行离开了你。因为它们已完成了使命。你已经到了。"

接着他专注地看着我。我能感觉到我整个身体和心灵正在被纯净之流洗刷，被他平静的凝视所净化。我能感觉到他专注的目光看进我的心。在那种无法言喻的凝视下，我感觉身体每一颗微粒都被净化了。就好像有一具新的身体正在被创造出来。转变的过程还在继续——旧的身体正在一个微粒接着一个微粒地死去，而新的身体正在被创造出来。忽然，我明白了。我知道，这个和我说话的人，实际上就是我本来的样子，就是我一直以来的样子。在我认出真我的刹那，我感受到了猛烈的冲击。我有意使用"认出"（recoginition）一词，因为当这体验向我揭露的一刹那，我就知道，绝对没错，这就是那个六岁男孩在拉合尔拒绝芒果饮料时所沉入的那种平静而喜悦的状态。马哈希沉静的凝视让我重回原初的状态。寻求身外之神的那种渴望，消亡于马哈希向我所揭示的对真我的直接了知与体验中。我无法准确描述当时或现在这体验是什么，书上说得很对，这是语言不到之处。我只能说一些周边的东西。我能说每一个细胞、每一颗粒子都猛然警醒，因为它们全都认出并体验到了那个驱动并支撑它们的真我。但对于体验本身我无法形容。我知道我的求道之路已彻底走到尽头，但那"知道"的源头永远都不可描述。

我起身，感激地向马哈希礼拜。我终于明白他之前和这次的教法了。他曾告诉我不要执着于任何人格化的神，因为所有的形象都可被消解。他看到我主要的障碍就是关注于神之庄严形象及我对神之爱。他曾建议我忽略那些倏忽即逝的神之显现，而是要去参问谁想要见到这些显现，参问其本质和源头。他曾试图开示我何为真实而永恒，但我自大而愚蠢，没有留心他的建议。

事后看来，我现在能明白"我是谁"是一个我几年前就该问自己的问题。我六岁时就对真我有了直接体验，但没有珍惜或珍视它。母亲让我相信这是体验到了黑天，并且以某种方式给我洗脑，让我相信应当寻求外在之神，她说外在之神能赐予我极其渴求的那个体验。在我一生的修行求道中，我曾遇见数百位苦行僧、斯瓦米和上师，但没有一位能如马哈希一般告诉我这个简单的真理。

没有一位曾告诉我说："神就在你之内。他并不有别于你。你就是神。若你问自己'我是谁'来寻找心念的源头，你会体验到他就在你心中，就是真我。"

如果我早几年遇见马哈希，聆听他的教诲并且付诸实修，我也许可以免于在这些年里做无用的外在寻觅。

对马哈希的伟大，我必须还要再说一点。在我见到罗摩、悉塔和哈努曼后的那几天里，我踏遍了马德拉斯，寻求建议如何才能再开始唱诵修行。我见到的斯瓦米们都严肃认真地重复着陈词滥调，因为他们不能像马哈希那样看进我的真心和头脑。几天后，当我坐在马哈希面前，他没有告诉我要继续努力，因为他能看出我已经达到了无法再继续唱诵的状态。"你已经到了。"他说。他知道我处在什么状态，就算我自己也不知珍惜。他把他神圣的目光投向我，仅就那加持的一瞥，他向我展示并且让我明白了我本来的面目。

真正的上师能看进你的头脑和真心，看见你在何种状态，然后给出的建议永远都贴切适用。还没有安立于真我的人，给出的建议只是基于他们自己有限的体验或听闻到的东西。这样的建议通常很愚蠢。真正的老师永远不会用差的建议误导你，因为他永远知道你需要什么，永远知道你的状态是什么。

马哈希教导我不应再追逐神祇们的色身形象，比如黑天，因为这些都是倏忽即逝的。他向我指出了我是谁，我也听从了他的教导。尽管如此，神的身形仍然继续出现在我面前。即使是现在，在我的修行探求已经结束了数十年后，黑天仍然时常对我显现。无论他何时出现，我依然感到对他有着深切的爱，但是他不再有力量能让我寻找任何在真我之外的东西了。

容我解释一下。当我还是个小男孩时，我认为黑天的身体是真实的，因为我碰得到。现在我知道这并不是安立"真实"的标准。真实应该是永远存在并且永远不变的，唯有无形的真我才符合这个定义。现在我能说，当我还是男孩时，在我卧室出现的黑天形象只是短暂的、不真实的幻影，是从觉性这唯一的真实中展现出来的。我一生中遇见的所有黑天显现都可归为此类。如今我安住于真我，就算诸神现在就出现在我面前，我也不会再被庄严的形象欺哄，因为我知道无论这些显现是多么有力、多么美丽，都是幻觉。力量和美丽都在我之内，是我的真我，我不再需要去别处寻找这些了。

我记下的这一系列事件主要是基于已经出版的《帕帕吉访谈录》中记录的扩充。在那本书出版前，我交给帕帕吉过目，收到的回复是："我通读了你寄来的故事的稿子……我没有发现任何需要改动的。谢谢。"

尽管我收到了他对文稿的认可，后来也是这样出版的，但我必须承认我从未完全确定我真的恰当描述了他数次参访拉玛那·马哈希的情景。我听闻到数个有关他的经历的版本，其中有几个是互相矛盾的。我交给他的手稿，我自认为仅仅是一份初稿。只是把材料按照我觉得最说得通的顺序整合起来，交给他提意见。然而他却非常欣赏，完全没有改变任何字句就允许出版了。我就一直没再去处理那些有矛盾的记录，直到我开始编写这本书。

对我来说，主要的问题是："帕帕吉究竟是什么时候真的开悟的？"在许多场合他谈到他的生平以及他如何亲近拉玛那·马哈希，他曾说他在初次参访马哈希时就经历了终极体验，也就是当马哈希告诉他"会显现消失的都不是真实的"之后就发生了。事实上，这是当我在1993年勒克瑙植物园访问他时他给出的版本。这一说法同样在《帕帕吉访谈录》一书中出版了，这是当他被要求描述开悟时刻最常给出的版本。采访时，为了回答我对他的提问"你能描述一下在你最终得到它时发生了什么吗？它是怎样发生的？"他讲述了初次参访时的故事。

但初次相遇就是故事的高潮，这是我无法理解的，因为他曾在许多场合说过他后来离开马哈希回到马德拉斯，是因为当时他对于马哈希这个人和他的教法都不满意。而且在他回到马德拉斯后，开始密集的黑天持诵修持，如果是发生在彻底的觉悟体验之后，这一系列行为就完全说不通了。然而，在1995年初的一次访谈中，他似乎并不认为这是什么问题。

问：在你经历过和马哈希的第一次重要体验后，是什么让你继续禅修于祜主黑天的？

答：禅修一直都是有益的，即使在觉悟之后。不然还能做什么？禅修意味着你不再对任何非恒常的东西有所执着了。

问：但最终你无法再继续那种禅修了。在罗摩和悉塔拜访过你之后，你无法再禅修于黑天了。

答：如果说我不再禅修于黑天，那只是因为我现在感到我就是他。因为这个理由，我不需要做他的信徒，他也不是我的祜主。我们是同一个。

当帕帕吉谈起他遇见印度教诸神的情景时，他的语调虔诚而恭敬。当他谈到遇见罗摩、黑天和湿婆时，这一态度尤为明显。他有过的这些境界显然给了他强烈的平静而妙乐的体验。而另一面，他偶尔也会说起尽管众神具有无比的力量和生命，却并非证悟者。这种态度很有趣，因为这是对他那些神圣境相的不同看法。他说，众神在他面前显现并不是要让他得睹圣容而加持他。相反，是他们想要见他，因为他们知道帕帕吉的境界更高。

在之前记录的那则问答的访谈里，帕帕吉对此话题进行了展开。

问：为什么当你密集唱诵黑天名号时，诸神会来拜访你？我是指当你在马德拉斯时，罗摩、悉塔、拉克什曼出现在你面前那次。

答：觉悟者比诸神更高。为什么？因为诸神还有未满足的欲望。看看印度教诸神的故事吧。他们还迷恋着美丽的女子。黑天迷恋拉妲，罗摩迷恋悉塔，湿婆迷恋雪山神女，诸如此类。这些神祇并没有证悟，因为他们还没有放弃自己的执着。为了消除执着，他们来见证悟者。

我经常会说一个故事，一位证悟的智者在树下入睡。当他醒来时发现他被来自天界的诸神围绕。他问为什么他们要来见他，众神之一说道：

"我们来参加你的萨特桑。在所有的天国里找不到这样的萨特桑。那里没有觉悟者。"

"但我睡着了，"智者说，"我只是做我自己的事，在树下睡觉而已。"

"我们知道，"诸神说，"但即使在你沉睡时，在你身边我们还是体验到了平静，而那种平静是在天界怎样也无法找到的。"

就是这样。纵然诸神有强大的力量，漫长的寿命，但他们找不到觉悟的永恒平静。天界之中没有觉悟。为了得到它，诸神必须要重回地球，在此转世。

有许多不同的星球或世界，每一处都有不同类型的生命。在所谓更高的世界里有像神的生命，在较低的世界里有恶魔般、动物般的生物。我曾去过这些世界，亲眼见过那里是怎么回事。高层的世界很美丽。住在那里的生灵色身呈半透明，很漂亮。而低层世界里看起来充斥着奇形怪状的生物。我见过一些丑陋而残缺的身体：独眼、独鼻，还有形状古怪的长鼻。一些是同类相食的生物，似乎依靠互相吞噬而生存。那是个可怕的地方，所以我没有停留很久。

死后我们可以在其中任意一个世界转世，但解脱（moksha）只有在这个世界才可能。众神在天国能够享乐成千上万年，但最终他们还是要再度转世。

你的问题是："为什么这些神祇出现在我面前？"答案是："他们想要最终的解脱，并且他们知道在天界无法得到解脱。"

有人可能觉得很容易解决关于帕帕吉何时觉悟的问题，只要直接问他就好。但不幸的是，他通常拒绝承认那是一件在某个特定时间发生的事情。

"觉悟，"他说，"并非到了某个时候或在某个特定时间发生的事情。而是明白时间不是真的，是一种彻底超越时间的明白。觉悟和束缚都只是概念，只有当时间还存在时才有。时间消失时，这些概念也一同消失。"

还有一种可以确定他何时开悟的方法，就是去问某些事件是发生在他开悟之前或之后。比如像那位采访者试图明白帕帕吉数次参访马哈希时到底发生了什么时所提的问题。但这些问题也常被他认为是毫不相干的，他往往置之不理。

问：这是在你觉悟之前还是之后发生的？

答：没有之前或之后，因为那不是取决于时间的事。我甚至不能说"我开悟了"。我从没这么说过，因为那也只不过是另一个会被执取的概念。一个人说"我开悟了"，表示他承认存在另一种称作"束缚"或"无明"的状态，并且承认我们可以从一个状态来到另一个状态。那还是一种概念。我不再接受任何这样的概念了。

我自己从未试图强迫帕帕吉给出一个确定的说法，因为这个问题不是靠确定他在起初几次参访马哈希时到底发生了什么就能解决的。而无论看起来是多么不同寻常，真相应该是当帕帕吉大约六岁时，当他在拉合尔忽视那杯芒果饮料时，就已经"觉醒"明白他的真实本质了。他说，从那刻起，这个体验一直都在。他从没失去过，并不是在马哈希的临在中重新获得它。马哈希只是让他知道他已经拥有的那个是多么宝贵，并且让他明白这远比看见转瞬即逝的神祇们要来得宝贵且持久。在1995年6月，一次勒克瑙的萨特桑上，我就这个全然不同的生平版本向他提问。首先，我问起了他在1994年写给我的书面回复。缩进的段落是我1994年的提问和帕帕吉在同年的回复。其他段落来自1995年6月对他1994年所写内容的讨论。

大卫：这是你对我去年12月提问的回复。对此，我想对你再提一些问题。

问：你一直都说对真我不可能有暂时的体验。你说如果一种体验有来有去，就不是真我之体验，因为真我从无来去。如果一种体验有来有去，则必然是头脑的体验。

然而，当你谈起你还是小男孩时在拉合尔的体验，你经常说那是直接体验真我，之后这又离开了你。你花了二十五年时间试图重新找回来。当你在马哈希座下得到究竟体验时，你说你当时立刻认了出来，那和你在六岁时有过的是同一个状态。你经历过的这些事难道不是在表示我们可以有暂时的对真我的体验吗？

帕帕吉在把他自己的回答读出来之前，先对这个问题中几个假设作了质询。

帕帕吉：在提问中你说"你还是小男孩时在拉合尔的体验……"是"直接体验真我，之后这又离开了你"。我完全没有这样想过这件事。首先，我不知道那到底是不是体验，无所谓是直接的或间接的。我能知道的是，我完全不能说那是体验。

我那时对真我一无所知。我不知道是否有真我，并且我很肯定地对于体验真我一无所知。我从未听过诸如解脱、了悟、解放、自由等词，而且就算我听过这些词，对我来说也没有意义。

然后你说："你花了二十五年时间试图重新找回来。当你在马哈希座下得到究竟体验时，你说你当时立刻认了出来，那和你在六岁时有过的是同一个状态。"

当我去见马哈希时，我见到来自全世界的许多人，不仅仅是来自印度的。他们和他坐在一起，和他交谈，享受着他的陪伴。我们为什么都在那里？因为我们都在这位长者身上认出了什么特别的东西——在别的任何人身上都找不到的东西。一开始我自己并没有认出来，但很快他向我展示了他是谁，并且推着我去认出并且了解他的伟大。

在他身上有什么东西吸引着我。我很快就发觉这个"什么东西"就像是我在六岁时的体验。但当时我才六岁，无法欣赏它的价值。我那时不知道这种体验、这种自由是极其罕有的，世界上只有非常少的人才有的。它不请自来，而我没有了解它真正的价值。

如果你让一个幼儿在一百美元纸币和棒棒糖之间作选择，他会选择棒棒糖而不是钱，因为他不明白钱的价值。他不知道用那张纸可以买到一千根棒棒糖。

我六岁时也没有能力估量那次体验的价值。只有后来遇到了马哈希时，才让我有了正确认识。当我坐在他面前，我终于明白早年这种不经任何努力而发生的体验是多么珍贵的宝藏，而我之前从未明白它的价值。

现在我来读一下几个月前我给你的答案，看看是不是一样：

回复：在六岁经历这个体验时，我并没有认为它有什么特别的价值。我认为每个人生来都有这种平静、幸福且天真的本然状态。作为孩子我很快乐，并且相信所有的孩子都有和我一样的幸福。我年轻时见过几位旁遮普和其他地方的圣者。直到那个时候，我才发现我曾在的那种状态和其他人的有很大不同。其他人都是引用书里的话而说，但他们对自己没有任何体验。

你去任何道场就会是这样的。一些看起来很权威的斯瓦米会读念经文，但他念出来的话不会是他自己的体验。不管你去哪里——瑞诗凯诗、哈德瓦、塔婆梵①，你都会发现斯瓦米们读着书里面的东西，还进行开示，但他们对此没有过直接的体验。

你能在印度各地每一所道场里都找到这样的人。他们能做非常美妙的开示，但他们所说的话是从他们读的书里，而不是自己的体验中来的。

当我去拉玛那道场参见我的上师时，我发现这个人和之前见过的其他圣人很不一样。我见到他时，我发现了我在六岁那年有过的体验，而马哈希就在同样的体验中。但我当时只有六岁，我没有珍惜或意识到那有多罕见。我六岁时，它只是就这样发生了。遇见马哈希后，我懂得了它的价值。我明白这是非常罕见的体验，有这样体验的人凤毛麟角。

你说到我用了二十五年时间试图把它找回来。更准确的应该是说我只是无法描述我当时体验了什么。因为它无法被描述。无论什么要被描述，那必须是一种可见、可闻、可触的对境。我所体验的平静与喜悦无法被描述，或者说不是任何头脑的活动。能在事后描述的必须是过去发生的某种对境，而不是当下的。

我六岁时有的体验是恒常的。它就在当下，而我一直活在其中。

只有是关于对境的种种体验才可被描述。头脑的体验可以被描述，因为这类体验是一种对境，会被另一个主体所体验。一切头脑的

---

① 塔婆梵，在印度传统中，任何修行者曾经闭关苦修过的地方就可称为塔婆梵，比如瑞诗凯诗附近的圣者们曾住过的山洞和隐居所。

体验都是这样。但那个超越头脑，所以要怎样描述？没有体验者时，你怎样来描述？

这个体验从未被描述过，从未被谈论过，从未被揭露过，之前从未在经典中被描述过。你在经典中读到的都不是这个真理，不是这种体验。奥义书和吠陀中充满了神奇的故事和哲理，但广博仙人[①]在最后也必须承认他从未描述过真理本身。对于这个最终真理、究竟体验，他所能说的就只是"非此–非此"。

如果你见到母亲亲吻她的孩子而乐在其中，如果你之前从未曾亲吻过任何人，你要怎样才能体验那种亲吻的感觉以及随之而来的快乐？如果你问这位母亲，亲吻自己的孩子是什么感觉，她会怎么回答呢？我想她能给你唯一诚实的回答就是"先有孩子吧，然后你自己就能知道这是什么感觉了"。这就是我所说的"直接体验"。

这种超越了一切头脑概念的体验是怎样的呢？它有一种特质。如果你靠近一位直接体验真理的人，你会感觉"在此人身边，有什么东西让我平静。我无法描述它是什么，但它就在那里"。

这种力量、能量，这种体验会吸引你，并且让你越来越想体验它。马哈希拥有这种力量，但即使是他也无法加以描述。他只是静静地坐着。甚至对于大多数的提问，他也不做回答。很长一段时间，他忽略每个人、每件事，只是安静地坐着，睁着眼睛，却没在看任何东西。但坐在那里的人们都知道，坐在他身边就能找到那种平静。这就是为什么人们会从世界各地汇聚而来，围绕在他身边。

大卫：你似乎一直提到这种在六岁时有过的平静体验从未离开

[①] 广博仙人（Vyasa），音译作毗耶娑，又名岛生黑仙人，传说为往世书及史诗《摩诃婆罗多》的作者。其孙辈即《摩诃婆罗多》中战争双方持国族和般度族的主要人物。

过你。如果是这样，为什么你还会不满足呢？为什么在此之后，你依然会去寻觅外在之神？为什么你走遍印度寻找能让你见到神的上师呢？

帕帕吉：因为我的无知。在童年时，别人就告诉我可以自己亲眼见到神。我没有理由不相信这种说法，因为黑天经常出现在我面前，和我一起玩。

我母亲给我的说法让我确信这些境界在修行生活中都是很正常的。

她会说："纳拉辛哈[①]见到黑天还和他说话。杜勒西达斯直接和罗摩交谈，而罗摩也向他显现。蜜拉柏[②]和黑天说话，和他跳舞，和他唱歌，和他游戏。"

我对这类故事毫不怀疑，因为我自己就有黑天显现并和我游戏的经历。和神一起游戏，对他们的爱与日俱增，都是非常有诱惑力的。我体验得越多，就越渴望他们出现并和我一起玩。我对面见黑天现身上了瘾，以至于我的整个生活都是围绕着要找到什么方法让他在我面前出现。

这种希望神随时出现在我面前的渴望从未完全满足过，于是我开始寻找一位老师或一位法师，他本人必须见过黑天，并且能让我见到黑天。我想要从这样一位老师那里学习如何令黑天在我想见到他的时候就能出现。我走遍了全印度寻找这样一个人，但没有人能满足我。

---

① 纳拉辛哈（Narasimha），字面直译即人狮，为毗湿奴的化身之一，即半人半狮。
② 蜜拉柏（Mira Bai，又作 Meera），生于1498年，印度黑天虔信派的女诗人，是毗湿奴虔信运动中最有影响力的圣者之一，共留下一千三百余首拜赞歌，流传于全印度。她疯狂热爱黑天，在狂喜中从"一城跳舞至另一城，舞遍了北印度"。传闻她融入黑天的画像中而消失。

想要见神的渴望促使我走南闯北。每一处我都提同样的问题："你能让我见到神吗？"人们要么朝我发火，要么就加以讥笑。

但当我去见马哈希时，我得到了一个全然不同的回答。当我问他："你是否见过神？你能让我见到他吗？"他只是保持安静。他拒绝回答我。我对这种平静很不满。如果我提出这样的问题，答案要么为是，要么为非。他完全无视这个对我来说是世界上最重要的问题，我既生气又反感。

我去到慧焰山另一侧，在那里住了几天，因为我不想再和马哈希及其弟子待在一起了。最后我回去时经过道场，告诉马哈希我要离开镇子在马德拉斯开始新的工作。他的侍者试图阻止我进去，因为那并不是适合的时间，但马哈希挥手让他离开，同意我进入他的房间。

我再一次对他提出这个问题："你是否见过神？你能让我见到他吗？"这一次他给了我回答。

"任何你能见到的都不可能是神。无论你见到什么，都必然只是你感官的对境。神不是感官对境。神是独一的，通过他一切才得以可见、可尝、可触等等，但他自己无法被见到，因为他就是观者，而不是所观的对境。"

这对我来说是非常新鲜的。我不只是思考，而是立刻就体验到他所说的了。我明白"我是观者，而不是我所感知的种种对境"。

这种体验和我在拉合尔孩童时有过的是同一个。在拉合尔那次也不是通过禅修才出现的。那只是在傍晚时分，我们都坐着，喝着凉爽的饮料。我因这种内在幸福的显露而完全瘫痪了，两天之内都无法动弹。

当我最后又能正常活动时，我无法描述发生了什么。我的家人想要知道我所体验的，但我无法告诉他们，因为没有任何人能描述。我想要知道到底发生了什么。我想要知道"这种体验是什么"。但是我身边似乎没有人对此有任何了解。因此,当我年龄足够大时就开始四处奔波,想找到有谁能知道它的含义,有谁也曾有过这样的体验,有谁能够把它展示给我来作证明。当我遇见马哈希时,我一生中第一次感觉到"这个人见到的和我见到的是同一个。他无法描述,我也不能"。遇见马哈希时我满意了,因为我知道终于找到有人对这种无法解释的体验有直接的了知。

大卫:你经常说如果弟子有了某种体验,他必须告诉上师,让上师来评估。你遇见马哈希时,是否就是这样呢?

帕帕吉:是的,类似于此。我自己无法去评估它,因为我还不够资格。我之前说孩子会选择棒棒糖而不是一百美元,因为他们不知道纸币的真正价值。我就像是孩子。我体验过境界和狂喜。神在我面前跳舞,和我一起游戏。这些都是我的棒棒糖。而正是马哈希向我直接开示了我自始至终一直带在身上的一百美元要比所有棒棒糖加在一起都更有价值。他为我做出了评估,但不是以一种我或者他能够描述的方法而作的。

大卫:在你一生中,你一直有种能力,能够体验到词语所指的真实含义,而不只是想想而已。在你孩童时期,当你想到黑天时,黑天就显现了。当你阅读约翰·伍德罗夫[①]关于拙火的那本《灵蛇之力》时,你就有了拙火体验。当你遇见马哈希,并且他告诉你要找出谁是

---

① 约翰·乔治·伍德罗夫(John George Woodroffe,1865—1936),笔名亚瑟·阿瓦隆(Arthur Avalon),英国人,印度哲学家及瑜伽修行者。翻译了大量印度教哲学及修行书籍,所著《灵蛇之力:坦特罗及莎克蒂瑜伽的秘密》(*The Serpent Power: The Secrets of Tantric and Shaktic Yoga*),为西方世界最初了解拙火修行的一本重要著作。

观者时，你立刻就体验了观者。你具有这种特殊的体验词语的天赋，你只需要有人来告诉你看着"我"，这样就能立刻体验到其真实本质了。这样描述是否合适？

帕帕吉：这个，当然，真的是这样的。无论何时我听到一个词，就能立刻明白这个词的含义。我能体验到这个词，而不仅仅只是思维着它。刚才我正在说棒棒糖。当你听到"棒棒糖"时，那只是个词，是穿过空气的噪声。但如果你之前吃过棒棒糖，就会在你嘴里引发一种味道，一种滋味。如果我说"酸柠檬"，你嘴里或喉咙里也许会有一种苦涩、刺激的感觉。但是当我说出类似神、黑天、耶稣、安拉或耶和华这样的词，在你身上什么都不会发生，因为你之前从未真正体验过他们。这些词只是某种无法被语言描述的东西的符号，并且如果你从未体验过我所指的，词语本身不会带来那真实无伪的东西的触动和滋味。

第一次读到《灵蛇之力》时，我还在矿场工作（20世纪50年代）。我们汽车行的负责人的叔叔有一本，但是他读不懂，就带来给我看，让我解释一些他不明白的地方。

我对他说："我没有读过这本书，但如果你把它留下，我会好好读一遍。那么你再来的时候，我就可以回答你的问题了。"

我通读了全书，并且立刻在身体里体验到了拙火。我读着字句，看到图示并且立刻体验到了它们所指的。我不需要进行任何书中所描述的练习。只要读到那些文字就足够了。我无法说出这是怎么发生的。我只能说书上的字句成了我的体验。

你问我是否在马哈希将我的注意力导向观者的时候我就体验到了它，回答是肯定的。

当我说到柠檬时,你知道我在说什么。你已经见过柠檬,作为在你眼前的一种对境,所以你能告诉我它看起来是怎样的,你甚至能够去描绘它的味道是怎样的。但是"我"这个字是不同的。没有人见到过它。你可以找遍你的身体,从头至脚,但你是找不到的。你能够看遍你身体中的每个角落:双脚、鼻子、双腿、双手、头……但是你永远找不到它,因为"我"不是一种对境。不是属于你的什么东西。它就是你自己,而你永远不可能在属于你自己的东西中找到你自己的。

在你寻找时,所有你看到的这些东西,谁是它们的主人?那个主人无法被描述。但是你不需要任何描述就能知道你是谁。你直接知道它。你对你自己说"我在"(I am),然后你立刻知道这就是你是谁的真相。你不必到什么地方才能找到它,因为它是你自己的直接体验。你有必要去问你的真我是谁吗?你是大卫·高德曼。你边上是巴拉特·密特拉(Bharat Mitra)。如果他就坐在你身边,你还会问"巴拉特·密特拉在哪里"吗?而你距离你的真我甚至要比你和巴拉特·密特拉的距离近得多。你会问"大卫·高德曼在哪里"吗?

我想要说的是这个:问"神在哪里"很傻,因为你就是神。你就是那个。明白这点,并且说"我即我是"。你不需要去问,而且它也无法对你展示。

大卫:当我第一次遇见你时,你对我说"如果我在六岁时就问自己我是谁,我那个时候在那里就大功告成了。但是没有人告诉我去看'我',直到在二十五年后遇见马哈希"。

帕帕吉:是的,真是这样。没有任何人告诉我"看着你的'我'。看着你念头的源头"。

如果你在这片国土上寻求修行指导，有人会告诉你："去哈努曼神庙，然后告诉他你想要什么。如果你向他好好做番供养，他就会满你的愿。"

这就是人们认为的对待神的方式。没有任何人会说"我"。没有人告诉你"我"的源头。在这个国家，唯有马哈希才明确开示了这个讯息。他说："去看你真正的真我，直接体验你的本来面目。"这就是为什么有那么多的人去参见他。

别的老师则都在说："避开你的家庭生活。做一名瑜伽士。去喜马拉雅山。改变你衣服的颜色，在山洞里坐上几年，进行刻苦的灵热修行吧。"

马哈希却说："继续你平日的工作，因为放弃它去住山洞并不会帮助你。如果你想要完成某些灵性修持，先问你自己'我是谁？'找到这个你自我认同的'我'是从哪里出现的，从而找到你的本来面目。"

我曾经是军人。大部分人认为这不是一种很灵性的职业，但是在部队里的大部分时间我都处于狂喜中。我的心都在神上，所以身体在做些什么根本无关紧要。如果你的态度是正确的，工作不会成为一种障碍。因为当时我完全专注于神，就算是世俗的军事活动对我都有灵修上的意义。

我刚进入德拉敦的军事学院时，被训练要保持"立正，注意"，每次我听到这个词，都会关注到在我内在发生的事。下一个口令是"稍息！"听到这个指令，我就让心灵放松，离于所有念头。每次我听到这个命令，就只是放下所有念头，并且于内在的静默中休息。

之后，他们带我们进行气枪打靶，教我们如何打303步枪弹。我们必须要从后视镜中看前方，使前面的瞄准器和被瞄准的目标处于中心位置。然后我们被告知："开枪时要屏住呼吸，因为呼吸时你的身体会移动，那就无法稳定瞄准目标。"

我一听就立刻明白必须要保持内在绝对的稳定、毫不动摇，才能准确瞄准目标并且射中靶心。射击时我会专注于视野中正确的位置，身心都绝对平稳，然后扣下扳机。我是非常优秀的射手。每一次我都能射中全部十个靶心。在我们部队中有些人甚至不能打中靶子，因为他们不明白指示的真正意义。

大卫：你是否真的在六岁时，没有上师的肉身在场时就有了最终的体验？

帕帕吉：是的。即使没有上师的肉身在场，我也有了同样的体验。不需要上师亲临在场，每个人都有同样的体验。上师只是指导你来自己找到。

空中的新月也许很难看见。但已经见过它的人就能对那些还没有见过的人说："看啊，在树枝上有一只乌鸦。看看我手指着的地方。在乌鸦的脑袋后面你能见到月亮。"

听从这样的建议你就会见到月亮，但你的注意力一直在那根手指上，或是乌鸦又或是树枝上，你就错失了指给你的那个点。各种宗教的创立者留下的种种书籍，以及阐明其义理的老师，都是指向那个点的手指。人们却聚焦在这些手指上，而不是将视线顺着转到手指所指上。没有书、没有人、没有文字能够揭露真相。你必须要自己看并且自己见到它。它必须是你自己的体验，而不是你从别人那里捡到的什么东西。

大卫：你难道不是需要那二十五年密集的黑天虔信来烧尽所有

残余的欲望吗?

帕帕吉:用我自己的双眼见到黑天,这曾是我的欲望。这个欲望并非来自这一世,而是来自上一世。我在上一世就一直努力要见到黑天。我在这一世去过我上一世住的地方。我见到我曾建造的寺庙和安置在寺庙里的黑天神像,但我旧日的灵祠[①]已被通嘎巴德拉河(Tungabhadra)冲走了,那一世中这个渴望还没有完结,所以我需要再次转世来完成它。任何在死时还带有未满足欲望的人会再度转世,用另一具身体来继续尝试满足那种欲望。这会一直持续发生直到不再剩下任何欲望。当不再有任何欲望时,就称作自由、解脱、无拘无束。这就是生死轮回的终点。

大卫:你是否命中注定要在1944年遇见马哈希,并且在他座下经历最终体验,还是说这本来可以发生得更早?

帕帕吉:如果你读过我的生平,你会明白这必然要发生,明白我命中注定要遇见他。我被安排好了要遇见他。但同时,我也能说我并不相信命运,因为大部分人说的命运表示一种听天由命的宿命主义。内心软弱的人会把发生在自己身上的所有事情都归咎于命运。我的心从不是软弱的。我从不认为我的生活要遵循某种特定的模式。我当时就知道我想要什么,并且会去努力争取。

不需要把发生在你身上的一切都归咎于命运。如果你想要解脱,为什么还要问这是否是命中注定的呢?只要做个决定:"我今天就想要解脱。我现在就想要解脱。我拒绝再拖延了。"当你拒绝接受任何

---

① 灵祠,原文为samadhi,印度为纪念圣者而建造的陵墓建筑,有的葬有过世者,有的并没有。之所以叫samadhi(三摩地)是因为人们普遍认为圣者辞世时是安住于三摩地中的,死亡也被称为"大三摩地"(mahasamadhi)。

拖延的借口或理由，那种体验就会出现。

你们能在勒克瑙是极其幸运的。那种体验现在就有，在这里就可以有，就在勒克瑙。你怎么能说"当下"不在这里？"当下"永远都在。不在下一刹那，不在上一刹那，不在明天，不在昨天。下一刹那和上一刹那之间的并不是人人都能见到。为什么？因为你必须就是它，而不是见到它。这样你就找到了这个间隔，并安住在那里。那个存在对任何人无时不在。但是，如果你想和它同在，你必须要很认真。你必须下决心不再拖延。你们现在的时机非常好。不要错失这个机会。在如今全球六十亿人中，只有大概一百人在这里。你们是多么多么幸运啊！我是不会让你们打退堂鼓的，它自会出现，因为它已经在了。你不需要去努力。正是这种努力给你带来了麻烦。不要努力，甚至不要想。想还是多少要用到脑子。不要想，也不要努力。然后你将看到会出现什么。

我第一次把帕帕吉的生平故事写出来，也就是后来在《帕帕吉访谈录》中出现的那个版本，我是预设了他的修行事业有开始、发展和结束，而高潮则是发生在他最初与马哈希的某次会面中。我将各种事实加以整理，以符合这一预设，那个时候我却不知道他对自己人生的种种事件有一个截然不同的视角。在1995年10月，为了回答我在萨特桑上对他提出的另一个问题，他几乎是坚决地确定了他的最终体验是发生在拉合尔——当他还是个小男孩时。

（当芒果饮料递过来的时候）我有了一个直接的体验，但那时没有人能告诉我："这就是真相。你不需要其他的了。"

然而，每个人都对我说："你在那个状态中感受到的平静是因为黑天。如果你开始礼拜他，他就会在你面前现身，让你快乐。"

我已经是快乐的了，但是不知怎的，这些不知情的人异口同声地让我去做修行功课，因为他们认为我需要新的体验。因为没有人能权威地告诉我"你不需要其他的。就如你所是（Stay as you are）"，所以我后来就花了多年时间寻求外在的诸神。

从六岁开始我的认识、我的体验和我所确信的没有任何改变。从六岁那年直到今天，我已经八十多岁了，都没有过任何改变。但这个真相、这种认识，一直到我遇见马哈希时才向我全然揭示出来。这就是真师的职责：向你指出并且告诉你，你已经是那个了，他以一种权威的方式指出，你永远不会怀疑他的话。

这则对话的全文将会出现在《帕帕吉传》下卷"上师与弟子"一章中。现在，我将重新回到帕帕吉的生平故事。我岔开了之前的叙述，插入了这样一番关于帕帕吉的确切证悟的日期的题外话，这个时候帕帕吉正在拉玛那道场，叙述着他去告诉马哈希自己无法再继续持诵那天发生的事。在这次重要参访之后，他回到马德拉斯的英国部队工作。

在马哈希的座前有过那次最终体验后，我的外在生活基本上和之前一样没有变化。我回到马德拉斯，继续工作，尽我所能挣钱养家。在周末或当我攒够假期时，我就会回到蒂鲁瓦纳马莱，坐在上师的脚边，尽情沐浴在他的光辉之中。那个在第一次拜访时曾激烈质问马哈希的刻薄狐疑的寻道者已彻底不见，剩下的只有我对他的爱。

那次参访后的最初几个月里,我没有起过一个念头。我可以去上班,履行完所有职责,而头脑中却没有一个念头。我去蒂鲁瓦纳马莱时也是如此。在大厅里和马哈希坐在一起,在山上散步,或者在镇上买东西,我所做的每一件事都完全不带任何心念活动。那是一片内在的寂静之海,从不泛起一丝念头的涟漪。没过多久我就了悟到在世间行事并不需要头脑和念头。当人安住于真我时,某个神圣的力量会照料他的生活。一切行为就都是自行发生的,非常有效地被执行出来,不用任何头脑的努力或活动。

我通常在周末会带家人和同事去道场。在所有我带去的人里,马哈希似乎特别喜爱我的女儿。她在马德拉斯的时候泰米尔语学得很好,所以她能用马哈希的母语和他交谈。每次我们到访,他们总是一起笑着游戏。

有一次,她坐在马哈希面前,然后进入一种似乎是甚深的禅定状态。当午餐铃声响起时,我也没法唤起她。马哈希让我不用管她,于是我们就自己去吃午饭了。回来后,发现她还在原地,处于同样的状态中。又过了几个小时,她才回到日常清醒的状态。

查德威克少校[①]兴致盎然地观看了整个过程。她出定之后,他去见马哈希说:"我在这里已经超过十年了,但我从来没有过这样的体验。这名七岁的女孩似乎毫不费力地就做到了。为什么会这样?"

马哈希只是微微一笑,说:"你怎么知道她不如你年长?"

在这次强烈的体验后,女儿爱上了马哈希,并且开始非常依恋他的身形。我们离开之前她告诉马哈希:"您是我的父亲。我不想回马

---

① 查德威克少校(Major Chadwick),常住马哈希道场的一位英国弟子,后出家。

德拉斯。我要在这里和您在一起。"

马哈希微笑着说:"不,你不能待在这里。你必须和你真正的父亲一起回去。去学校完成学业,然后如果你想来的话就再回来。"

这次体验深深影响了她的生活。就在几周前(1992年9月),我偶尔听见她在厨房里跟别人说话,说自那之后她没有一天不回味那次体验。但如果你问她,她无法做出任何回答。如果有人问她:"那天你坐在马哈希面前,在定中发生了什么?"她的回答永远是一样的。她只是开始哭。她没办法形容或解释到底发生了什么,就算是对我也不能。

在室利·拉玛那道场时,我会坐在马哈希所在的大厅里,听他处理弟子们的各种问题、疑惑。有时候,如果某些答案不甚清晰,或和我自己的体验不符,我就会发问。军队里的训练教会我有疑惑要一问到底,直到完全明白。对于马哈希的教法、教授,我也贯彻了同样的原则。

比如说有一次,我听见他告诉一位访客灵性之心位于胸腔右侧,"我-念"从中升起并沉没于此。这和我自己对心的体验不符。在第一次拜访马哈希时,我的心打开并且绽放,我知道它不在身内也不在身外。而基于我自己对真我的体验,我知道不能说心是受限于身体,也不能说是位于身体之内的。

于是我加入谈话并且问道:"为什么您把灵性之心安放在胸腔右侧,并且限定它在那个位置呢?对于心来说是没有左右的,因为它不在身内或身外。为什么不说它无处不在呢?您怎么可以把真理限定在身体内的一个位置呢?与其说心在身体中,难道不是说身体在心中才更准确吗?"

我发问时气势豪迈，毫不畏惧，因为这是我在军队所受的教育。

马哈希给出的回答完全让我信服。他转向我，解释他这个说法只针对还把自己认同为身体的人：

"当我说'我'是从身体右侧，从胸部右边某处升起，这一说法是给那些依然认为自己是身体的人的。我对那些人说心的位置在那里。但是，说'我'是从位于胸部右侧的心中升起沉没，这个说法确实不正确。心只是实相的另一个名称，它不在身内也不在身外。对于它，无法有内外，因为唯它即是。用'心'一词并不是指什么生理器官或神经丛一类的东西，只是如果人还把身体认作是真我，还认为自己就是这具身体，就只能建议他去看'我-念'是在身体哪里升起又再沉没的。此外，又因为每个人，无论他的种族宗教，无论他用哪种语言说'我'之时都是指向胸部右侧来表示自己，这应该就是在胸部右侧的心了。全世界的人都会这样，所以位置就应该是在那里了。通过每日专注观察'我-念'在醒来时升起、睡眠中消融，可以见到'我-念'就在右侧的这个心里。"

我喜欢当只有马哈希在场或只有很少人在周围时和他谈话，但这种机会不常有。大部分时间他都被人们围绕着。就算当我向他提问时，我还必须有一位翻译在场，因为我的泰米尔语不足以应对一场哲理性的谈话。

夏天是能和他安静相处的最好时节。因为天气实在糟糕，很少有访客到来。有一次在五月炎夏鼎盛之时，大概只有五个人和马哈希在一起。五人之一的查德威克开玩笑说："我们是您可怜的弟子，薄伽梵。有钱去山里避暑的都走了，只有我们这些叫花子留了下来。"

马哈希笑着回答："是啊，夏天待在这里，没有远远地跑开，这才是真正的灵热。"

修行灵热，指的就是遵从一些严酷的戒律，而在修行上得到进步。灵热一词是从原义为"热"的梵文词中衍化而来，薄伽梵很可能是在有意语带双关。

帕帕吉继续说道：

有时我会陪马哈希绕着道场散步。这让我能和他单独谈话，并且现场观察他是如何对待弟子和道场工人的。我看到他监督食物分发，确保每个人都得到同等的分量。我看到他劝诫工人不要停下工作向他礼拜。他所做的每一件事都是给我们上的一堂课。他所走的每一步本身都是教导。

马哈希更喜欢低调而平常地对待周边的人。他不会大张旗鼓地展现神力，他的加持只是持续而微妙地散发出来，无法阻挡地渗入每个和他接触的人的心里。

我亲眼见过一件事，很好地显示了他对待众人的那种微妙而间接的方法。有个女子带着昏迷的儿子来见马哈希，把儿子放在马哈希的榻前。男孩显然是被蛇咬伤了。女子央求马哈希使其苏醒，而马哈希故意忽略她，对她一再的哀求不加理会。过了几个小时，道场执事让她把儿子带走。女子离开道场时遇见一位像是弄蛇人的男子，他声称能救她儿子。男子在男孩的手上被咬的地方做了些什么，男孩就立刻醒了过来。

道场里的弟子将这奇迹归功于马哈希，纷纷说："有难求于智者（jnani）前，自发神行（automatic divine activity）予以解。"

按照这个说法，马哈希并不是有意识地做了什么来救这个男孩，但在更深层的无意识层面，他知悉这一问题就能让应该出现的人出现在应该在的地方。马哈希当然完全否认和此奇迹有任何关系。对于男孩戏剧化的痊愈，"是这样吗？"是他的唯一回应。这是典型的马哈希。对于那些似乎是因为有他在场或由于弟子对他的信心而发生的奇迹，他也从不承认和他有什么关系。他唯一纵容的"奇迹"是那些内在的转变。一句话、一个眼神、一个动作，或仅仅是保持沉默，他让他身边的人心念寂然，令他们能开始觉察到自己究竟是谁。没有比这更伟大的奇迹了。

在这段时期，帕帕吉遇见了另一位伟大的圣者，一位来自巴格达的穆斯林辟尔[①]。帕帕吉在拉玛那道场遇见的一位来自阿拉哈巴德[②]的教授对他谈起这位辟尔。

我在马德拉斯工作时，收到阿拉哈巴德的哈菲兹·希耶德博士（Dr. Hatiz Syed）发来的电报，请我去找一位住在马德拉斯林吉切提街（Lingi Chetty）的穆斯林辟尔。希耶德博士是我在拉玛那道场结识的朋友。他同时既是穆斯林，又虔信黑天，这是一种极其少见的组合。电报告诉我应该去找可汗·巴哈杜·阿卜杜尔·拉希德（Khan Bahadur Abdul Rashid）问些讯息，他是部队的分包商，为当时驻扎在阿瓦迪（Avadi）的英国柴郡军团（Cheshire Regiment）工作。后

[①] 辟尔（pir），指穆斯林苏菲派大学者、圣人。
[②] 阿拉哈巴德（Allahabad），北方邦的一个城市，位于恒河、亚穆纳河和传说中的萨拉斯瓦蒂河（Saraswati）的三河交汇处。

来，我发现希耶德博士是从一名他在白沙瓦认识的苏菲教徒那里听说这位辟尔的。他的苏菲派①朋友告诉他，这位辟尔属于最高层的密契者。博士感到一阵强烈的渴望要见到这位圣者。

我自己当时就在为部队工作，所以我认识这位知道辟尔讯息的可汗·巴哈杜。可汗有一间工厂，和雷尼贡塔（Renigunta）驻军基地有合同。

我到他工作的地方见他，听他说起了与那位辟尔相遇的奇事：

"我当时正坐着货车旅行，注意到有一位法启尔②走在路边。我向他提议可以载他一程，并且带他到我在林吉切提街的家里。他看起来似乎没有任何落脚地，于是我告诉他可以把我的屋子当作他家。我觉得自己在对他做善事，但他拒绝了，说他从不和别人同住。看起来他喜欢彻底独处，待在见不到任何其他人的地方。我住的房子边上还有一间别院。当时有几个为厂里做工的裁缝正在那里，除此之外，房子是空置着的。我对法启尔解释说我可以安排那些裁缝去别处工作，这样一旦他们离开，整栋房子就归他住了。他接受了，但有一个条件：任何人不经他允许都不准进屋。一旦他搬了进去，即使是我也不准进入。这是个奇怪的要求，但我还是接受了。不知怎么我感到很依恋这个人，并想要侍奉他。每天我都把食物放在他门外。他会接受。但实际上从他搬进去那天起，我再未见过他。他只在周围没人的时候才会开门取食物。"

---

① 苏菲派（Sufism），是伊斯兰教中的密契（神秘）主义派别。苏菲派修行者也被称为"苏菲"（Sufi）。
② 法启尔（fakir），又写作 faqir，穆斯林苏菲派的苦行修行人，四处漂泊，教授伊斯兰教义，乞食为生。

我解释了自己的来意:"我在阿拉哈巴德的朋友让我来问问,他想来见这位辟尔。他到底见不见人?我应该给我朋友回信让他过来吗?"

"我说不上来,"可汗·巴哈杜答,"如果你朋友运气够好,法启尔也许会给他开门。他之前就同意坐上我的货车,还同意住在我的房子里。我想那是因为我运气够好。但迄今为止他都没有同意过见任何人。他甚至不允许我进去参拜他。

"几周前,我受邀参加马德拉斯省省长马勒柯姆·尼耶爵士(Sir Malcolm Nye)组织的圣诞节特别晚宴。其间,他太太问我城中是否有圣人,她想去参访。我告诉她有位辟尔住在那栋屋子里,但也提醒说辟尔可能不愿意见她,因为他从未对任何人开过门。她仍然想试一下,所以我们约了时间一起拜访法启尔。

"到了约定那天,我们一起走到他的门前。我先敲了一下,表明我是谁,并告诉他马德拉斯省省长的太太想要拜见他几分钟,想觐睹圣容。没有回答。我向尼耶夫人致歉,说道有些法启尔就是这样。由他们来决定见谁或不见谁。

"你可以给你阿拉哈巴德的朋友写信,把这些全都告诉他。如果他还是想来,他就知道敲门之后会遭遇到什么了。"

我给希耶德博士写信,告诉他整个故事。我认为我所写的会打消他来此的念头。然而,还没等我的信件到达他就过来了。他自己早已探明那位辟尔住在哪里,我的信还没寄达他家之前,他就从阿拉哈巴德启程了。次日清晨他来到我家,急切地想要和我一起去见辟尔。他到时我恰好不在,所以我太太给他安排了早餐,告诉他我大约要下午一点才能从办公室回来。然而他不愿久等,径直来到了我的办公室,请我立刻就带他去见辟尔。

我怎么能在上午工作到一半时就这样离开外出呢？我告诉他，我的老板不会允许我在工作时间走开。而希耶德博士毫不气馁，直接去见我老板，并且不知怎么说服了他让我外出几个小时。

我去可汗·巴哈杜的办公室，向他介绍希耶德博士是来自阿拉哈巴德大学的教授，专程来此拜访那位辟尔。可汗对我们能进门并不抱乐观态度。他又说了一遍省长太太的故事，希耶德博士可是第一次听说这事。可汗还补充说开门的概率很低。

可汗·巴哈杜带我们来到门前就走开了。希耶德博士敲了门，并且用波斯语作了自我介绍，他觉得这样可以建立可信度。他在阿拉哈巴德教授东方语言，而且是一位伊斯兰教的专家学者。门内没有任何应答。

"让我们等一会儿吧，"希耶德博士说，"现在是乃玛孜①的时间。他应该在念颂祈祷文。"

二十分钟后他再一次敲门。这一次辟尔表示他知道了，在门内大声让希耶德博士走开。

希耶德博士听了就不太高兴。他长途跋涉就特意为了见见这个人，却连门都进不了。

"这个人不像马哈希，"他开始抱怨，"马哈希对每个人都是敞开的，谁想见他都能见到。而这个人呢，哪怕连一个人进去见他都不让。如果圣者都不允许我们走近，我们又怎么能从他们那里受益呢？我们回你家去吧。在这里只是浪费时间。"

可是没有见到辟尔，我还不想走。

---

① 乃玛孜（namaz），伊斯兰教的日常礼拜仪式。

"你回我家吧,和我太太吃个午餐,告诉她我在这里。我来见这个人,见不到面我不会走。"

我有感觉,这样一个非常坚决拒绝与人为伴的人必然值得一见。

希耶德博士在街上还没走出几码,辟尔就给我开门了。我指着教授远去的身影,解释说他是专程从阿拉哈巴德过来拜见的。

"我应该叫他回来吗?"我问。

"不,"辟尔说,态度坚决,"他来的动机不佳。他想要我帮他解决一宗土地纠纷,让他获利。我没兴趣见这样的人,而你,是印度的辟尔。我很高兴见到像你这样的人。"

他邀请我进门,并且让我坐在他的乃玛孜毯,也就是他个人用的礼拜毯上。我们一起静静地坐了一段时间。之后响起了一声敲门声。

"那是我的午餐,"辟尔说,"可汗·巴哈杜的侍者每天中午都会放在台阶上。你必须得和我一起用餐。"

我们坐在一起分享了他的午餐。用餐间,他对我说了他的人生经历。他是一位来自巴格达的教授,但忽然感到一阵强烈的渴望,要来印度拜会几位尚在人世的大师。

"我知道古代有像木尔坦的山斯·塔布利兹[①]、卡比尔[②]等伟大的大师,"他说,"我感到有强烈的渴望来这里看一下,印度如今是否还有那样伟大的大师。"

---

① 木尔坦的山斯·塔布利兹(Shams Tabriz of Multan,1185—1248),波斯人,穆斯林,为苏菲派诗人、鲁米(Rumi)的导师。
② 卡比尔(Kabir),印度著名灵性诗人及圣者,他的诗作极大影响了印度教虔信派运动(Bhakta Movement)。生于卡舍(今瓦拉纳西),属于身为仆役的穆斯林织工阶层,后成为毗湿奴派圣者罗摩难陀(Ramananda)的弟子。他不会写字,但随口唱出的道歌广为流传。去世后,他成为印度教、伊斯兰教、锡克教共同尊崇的圣者。

我于是提到了拉玛那·马哈希，还提到在家乡旁遮普遇见的一位苏菲。他对马哈希很感兴趣，特别是知道他就在马德拉斯附近后。

大约下午三点时，我告诉他我必须回家，我那位来自阿拉哈巴德的朋友还在等我。我问辟尔是否还能来见他，但他没答应。

"你不用来了，"他说，"无论你何时想见我，我都和你在一起。"

我回家时，我太太告诉我希耶德博士已经去火车站了。

"他只从大学请了三天假，"她说，"他的回程票是今天下午的。他等不及见你了，不然就要耽误在阿拉哈巴德的工作。"

我给他写了封信，告诉他在他离开辟尔的屋子后发生了什么。他回信说，辟尔所说的他的情况完全属实。他正深陷在阿拉哈巴德的一宗土地纠纷中。他之前在英国一所大学里谋了份教职，在那里工作了几年。他不在阿市时，几个亲戚占了他的房子，虽然他们起初都同意只会当希耶德博士在英国时才住一下，但当他回来时，亲戚们拒绝搬走。博士想得到辟尔的加持好让他拿回房子，这就是辟尔拒绝见他的原因。

希耶德博士写道，他很遗憾没能见到辟尔，但他补充了几句，说我能够又见到一位伟大的圣者，这让他非常快乐。

尽管辟尔并不鼓励我再去见他，我还是说服他在某个周末和我一起去见马哈希。在蒂鲁瓦纳马莱，我们一起在大厅坐了会儿，注视着马哈希。才过了几分钟，辟尔就站起身，向他致敬后就走了出去。

我追上他，问他为什么走得那么突然，他说："我已在印度教的花园里嗅到了这朵殊胜之花，我不再需要去闻别的花了。现在我此行圆满，可以回巴格达了。"

这个人是智者，一个真正了知实相的人。这样的人是非常罕见的。在和马哈希相处的短短几分钟里,他就能完全明白印度教的智慧之花与伊斯兰圣人们达到的至高体验没有区别。

在频繁拜访拉玛那道场期间,帕帕吉和马哈希的弟弟建立了友谊,后者去马德拉斯出差时常常去见帕帕吉。帕帕吉的家也成为众弟子来往拉玛那道场路上的一个中心。

尼澜迦那南达·斯瓦米(Swami Niranjanananda),又叫清纳·斯瓦米(Swami Chinna),是马哈希的弟弟,也是道场的执事。他非常喜爱我。每次他来马德拉斯为道场办事,都会来我在伊洛依兹路的公寓稍作停留。大部分时候都是来为道场做些印刷工作,但有时也会为些别的小事,比如给道场的小牛车买轮胎。我总是请他和我一起共进午餐,但他一直因为要赶下午的火车回道场而无法答应。在他返程时,我通常尽可能陪着他直到麦拉坡。有一次在送别途中,他告诉我马哈希只将他全部的祝福给过我,就连他,马哈希的弟弟,也没有得到过。

我通常每个月去道场两次。我工作的部队商店在周六和周日休假,所以我常在周末过去。我会坐周六下午的火车出发,在周日傍晚回来。这就让我能在道场住上一天一夜。

有次我和一位班加罗尔的老朋友一起去道场,他常到马德拉斯看我。他了解我的经济状况,因为我太太常向他抱怨我把一半的薪水花在了每月两次去蒂鲁瓦纳马莱的旅费,以及邀请来自室利·拉玛那道场的修行人和访客来我家上面——他们中许多人在等候去孟买、德里等地的火车时会到我家来过夜。

有一回发薪日，我没有先给我太太留下任何房租钱、孩子的学费和其他家庭开支，就动身去了室利·拉玛那道场。所有钱都在口袋里，但我离开前完全忘记要给她了。我到了火车站取钱买票时才发现要给太太的钱还在我身上。我就把这事对和我一起旅行的班加罗尔的朋友提了一下。

我在道场过了周末。周日下午当我准备离开回马德拉斯时，我想："为什么我要把所有钱都带回去呢？"于是就把钱交给清纳·斯瓦米以供养道场。

我的朋友和我同时离开，他给了十卢比的捐赠。当他看到我把钱全拿出来的时候，就知道我把所有薪水都给了道场，而那笔钱是要支付我在马德拉斯全部家用的。他把这事告诉了清纳·斯瓦米，后者随即拒绝了我的供养。他说只会从我这里接受和我朋友一样的金额，也就是十卢比。他把剩下的钱给我时提到当时道场并没有那么多开销。

"我们现在只需为大约二十个人提供食物，"他说，"日常开销并不大。每天只花大约八十卢比，所以不需要你的钱。"

许多人都和清纳·斯瓦米不太融洽，而我和他一直处得非常好。他的儿子，后来曾做过好几年拉玛那道场董事会主席的室利·文卡塔拉曼（Sri T.N.Venkataraman），在我每次去道场时都对我说，说我是他父亲唯一的弟子。我和道场所有董事的关系都非常好。

帕帕吉的太太还有别的理由为他这种对钱漫不经心的态度而烦恼。

周六晚上，如果我没准备参访马哈希，就会去马德拉斯的玛黎纳海滩（Marina Beach），在那里禅坐整夜。在那段时间，我想是1945

年，我读到了来自孟加拉的伟大圣者罗摩克里希纳·波罗摩汉萨[①]的故事。

他常常坐在加尔各答的恒河岸边，一侧是一堆石头，另一侧是一堆硬币。他会轮流把石头和硬币扔进河里，想要看看两者是否有什么不同。最后他得出结论两者没有任何不同，就把剩下的所有钱都扔进了水里。我非常喜爱他这种出离心，喜爱他对金钱彻底的漠视，所以就想在海边时也效仿他。我每次去那里，都会把口袋里的所有东西都扔进海中，甚至连回程的车费都不留。清早我就必须走上很长的一段路回家。

某个周六傍晚，我的妻子和孩子们决定和我一起去海边。到达时我告诉她："每次我来这里，我都会被伟大的出离心所感染，把拥有的一切都扔进海中，然后空手走回家。既然你来和我一起过周末，你也必须这么做。把你所有的首饰——戒指、项链、耳环、镯子都摘下来，扔进海里吧。"

我太太觉得我疯了，她也这么直截了当地回复了我。可她也没能留住那些首饰，因为大约一周后，我们的房子遭了贼，所有她拒绝在海边抛弃的首饰都被偷了。

我们那时从一位学校教师那里租了一套公寓。房东就住我们楼下。他有六个女儿和一个患有小儿麻痹症、无法行走的儿子。对一个印度家庭来说，这是无法想象的灾难：男孩无法工作，也讨不到老婆，而父亲，一个收入微薄的男人，必须要攒起六笔丰厚的嫁妆，好

[①] 罗摩克里希纳·波罗摩汉萨（Ramakrishna Pramahamsa，1836—1886），近代印度宗教改革家，生于孟加拉贫穷的婆罗门家庭，虔信伽梨女神（Kali）。辨喜尊者是他的弟子。

把女儿们都嫁出去。

某天我们在一家寺院参加完黑天圣诞庆典[①]，傍晚时分从寺院走回家，接近屋子时，注意到房东正沿着梯子从我们阳台爬回他住的那层。我们走进屋子，发现我太太的首饰和几件纱丽被盗了。

我想："我们是命中注定要失去这些首饰。她没扔进海里所以贼进来拿走了。"

我很同情楼下的男人。他的生活中有那么多的麻烦，那么多女儿要抚养、要出嫁，还要照料生病的儿子。

"把那些珠宝换了能得到些钱，就让他留着吧，"我想，"他需要这些钱来照顾家人。"

几天后我收到一封来自房东律师的威胁信，说如果我不支付欠他的房租，就会被驱逐出去。他声称我欠了十二个月的房租，而我明明全都付了，包括提前支付了接下来三个月的租金。我去找房租收据，发现那些也被盗了。没有这些收据，我完全不能证明我已经付过房租了。

由于我拒绝再付任何钱，房东最终把我告上法院。我对法官说明发生了什么，说实际上收据丢失那天我看见房东从我的公寓里爬出来。

"你可曾向警察局报案？"他问。

"没有，"我回答，"他是个可怜人，生活艰难，我不想让他惹上更多麻烦。他需要钱嫁女儿，所以我当时没有报案。"

法官相信我的话，并且驳回了起诉，但在让我走之前他提醒我

[①] 黑天圣诞（Krishna Janmastami）庆典，为每年庆祝黑天降生的庆典，在印度历 Shraavana 月（公历 8—9 月）第八天的前半夜进行。

说:"彭嘉先生,要小心。这种正直并不会帮助你,只会给你带来更多麻烦。"

之后我从邻居那里得知这并非是教师第一次试图对租客耍这种花招了。这事发生后,我们也没法再住下去,就尽快搬走了。七天后,案子撤诉,教师的独子也死了。不久教师自己被蛇咬了,也死了,当时才五十岁。如果你欺骗了别人,天网恢恢,你是要承受后果的。

我问他的太太和孩子,是否认识到家庭的种种不幸是自己不诚实的生活所导致的结果,他太太一脸茫然。我提醒她我们公寓丢失首饰的事。那个傍晚她为她丈夫扶着梯子,所以她肯定知道他做了什么。但她否认一切。我试图帮助他们,没有去报案,但他们却起诉我,把我告上法庭。而后来当他们的案子被驳回后,他们却依然撒谎。世间事就是如此。

这世界是个巨大的轮回。无论诚实与否,每个人都身陷其中。极少数的人意识到这点,努力并成功地逃脱出来。这让我想起我曾坐在海边,看着渔夫网鱼并拖上岸。两艘船中间拉着一张大网,缓缓驶向岸边。鱼群被网围住但毫不在意,尚有足够的水域让它们游来游去。这就是世上每个人的境遇:我们已被死亡之网包围。如果听之任之,那就难逃一死。可是谁在乎呢?谁想要逃脱呢?真的没人。

我那时正在读罗摩克里希纳的一本书,里面有一则故事,说到发觉自己困在网里的鱼会有不同的反应。当我目睹着渔夫收网之时,意识到书中的描述是多么精准恰当。

有一些鱼极其警觉,疑心重重,完全不会靠近网。它们从直觉上就不相信那张网。有一些圣人就是如此,从孩提时就完全拒绝让世界触碰自己分毫。他们认出了无常之事的危险,将之抛在一边。"昨天这里可没有网。它只是种暂时的存在。我要避开它。"成羯天①就是这一类,从不会让尘世影响到自己。

其余的鱼只有在网开始收拢时才意识到危险。刚开始的时候,还能相对容易地逃脱掉。在网合拢前,只要离开网所围拢的区域也能游离危险。一旦感受到网的压力,你就必须开始朝着自由冲刺,否则就太迟了。在生命早期就意识到轮回之网在收紧的,是那些迅速游离并逃脱的人。罗摩·提尔塔就属于这一类。他结了婚,是一位数学教授,但他感到网在向他收紧,于是在被抓到前就游到了安全地带。

而那些不管为了什么理由,总是拖延着不去争取自由的鱼,很可能就会发现自己最终沦落到别人的餐桌上。当网合拢收紧时,有些鱼会牢牢靠紧网,认为那能带来安全感。抓着轮回中的任何东西都不可能帮到你。对家庭、朋友或宗教概念的执着帮不了你,它们只会让死亡能更容易地抓住你。有些鱼只有在网在身边合拢时才意识到巨大的危险。它们会在网彻底合拢前做最后一搏,奋力跳开。大部分都没法成功。在跳起时,要么被渔夫抓住,要么在半空中被捕食的鸟抓住。只有极少的几条能成功跳脱。这些就是被家庭、工作、生活责任纠缠数十年后,醒悟到轮回危险的人。当到了四五十或六十多岁时,有很少数的人会意识到自己的困境并且勇敢地奋力逃脱。一部分人能做到,但大部分都不行。而余下的绝大多数人却什么都不做,直到最后一刻来临。他们只有在被拉出水面的最后几秒钟才做一番挣扎,这就

---

① 成羯天(Sukadev),成羯(Suka),广博仙人之子,为《薄伽梵往世书》的主要叙述者。根据《摩诃婆罗多》所载,广博仙人修行百年后,成羯从火把中诞生,师从阇那迦国王终至解脱。他是不二论上师传承(Guru Parampara)的智仙传承(Rishi Parampara)的第五位,也是最后一位。

是想拖到退休之后，认为自己要先专心世间事务的那类人。孩童和少年时期是最容易逃脱的时候。在此之后，就变得越来越困难了。

某天晚上，我见到一位渔夫把捕来的鱼拖到岸边。他站在岸边，从网里捞起一两条鱼抛回海中。他的妻子也在帮忙。我不明白他是在做什么，就走过去问他为什么要把鱼放回海里。

"为了对提供食物给我们的大海表示感激。"他答道。

有些人一直等到最后一刻，希望有奇迹发生来救他们。这也许会发生，但更可能不会发生。最好还是趁你还有力量、还年轻，还有意愿去做的时候，通过自己的努力来解决。

帕帕吉本不打算再回到莱亚普尔见父母，但是在1947年年中，印度政局的变化促使他离开拉玛那道场。在讲述自己戏剧性的回家之旅前，他先描述了当时的社会背景。

1947年英国政府在穆斯林的压力下决定在印度独立后实行分治。在穆斯林为主要族群的地区新建巴基斯坦，其余地区成为独立的新印度。在西北，边境线大致是南北走向，位于拉合尔市以东。这就意味着我的家人会在8月独立后归属巴基斯坦。在独立前几个月，许多穆斯林从印度移居到萌芽期的巴基斯坦领地。同时，居住在即将归属巴基斯坦的许多印度教徒也移居到印度。两边都情绪汹涌。试图离开巴基斯坦的印度教徒被穆斯林袭击，而试图离开印度的穆斯林也遭到印度教徒的同样对待。我当时对此一无所知，因为我没兴趣读报纸，也从不听广播。

1947年7月，独立前一个月，《与薄伽梵在一起的日子》[①]一书的编者德瓦拉吉·穆达利亚（Devaraja Mudaliar）来找我，问我是从旁遮普哪里来的。我说是拉合尔以西数英里外的地方，他告诉我印巴即将分治，并强调我的家人和我父亲的房子都要归属巴基斯坦了。

"你的家人现在都在哪里？"他问。

"据我所知，"我回答，因为我不太和他们联系，"他们都还在老家。他们住的地方不在未来的印度国土之内。"

"为什么你不去把他们接出来？"他说，"他们在那里很不安全。"他告诉我正在发生的屠杀，并且坚持我有责任照看家人，要带他们搬去安全的地方。他甚至建议我带他们来蒂鲁瓦纳马莱。

"我不去，"我告诉他，"我不能离开马哈希。"

这不是借口。我是确确实实这样感觉的。我和马哈希的关系已经到了我爱他爱到视线无法离开的地步，我无法想象自己要去国土另一端，还不知道会去多久。

从帕帕吉1994年对我说的这番话中能看出他的眷恋。

在马哈希一生的大部分时间里，人们都可以不受任何限制地接近他。求道者能在任何时间走去见他。但在他晚年每天都有大批人来到道场时，他就被安排好每天有几段休息时间，在此期间不允许任何人和他同在大厅。我发现离开他身边实在太难受，所以当大厅的

[①] 《与薄伽梵在一起的日子》（*Day by Day with Bhagavan*），节选自德瓦拉吉·穆达利亚的日记，记录了1945年3月16日至1947年1月4日拉玛那·马哈希的言行教导及在拉玛那道场的生活。

门锁上时，我常常坐在窗外，凝视厅内。从窗外是看不见马哈希的躺椅的，但如果他略微移动或伸展一下，有时候也许能瞥见一下他的脚或手肘。这种期盼能让我在窗外驻留数个小时。一般而言我什么都见不到，但偶然老天也眷顾我，让我能短暂见到他的手脚移动。带着这种得见圣容的期待足以让我在窗外待上整天。有时我甚至睡在窗外过夜。我如此热爱他的色身形象，即使有最微小的机会能见到其中一小部分，我都不愿意错失。

当被允许进入大厅时，我的注意力总是停留在他的脸上。我无法去看别处。有时他的眼睛半闭着，但大部分时间双眼圆睁，空空如也。我在任何别的生命体上都没有见过这样的眼睛。只有过一次他直接回视我。他直接看进我的眼里，眼遇见眼，如同爱人看进爱人的眼里。我的整个身体震动颤抖。我甚至完全感觉不到身体的存在。泪水从眼中流出，喉咙好像哽住了。整整几个小时我无法和人说话。

德瓦拉吉·穆达利亚没能成功劝说帕帕吉离开，于是就向马哈希汇报了这件事。

那天傍晚，我们陪马哈希在道场外散步，德瓦拉吉·穆达利亚对他说："彭嘉的家人似乎还在旁遮普西边。他不想去那里。他也似乎没兴趣接家人出来。最多还有一个月就要独立了，如果他现在不走，可能就太迟了。"

马哈希同意他的观点，认为我应该和家人在一起。他对我说："你家乡会有很多麻烦。为什么你不立刻去那里？为什么不去把家人接出来？"

尽管这就相当于是命令了，我还是在犹豫。自从马哈希开示"我是谁"的那天起，我感觉到对他深深的爱和深深的依恋。我真切地感受到除了和他的联系外，我和这个世界再无牵连。我试图向马哈希解释我的立场。

"过去种种如同幻梦，"我说，"梦中我有妻子家庭。当我遇见你，你结束了我的梦。我不再有家人，我只有你。"

马哈希反驳说："如果你知道家人是场梦，那你留在那场梦里完成你的职责又会有什么区别呢？如果那就是场梦，你为什么要害怕去那里呢？"

于是我解释不想去的主要理由："我太眷恋您的身形。我无法离开您。我如此爱您以至于无法把视线从您身上移开。我怎么走得了？"

"无论你在哪里，我都和你同在。"这就是他的回答。

从他对我说话的方式，我看得出他很坚定要我必须离开。他最后的这句话事实上是对我的旅途和未来人生的祝福。

我瞬间明白了他话中的深刻含义。这个"我"是上师的真实本性，也是我自己的内在实相。我怎么可能远离这个"我"？那就是我自己的真我，我的上师和我都知道除此之外再无其他。

我接受了他的决定。我向他礼拜，第一次也是最后一次触碰他的双脚，以表达崇敬、爱慕和尊重。通常他不让任何人触碰他的脚，但当时是个特别的时刻，所以他没有反对。我起身前收集了一些他脚底的尘土，放在口袋里留作神圣的纪念。我还请求他给我祝福，因为我直觉到这是我们最后的告别。不知怎的，我知道自己再也不会见到他了。

我离开道场赶到了拉合尔市。我到火车站买了一张回老家的票，在一节几乎无人的车厢里坐下，放下我的包裹，走到站台的茶摊上买东西喝。

我没料到车子那么空，于是就问一位过路人："怎么回事？为什么车子那么空？"

他告诉我原因："印度教徒不再旅行了。他们不敢乘火车出门，因为在这里他们已经是少数。许多乘客都被袭击了，没人愿意搭火车了。"

在那些暴动的日子里，印度教徒和穆斯林分坐不同的车厢，这样如果出了什么事，可以保护自己人。我见到的那节几乎无人的车厢是属于印度教徒的。

这时内心有个声音，是我上师的声音，对我说："去穆斯林的车厢和他们坐在一起。在那里你不会有事的。"

看起来这倒像是个好主意，只是我怀疑自己是否有能力糊弄同车的穆斯林乘客，让他们相信我是他们中的一员。除了穿着和他们很不一样外，我的耳朵是打过洞的，这是穆斯林不会做的事。而且我一只手背上有一个非常醒目的"唵"字刺青。我来自印度教婆罗门地区，那里的人们认为穆斯林因为吃牛肉所以染污不净。任何人要进入我们的屋子必须先出示他的手背，当地的印度教徒都在手背上文一个"唵"字，穆斯林则没有。印度教徒可以进屋，而穆斯林不能。

我听从了那个声音，和穆斯林们坐在了一起。没有人反对或质疑我是否有权坐在那里。

到达莱亚普尔站后我下了火车，从车站雇了一辆通嘎。但我发现司机是一名穆斯林，就不敢告诉他我住在哪里。我没让他去古鲁纳纳克普拉区,也就是我父母的实际住处,而是告诉他载我去伊斯兰居住区。之后我再步行了一里地,穿过空旷的街道回到家。我到家时,大门紧锁上闩,就像街区上其他的房子一样。我大声敲门,没有人回应。最终我父亲出现在屋顶,问我是谁。

"是你的儿子,哈尔班斯!"我回答,"你看不出来吗?你听不出我的声音了吗?"(帕帕吉的父母叫他哈尔班斯。)

他认出我来,非常惊讶我回来了。他知道家庭责任从来不是我优先考虑的东西。

"你回来做什么?"他问道,多少带着不解,"旁遮普满是战火。到处都有印度教徒被杀害。好了不说了,你是怎么到这里的?火车还通吗?"

"是的,"我回道,"火车还通着。我就是这么来的。"

我父亲想了一会儿,然后做了一个重要决定。"这样的话,"他说,"你必须带着家人离开旁遮普,把他们都安置到印度去。如果火车还在运行,我能给你们都弄到铁路通行证。"

随后的对话中,父亲提到大区警察局副局长是我过去部队里的战友。我们两人都觉得这人有能力帮上些忙,于是次日一起去见他。我向他介绍了我父亲,并且告诉他我们的情况和计划。有些抢劫团伙在我们住处附近游荡,我朋友同意在我们房子外面派一名警卫来保护。我们是印度教婆罗门,会成为这种团伙的首要目标。

第三天,我就带上相关的通行证,带着全家三十四口人,可以说全都是女性,离开了西旁遮普前往印度。一路上我们目睹了许多杀戮。一直到拉合尔,都有印度教徒被杀。而过了拉合尔,则是锡克教徒在杀穆斯林。到处都是可怕的惨状。

马哈希送我来旁遮普履行我的责任。这是典型的马哈希，因为他从不允许弟子放弃自己的家庭责任。

在告诉我"无论你在哪里，我都和你同在"后，他就送我离开去完成我的责任。

我第一次听到他那句话时，只是领会到其中的哲理含义，那时并不明白在实际生活里我也在他的关怀和保护中。这次就完全体现了这点。他告诉我在火车上应该坐在哪里。屠杀发生后的好几个小时内，我一直坐在穆斯林车厢，尽管我身上带着印度教徒标志，但还是没有被认出来。在极度混乱的无政府环境中，我为那么一大家子人都弄到了火车座位，搭上从拉合尔到印度的最后一班火车离开危险地区。独立之后，跨境列车就停运了，边境也封锁了。上师的加持保护着我们，并且让我们免遭伤害，平安无事。

我带着家人来到勒克瑙。在那里有一位我在部队的朋友，我知道他会帮忙。到达后的第一个月里，我们全家和他一起住在纳卡印多拉（Naka Hindola），靠近查巴格车站（Charbagh）的地方，但两个家庭都住在那里就太拥挤了。于是在1947年9月，我带着亲人们去了在纳希（Narhi）的一所新房。虽然如此，依然非常拥挤：三十多口人住在四间屋子里。之后许多年我一直住在那里。我的亲戚们逐渐搬去别的房子，别的城镇，而我和家人一直在那里住到1990年。

我父母在印巴分治后依然留在巴基斯坦，但那里的生活迅速恶化。我们家在古鲁纳纳克区的一条街上有几套房子，很快就被穆斯林避难者占据了。父母只被允许在一所房子里保留一间屋子。他们表示抗议，却被告知一间屋子足够两个人住了。那些搬进来的占领者知道没有任何穆斯林政府会赶自己出去。最后父母寻求那位曾经在我短暂拜访期间提供保护的警察局副局长帮助,他就安排二老坐飞机到了印度。他们乘机前,巴基斯坦官员拒绝让他们带走任何东西,把他们所有的财产抢劫一空,甚至连我母亲的珠宝也被夺走了。他们到达勒克瑙时,所有的财物就只有身上的衣服。我离开莱亚普尔后,就没再和他们有音讯往来,故而他们对我住在哪里完全没有概念,甚至不知道家庭成员们是生是死。最后他们在政府机构难民姓名地址的记录里找到了我们的踪迹。我留下的是在纳希的地址,为的就是在这种情况下他们能找到我们。起初,他们和我们一起搬进了纳希的房子,但那里太小了。很快我给他们在布特勒路上找到一间房子独住。那里在镇子外面一些,在贡提河岸边。

两年后,我的家人们开始分开住,散布四方。我的妹妹妹夫们和其他一些家庭成员搬去北印度其他城市。我的妻儿、父母和两个弟弟继续和我一起住在勒克瑙。我的两个弟弟在勒克瑙念大学,直到毕业。

我完全不可能回到马哈希身边了,因为我是家庭成员中唯一在印度有过工作经验的人。我有责任去负责这一大群贫困无依的避难者的衣食住用。听闻了马哈希的开示数年之久,我从心底知道他给一家之主的建议从来都是:"安住真我,履行你的世间职责而不带任何执着。"接下来的几年中,我有足够的机会来实践这一理念。

我不得不夜以继日地工作来维持家人的开销。我一直是个高大而强壮的人,但饶是如此,那段时间我也精疲力竭、举步维艰,我们流落在一片陌生的土地上,要尽力维持依靠于我的三十四口人的需求和期许着实不易。不巧的是,我的家人没觉得有任何节俭度日的必要。每次当我难得回到家,就会看到满满一屋子妇女,喝着茶,做了许多油炸小食，堆积如山。我记得那时几乎每周都要给她们买十八公斤的食用油。

帕帕吉最早的工作之一是在一家体育用品店做销售员，商店位于哈兹拉特·甘吉（Hazrat Ganj），是勒克瑙的主要商业区。之后他在一家名叫阿利斯·查乐麦（Allis Chalmers）的外资公司获得了更好的职位，负责推销农业机器。他那时主要在位于勒克瑙的东区中心巴斯提（Basti）上班，但这份工作让他走遍了北方邦。他必须带着公司生产的机器设备走访负责区域的镇子，向当地农民展示产品的使用。对他而言这是份很轻松的工作，在英国军队学习期间他对重型机械有了广泛的了解。

某次出差途中，他经历了一场异乎寻常的相遇。一名完全陌生的男子来找他，要求见到神。

我当时在巴斯提工作，推销耕地机、拖拉机和其他在地上开动的机器。我的公司想把这些机器卖给种甘蔗的人。有一天，我的主管叫我去参加在勒克瑙的会议。我途经阿育提亚，也就是祜主罗摩的出生地。萨尔裕河（Saryu）流经整个镇子，但当时连一座桥都没有，行人渡河必须坐船。当我刚下船到了河的对岸，就见到一名年轻的男子站在岸边。他朝我走来，说他在这里等了我整整一天，非常高兴我终于来了。我看看他，但他一点都不像是我曾经见过的人。他自我介绍说是从古吉拉特邦来的医生。

"我修习罗摩虔信道,"他开始说,"苏拉特①有个星象师告诉我任何人只要来到阿育提亚,并连续六年每年在此用一个月持续唱诵罗摩咒,都将会见到罗摩以人身的形象出现。"

他把我拉到一边,让我坐在一张木头长凳上。这类长凳是祈祷者用来在河边举行宗教仪式的。

"今天是最后一个月的最后一天,"他说,"六年来我一直到这里唱诵罗摩咒。今天我必须要见到罗摩。如果我见不到,我也没什么可做的,只有把这具身体献给河水。我已经决定,如果今天罗摩不在我面前出现,我就自沉到河中赴死。"

我实在不明白这和我有什么关系,于是对他说:"我只是个机械师,为一家位于巴斯提的公司工作。我被叫去参加在勒克瑙的会议。我没法帮你。我对罗摩一无所知。这不关我的事。我没法呼唤罗摩出现在你面前。在阿育提亚有许多圣人和斯瓦米,这是一个很大的朝圣中心,也许你应该去找找看有谁能帮你。"

我甚至给了他几个名字和地址,但是对于我说自己对修行之事一窍不通,他压根不接受。

"我心里有个声音告诉我,在这辆汽艇上会有一个人能让我见到罗摩。那个声音还说此人会穿着卡其布衣服,驾着一辆摩托车。您是唯一一个符合描述的人。那声音告诉我,我必须要等到这个人,因为他就是让我见到罗摩的人。"

我站起身就走,边走边解释说我必须在天黑前上路。他见我要走,就跳进了河里,径直往河中心走去,直到河水淹没了头部,他开

---

① 苏拉特(Surat),古吉拉特邦的第二大城市。

始在水里挣扎。我意识到如果自己什么都不做，不去帮他，他极有可能就这么淹死了，于是我衣衫完整地跳进河里游向他。来不及脱衣服了，因为他的头都已经沉到水中了。我抓住他，试图把他带回河岸，但他不想被救。

他拼命挣扎，想从我手里挣脱，并且冲我大声喊叫："您必须让我见罗摩！您必须保证让我见罗摩！如果您不答应，我绝对不会回到岸边！您会是我在这个世界上见到的最后一个人！如果您不让我见罗摩，我就淹死自己，然后到毗恭咤（Vaikunta，罗摩居住的天宫）去见他！见不到他，我活不下去！"

"你这是自杀，"我说，"如果你这样死了，是去不到毗恭咤的。如果你真的这么做，来生转世会非常糟糕。"

"我不在乎！"他大叫，"今天，就是今天！如果几分钟内您不让我见到罗摩，我就淹死自己！您是唯一能帮我的人。要么让我见罗摩，要么让我去死！"

我答应了他的要求，因为没别的方法能够把他带上岸了。

几分钟后，我们回到岸边，浑身滴水，大口喘气。他看着我说："现在您必须履行承诺，否则我就回河里去淹死自己。"

面对这种极端情况，我知道必须要努力帮他见到祜主罗摩。我让他坐下。他坐好后，我看着他说："罗摩就站在你面前。难道你见不到他就在这里吗？"

突然之间，他见到了。他的脸色登时一变，因为见到了净相而发亮。他扑倒在地，向我以及他见到的罗摩形象礼拜不停。最后他起身，宣布说他的余生都要用来服侍我。他说自己一生夙愿得偿，而作为感恩，他想献上余生来服侍我。

我不要他的服侍,并且我也不想有什么人跟着我共度余生。于是我建议他可以做一些仪轨来表达他的感激之情,之后我们就各自上路了。

他随身带有一个小包、一把煮东西的壶和一本《罗摩衍那》。我问他在阿育提亚住在哪里,他指给我看在空置着的沐浴伽特附近的一座废弃寺院。河流略略变了流向,使这座伽特高于水面,保持干燥。

我允许他用取自萨尔裕的水进行一种上师普嘉。在仪式最后他跪拜了三次,再一次问我是否能在我身边服侍我。我再度拒绝了。

"我没法带你在身边,"我说,"留在这里庆祝吧。你长久的愿望终于得到满足了。请一些婆罗门和穷人来,向他们布施些食物来表达你的感激吧。在这里再留几天,在这所寺院里礼拜罗摩。然后回家,告诉你的家人罗摩是如何在阿育提亚对你显现的。"

我准备动身,但那人抓住我,伤心地说:"可我甚至不知道您是谁。您住在哪里?我怎样才能再次找到您?"

我不想后半辈子都有这个人到处跟着我,就对他说:"我从不给任何人地址。如果你想要服侍谁的话,就服侍罗摩吧。"

我留他在那里,捡起我的摩托车,继续前往勒克瑙。

类似这样的奇遇在未来几年成为帕帕吉教学事业的一种特征。求道者会被指引去见他,并且在他身边会有一些异乎寻常的体验。那些想要见到神以某种形象显现的人会在某种境界中见到神,而那些对灵性解脱有着强烈渴望的人就经常直接体验真我。帕帕吉从来不给出任何修法或功课。因为求道者在帕帕吉身边,这类非凡的体验就只是这样发生了。

在阿育提亚的这次相遇是此类事件中最早发生的，所以我打算记录下来。我问帕帕吉他是从什么时候开始从事上师这一事业的，本来预期他会说是20世纪40年代的某个日期。而他的回答大大出乎意料之外：

我成为上师可以从我还是十四岁的男孩时算起。我们邻居里有个女人问我母亲："为什么你儿子的脸发光闪亮得像瑜伽士那样？"在那些日子，就有人能见到年纪轻轻的我并不寻常。这个女人很有智慧，猜到了我外貌有异的原因。她还问我是否在做某些持诵，以及我如此容光焕发是否就是修行的结果。如果你进行一些瑜伽修行，你的脸会开始发光。过了一段时间，这就无法掩饰了。

有次我学校的校长家访，从学生家长那里收集捐助。他坐在我家时，对我仔细端详了一番。他说我看起来像个瑜伽士，想知道我正在进行哪种练习。

印巴分治后，这个人也来到勒克瑙定居。几年后有天我走在哈兹拉特·甘吉路上时遇到了他。我在街上向他礼拜，因为这是我们向以前的老师致敬的方式。他对我的举止非常惊讶，特别是他之前就已听说我成了有名的瑜伽士了。

他告诉我："当我和朋友们说起曾教过的学生时，他们想知道多少人事业有成。我说：'有些做了地方法官，两人成了外交官，但我也很自豪教出了一名瑜伽士。'然后我会对他们说起你。"

当年我在学校听到早晨祈祷唱颂的"唵，善提，善提"而进入深度体验时，就是此人没有对我施以藤鞭。

在达雅南陀盎格鲁-吠陀学校的传统中，学生每日早晨触碰教师的双足来问好以示尊敬。帕帕吉所做只不过是遵循常例向旧日师长问好。

帕帕吉说他在十几岁时就开始了上师的事业，就此我询问了帕帕吉的女儿席万妮的看法。

"我对他最早的记忆，"她回答，"要追溯到1940年，当时我五岁。那个时候就络绎不绝地有人来找他寻求修行指导或开示萨特桑。无论他住在哪里，白天黑夜每时每刻都有人涌进屋子。他的整个一生都是如此。"

在1995年2月，回答芬兰电视台记者睿希提问时，帕帕吉也确认了这点，说他的教学生涯从他很年幼的时候就开始了。

睿希：你开悟后，似乎继续过着平常的生活。为什么你没有立刻开始帮助那些还在受苦的人呢？

帕帕吉：我继续过着我寻常的生活，但对此有种不一样的态度。我知道一切所做的都只是自动进行着的，知道一切都不是我在做的，心里毫不留痕。当不对未来结果有任何期待而做种种行为时，一种慈悲和光芒就会传递给周围的人。这样的人所感到的喜悦和平静会自动地传达给其他人。做事的时候，不需要带着"我要去做这个或那个来帮助正在受苦的人"这样的想法。这种想法要求的是结果和回报，这么做事是帮不了任何人的。

你说为什么我没有立刻开始帮助其他还在受苦的人？当我还是小

男孩时，镇上的女人来我们家唱颂黑天拜赞歌时，我就已经开始这么做了。你不必穿上橙色的袍子，留起长长的胡子来给人帮助。可以非常低调地进行。我身上世俗人的着装和所做的世俗职业提供了很好的掩饰，可以让我不被很多人认出，能不受打扰地做事。

帕帕吉在十几岁时就给出过修行教授，可能这是他把教学生涯的开端追溯到这个年龄的理由之一。然而除了他父亲，直到20世纪40年代，似乎没有别人把他视作上师。我发现他最早的弟子是穆斯林教授哈菲兹·希耶德博士，帕帕吉和他在20世纪40年代中叶于拉玛那道场相识。就是这个人希望帕帕吉能带他去拜见马德拉斯的那位穆斯林辟尔。他们的缘分开始于一次不同寻常的命定相遇。

那时我和妻儿待在室利·拉玛那道场。孩子们在马哈希所处的大厅外面玩，希耶德博士走出大厅见到了他们。

他问孩子："你们的父亲在哪里？"

他们回答："他回我们的屋子了，在郊区，是租来的。"

"你们能带我去见他吗？"博士问，"我不知道他在哪里。我想要见见他。"

几分钟后他走进我的房门。我请他喝茶，邀请他留下来共进午餐。但他没有答应，说他的厨师已经在自家别墅里准备好了，所以他要准时回去吃饭。

"不过你可以下午过来一起喝茶，"他说，"五点来吧，因为我有些有意思的话题想和你讨论。"

我接受了邀请，几个小时后我带着全家人去了教授家。

喝完茶，希耶德博士说起了正题。"你相信占星吗？"他问。

我回答："不相信。"

他接着对我说穆斯林也不应该相信这个，但最近发生了些事，改变了他的观念。

"现在，我不那么确定了，"他开口说，"也许在某种程度上我是相信的，但还没有彻底确信。"

他给我看他的占星结果，是用梵语写的，已经由拉达克里希南[①]博士翻成了英语。拉达克里希南是著名的哲学家和老师，之后成了印度总统。希耶德博士在英国大学工作时结识了拉达克里希南博士。希耶德博士是波斯语专家，而拉达克里希南博士当时在教授比较宗教学。占星结果来自一套布黎哈特纳迪叶（Brihat Nadi）[②]。这是占星学中一个非常神秘而古老的流派。

几个世纪前，以著名的智仙布黎哈特为首的一些印度智者写下了数千张占星结果，都是关于在遥远未来出生的个人的命运。手稿都写在贝叶棕的树叶上。据说在印度有几个地方都藏有全部预言的副本。每个人都可以去这些地方看看是否藏有关于自己的占星结果。在旁遮普的霍斯希亚而普尔（Hoshiarpur）有个确证的藏书点，但现在许多

---

① 萨瓦帕利·拉达克里希南（Sarvepalli Radhakrishnan，1888—1975），印度哲学家、政治家。生于泰米尔纳德邦，曾担任迈索尔大学和加尔各答大学的哲学教授、安得拉大学和贝纳勒斯印度教大学的副校长、牛津大学斯波尔丁东方宗教和伦理学讲座教授。印度独立后，他担任印度驻苏联首任大使，以及第一任印度共和国副总统，1962年当选为总统。
② Nadi，音译"纳迪"，是印度南方泰米尔南都及周边地区所流传的占星术，所基于的星相解读都依于古代智仙所留下的预言。这些预言写在了贝叶棕的树叶上，被称为"纳迪叶"。

吹嘘藏有这些纳迪叶的地方都只是在骗人。希耶德博士必然是发现了罕见的真的纳迪叶，因为他那天给我看的预言准得惊人。

预言一开始就说希耶德博士在上一世是印度教徒，并且是一位著名的古老上师的弟子。他犯下了一些过失让他的上师非常愤怒。

上师诅咒他说："你下一世会生为穆斯林，但你对印度教的爱以及你对黑天的爱都会延续。"

这就解释了希耶德博士奇怪的混杂信仰。他生为穆斯林，并且对一切和伊斯兰传统有关的都很喜爱，但他也同样虔信黑天，在胸前口袋里揣着一本小巧的《薄伽梵歌》。他成了拉玛那·马哈希的弟子，而正统的穆斯林是不会这么做的。

占星预言说在他的这一世，他会到沃林达文，从一位叫作巴巴·哈利达斯（Baba Haridas）的斯瓦米处得到传法。根据占星，这位哈利达斯在上一世是他的同门师兄弟。希耶德博士看到这个预言时已经去过了沃林达文，并且得到了这位斯瓦米的传法。还有另一件事和他的前世有关。预言说他的另一位师兄弟会转世为希耶德博士的同代人，名叫尼克松（Nixon），而此人会改名为克里希那·普燃（Krishna Prem）。那时，确实有一位名叫尼克松的英国人是有名的黑天虔信者。他来过印度，在阿尔莫拉（Almora）安顿下来，改名为克里希那·普燃，随后当了教师。希耶德博士也认识他，因为有一段时间他们曾在同一所大学。

精准的预言并未到此结束。占星继续说1932年希耶德博士会遇见拉玛那·马哈希，会接受他成为自己的上师。而就在这一年希耶德博士第一次遇见马哈希。还有一个预言尚未成真。纳迪叶上记载，在1944年，希耶德博士会遇见一个叫作哈利万什·拉尔的男子，此人会成为他的最终上师。希耶德博士对这个预言感到有点困惑。他给我看时正是 1944 年,但他对谁是哈利万什·拉尔、能在哪里找到这个人毫无头绪。并且,他并没有在寻找新的上师。他觉得能和马哈希在一起很快乐。

当我见到我的名字"哈利万什·拉尔"出现在纸上时,什么都没说。我没有告诉他这就是我的名字。在那段时间,道场里的人只知道我是来自旁遮普的彭嘉先生。我从没对那里任何人说过,我的名字是哈利万什·拉尔。

这个预言最后也成真了。希耶德博士开始非常依恋我,最终成了我的弟子。在马哈希于 1950 年示寂后,博士常常来卡纳塔克邦①的森林中找我,我也常去他在阿拉哈巴德的家。他住在阿拉哈巴德的悉维尔街 2 号,和我另一个弟子的住处很近。那个弟子是一名地区公务员,当时在吉涵悉(Jhansi)做地方法官。他在阿拉哈巴德时住在一个叫作艾伦冈吉(Allen Ganj)的社区。

20 世纪 50 年代,我在卡纳塔克邦数个地点工作。希耶德博士每六个月都会去班加罗尔,询问我公司的主管我在哪里。希耶德博士被视作上宾,因为他认识许多在印度有头有脸的人物。所以,我的主管总是派一辆车带他到森林,来到我工作的营地。他甚至还派一名厨师带着一些食物过来,好让我能不失礼地款待客人。希耶德博士通常会和我住上一个月,然后回阿拉哈巴德大学继续教学工作。

希耶德博士在马哈希还在世时就宣称我是他的上师。拉玛那道场里的许多人不喜欢这点。其中有个来自孟加拉的博斯先生(Mr.

---

① 卡纳塔克邦(Kanataka),位于印度南部,首府为班加罗尔,是印度独立后的重工业中心。

Bose），对此特别反对。希耶德博士通常以一句波斯谚语回答：

Tifale Maryam hua kare koi, mere marz ki dwa kare koi

意思是说："任他是耶稣，是圣母之子，若他不能亲自帮到我，对我又有何用？"

一些薄伽梵的老弟子也会来勒克瑙或卡纳塔克邦森林找我：科恩（S.S Cohen）、迪黎普·库玛·罗伊（Dilip Kumar Roy）、奈都（B.M.S Naidu）等等。但是希耶德博士是联系最紧密的一位。

我从莱亚普尔到勒克瑙时，会写信给希耶德博士，告诉他我在哪里。他会立刻过来，还带着色拉金尼·奈都（Sarojini Naidu），印度最著名的女诗人之一。她那时是联合省①的省长，后来这个地区改名为北方邦。之后几年，希耶德博士定期来勒克瑙拜访我，而每次我到阿拉哈巴德时也会和他约期相见。

帕帕吉20世纪40年代末开始定期举办萨特桑，并且立刻就有了名气，被说成是一位充满力量的老师，效果立竿见影。一些勒克瑙当地人定期来见他，甚至一些外国人也开始登门造访。

从20世纪40年代末期开始有外国人来见我，但最初来的那些并不太会说英语，也不会我懂的那些印度语言。我记得在1948年有个完全不懂英语的荷兰人到来。有名奥地利妇女和他用德语沟通，来翻译他的提问，但他对德语也不甚了了，要明白他需要些什么是件难事。

---

① 联合省（United Provinces），全称为"英属印度联合省"，1937年建立，面积大致覆盖了今日北方邦及北阿坎德邦。印度独立后于1950年改名为北方邦。

在1950年左右，来了一名西班牙男孩。他也完全不懂英语。那段时间我收集了一些字典，因为工作期间我学了许多种语言。我在藏书里找到一本西班牙语–英语字典给这名男孩。有了字典的帮助，他才能非常缓慢地交流，但仍不免词不达意。

我不在房间时，一名印度弟子问他："如果你和上师之间没有共同语言，你怎么能和他说话、怎么能从他那里有所收获呢？"

他用平时那种费劲的方式回答道："即使我懂得他的语言，他也懂得我的，他也不能通过语言来把我需要的传递给我。我来这里是寻求一种不同的传递。我是来这里感受他的平静与爱。对此我们不需要共同的语言。即使我们之间不能很好地交谈，我也能感受到这些东西。"

弟子们都被答复中的含义震惊了。西班牙男孩继续用这种方式说话，大概一个月后他的英语就足以表达自己了。

首批来找他的外国人中有一名叫作托妮（Tony）的德国妇女，她只是那一长串试图与帕帕吉纠缠不清的女子中的第一个。

1947年印巴分治后，我带着一大家子离开莱亚普尔来到勒克瑙。不是所有家人都来了。一些女眷和我父母留在了巴基斯坦。到了9月15日他们也来和我们一起住了。我找到了工作，给他们准备好住处。在那段日子里，来自巴基斯坦的难民会被优先安排上工作，还分配一定的衣服、糖和其他用品的补贴。我父亲非常幸运，得到了一份在信息传播部的临时工作。他办公室隔壁有一间百货商店，店主的人生阅历非常有趣。

他的父母送他去柏林学习法律，但他毕业时发现尽管这是非常有前途的行业，自己却对此没兴趣。他在柏林培训时，爱上了一位叫安朵奈特（Antoinette）的女子。他叫她托妮。

我父亲在某次去商店时遇见了托妮，和她谈起我，说我是南印度古鲁拉玛那·马哈希的弟子。托妮很好奇想见我，于是她请我父亲带她去我在纳希的家。

她来到我们的房子，坐在前厅一张沙发上。父亲因为要出门工作，就留下我们俩独处。我们开始谈话，她的英文非常流利。她请我允许她抽烟。我没有拒绝，尽管我们家有条规矩是不准在屋内抽烟。寒暄过后，她问我是否能向我提问。她跟我挨得非常近，手还搭上了我的膝盖。我相当惊讶，因为那段时间我还不太熟悉外国女子的举止。她没有问我问题，而是给我看一本叫作《长青哲学[①]》的书，由阿道斯·赫胥黎编辑。

我打开书，读了一些埃克哈特大师[②]的话，这是数百年前的一名德国圣人及神秘学家。之前我从未听过这人的名字，但才读了几行，

[①] 长青哲学（Perennial Philosophy），也被称作长青主义（Perennialism），是宗教哲学的一种观点，将世界上的各个宗教传统视为分享一个单一的、普世的真理，而所有宗教的知识与教义便在这样的基础上成长。该词语是由意大利学者奥古斯丁·斯图科（1497—1548）借新柏拉图哲学而首先使用。19世纪初期，超验主义者将此概念普及化。19世纪末期，再由神智学协会以"智慧宗教"或"古代智慧"的名义更进一步广为宣传。到了20世纪，经由著名英国作家阿道斯·赫胥黎（Aldous Huxley，1894—1963）所编写的《长青哲学》及一连串思想的推动而更为流行，并在新世纪（New Age）运动中达到高潮。

[②] 埃克哈特大师（Meister Eckhart，约1260—约1328），德国神学家、哲学家和神秘主义者，生于神圣罗马帝国。十多岁时入道明会任高级职务，是极富感染力的布道者，亦对德语哲学术语的创制做出了重大贡献。他非传统的言论与当时的普遍信仰相抵触，教皇约翰二十二世将他列为异端。

我就可以说他看待世界和自己的视角是印度式的而非西方的。

我读完后有点惊讶，对她说："他所写的来自奥义书。"

我能看出她非常严肃地在研习哲学，所以我答应给她一些书。

在谈话中她说："我和丈夫一起来到印度，不是因为我们的婚姻关系，而是为了遇见一位圣人。我丈夫对证悟真理毫无兴趣，但对我，这却是生命中最重要的。"

然后让我大为震惊的是，她说她爱上了我。

我告诉她："你可以爱我如兄长，或爱我如老师，或爱我就如同你的真我。"

不过这不是她心里所想。她带着暗示，微笑着看我，说："不。我想要如妻子爱丈夫那样爱你。"

我感到在事情脱离控制之前，要对她态度严厉一些。

"我有妻子，就在楼下，还有几个孩子要照顾。我没兴趣和别人谈恋爱。"

她对我直截了当的拒绝置若罔闻，并换了一种方法尝试。

"我知道印度人工资很低，"她说，"我们政府有项计划，会资助在印度的德国公民。如果德国女子嫁给了印度男人，就可以获得德国政府给的津贴，好让她在印度维持标准的生活水平。"

她似乎在暗示如果我娶了她，德国政府就会照料我的余生。我不知道是否真的有这项计划，但她就是这么对我说的。

然后她继续说："我丈夫带我回他老家时，他父母并不太高兴。他们不愿意接受我做儿媳妇。我丈夫决定在镇上做生意，我父母给了我很大一笔钱，好让我们在开始做生意时能用得上，所以我把钱都给了他。"

突然，她开始大笑并说："我想为你做一些甜甜圈，但印度人不喜欢这口味。"

这番突兀地跑题后，她又回到钱财引诱上来。"我有很多钱，可以给你老婆两千卢比。"她说，似乎认为这笔钱足以打发我妻子，摆脱掉她。

"如果你和我好上的话，"她继续说，"我会照顾你全家所有的开支，包括你几个孩子的学费。"

她认为已经用钱财安排说服我了，就朝我靠近，问是否能吻我。

我非常坚决地拒绝了她的举动。"你来这里应当是为自己的求道寻找指引，"我对她说，"但你没有询问这事。你正在试图破坏我的家庭。滚出去！"

我的拒绝似乎让她非常失望。她离开了，看上去极为沮丧，租了一辆黄包车回家了。

她丈夫还在商店工作。当她回家时，只有用人在。在家里才待了几分钟，她突然开始跳舞，并且以一种疯癫、狂热的方法大喊大叫。她的用人吓坏了，跑去找她丈夫。他立刻赶回家，但怎样也没办法让她平静下来，她继续跳舞并且大叫。

最后，他丈夫联系到我父亲。我父亲半夜去他家，才一到，托妮就大喊："我要的不是你。去找你儿子来。我只要见他。"

我父亲来到我家，说："看上去她已经彻底疯了。你应该马上赶过去看看。外面有辆车等着，坐车去吧。"

起初我拒绝了，没说是为了什么。

"但是你必须去，"我父亲说，"你和她见面时肯定发生了什么。在此之前不曾有的东西现在正在她心里燃烧。她跳舞跳得像蜜拉柏，还唱着你的名字。去帮助这样严肃的求道者是你的责任。"

我父亲看起来很困惑。他不明白为什么我拒绝帮助这样一位显然急需关照的人。他知道是我和托妮的会面以某种方式引发了她那狂野的体验,而且他认为作为促成这种体验的人,我有着特别的责任。最后,他质问我为什么不肯去,我告诉他当天早些时候发生了什么:

"之前当你把她一个人留在我房子里时,她对我说要做我妻子。她想要贿赂我让我答应,并且在我拒绝她后还试图吻我。我怎么能去这样一个女人的家?如果我去了,她只会再次试图抓住我。"

我父亲立刻懂了,并且同意我的决定。"哦,我明白了。我不应该带她来见你。我没发现这才是她真正想要的。是我的错,但我又怎么会知道她做出了这么蠢的事呢?"

父亲离开了,把整件事告诉了托妮的丈夫,并且说在这种情况下,他完全同意我的决定,要远离托妮。

之后两天,她不吃不睡,继续围着钟狂喜跳舞。最后她的丈夫对她厌烦透顶,把她所有的东西都扔了出去,卖了店铺,消失离开,不知道去哪里了。他似乎和我一样很高兴能摆脱她。

很长一段时间里我都没有再见过她。几年后,当我和一些外国男孩女孩一起在喜马拉雅山游历时,我发现她和她的丈夫已经和好了,他们住在靠近哈德瓦的一所道场里。我们是这样见面的:

我当时住的道场拒绝给和我同行的外国女孩提供住宿。道场执事说:"这是给云游僧住的地方。我们不让女子在这里过夜。"

他说男子可以留下,但女子必须安顿在别处。他建议我们去附近一些新建的道场,里面有一些仅供女子住的地方。

我去到他描述的地方,发现那里的执事就是托妮的丈夫。看来他们已经破镜重圆,因为她当时也在。

托妮在楼上阳台上一见到我,就立刻下楼来欢迎。她似乎凭自己的本事成了某种古鲁①,也有了几个弟子。尽管她穿着表示出家的藏红色袍子,可还是上前开始拥抱亲吻我。在拥抱和亲吻间歇,她告诉我她在阿南达·玛依·嫲②那里出家成了云游僧。

她请我们都留在道场,看起来那里经营得不错。建筑很好,有三十间屋子,内部还有一所很不错的寺院。我感谢她的提议,告诉她我们已经在别处安排好住宿了。我不想再和她有任何交集。我整顿好团队,一起搬去了七仙人道场,这是不出镇子但能离她最远的地方。

正如他在1947年8月离开拉玛那道场时所预料到的那样,帕帕吉再也没能见到马哈希。他的家庭责任让他止步于北方邦。他知道马哈希健康情况不佳,因为关于他患病的消息在报纸上被广泛报道,但马哈希在1950年去世的消息还是出乎他的意料。

1950年4月14日,晚上八点四十五分,我正走在勒克瑙的街道上。突然我感到胸部一阵强烈的痉挛,几乎把我击倒在地。我当时觉得应该是心脏出了问题。过了几秒,我看见有几个人手指着天空,一颗巨大流星在空中划过。在印度各地有成千上万的人在马哈希刚过世的几秒钟内见到这颗流星。许多人说他们直觉性地就明白,流星代表着马哈希离开了人世。不过我那时完全没有这样的想法。直到次日收

---

① 古鲁,修行上的指导老师。
② 阿南达·玛依·嫲(Ananda Mayi Ma,1896—1982),印度教灵修女性大师,从儿时起,玛依·嫲就常常进入极喜状态,弟子们因此以 Ananda(极喜)为名来称呼她。

听电台新闻时才知道他离世了。

帕帕吉继续为阿利斯·查乐麦公司工作，直至1952年。他空闲时会在勒克瑙举行一些萨特桑，或去见住在北方邦各地的新弟子。作为老师，他开始有了名气，关于他的文章陆续出现在当地报纸上。当新访客开始成群到来时，他决定辞职并且回到南印度。

太多人开始来找我，报纸上也刊发了文章。当人数达到了四五十时，我没有别的选择，只能跑去南方我曾住过的地方。

帕帕吉觉得他可以回到拉玛那道场并且在那里过上隐居的生活，但是命运对他另有安排。下一章中会讲述他想要放弃世间责任的尝试如何一再失败。

在我结束帕帕吉和他上师此生的因缘这一章节前，我想加入一则简短的故事，足见他对室利·拉玛那·马哈希依然满怀尊崇与感激。

1992年有一次我和他坐在一起，那时我们刚刚结束了一次访谈，是有关20世纪40年代他在拉玛那道场的遭遇。

"你已经告诉了我所有的事情，"我说，"作为总结，你是否能够谈谈在今天你对马哈希的感受是怎样的？如果能简单说几句感激或赞赏的话，来总结马哈希为你所做的，这会是一个很好的收尾。"

他张开嘴要说话，但是什么都说不出来。过了两三秒，泪水顺着他的脸颊滑落下来。

他转过头藏起眼泪。"我回答不了这个问题，"他说，"我没办法谈这个。没有语言能够表达。"

尽管我发现在离开上师后的岁月中，帕帕吉几乎不太谈到他对室利·拉玛那·马哈希的感激之情，但在帕帕吉1982年写给他弟子的一封信里有这样几行话，透露出他的真情：

> 我的上师用沉默说话。
> 我的上师用双眼说话。
> 我的上师用文字说话。
> 这三种语言，我都听见。
> 黑天以笛子歌唱：
> 我已听到。
> 罗摩用弓箭射向目标：
> 我已学会。
> "觉悟之唯一"（Enlightened ONE），不接受所写、所见所感、所闻：
> 那般若智（Prajna，超越性的觉知）却接受了我。

第三章
矿场经理

数年来,帕帕吉在勒克瑙尽责供养家人。他决定离家南下是出于两个原因:首先,他不想被一大群弟子们簇拥;其次,他觉得供养家庭已经不再是他的义务。

到1952年为止,我大部分家人已经离开了原来在勒克瑙纳希的家,在北印度的各个地方安定下来。有些去了德里,有些去了坎普尔(Kanpur),有些去了瓦拉纳西(Varanasi)。我已经凭一己之力养家好几年,也帮他们找到新地方居住。大家都安定下来了,我感到自己完成了应尽的家庭责任。于是我辞去工作,离家前往南印度,打算重返室利·拉玛那道场。

我想重返道场,因为发觉世俗事务是没有止境的,要想一一解决,花上一辈子都不够。必须要脱离轮回。一个人不该为了照顾他人而浪费自己的一生。在这一世,他人各有各的宿业[①]。

我想:"创造了他们的神会照看他们的。他们不再是我的职责了。"

[①] 宿业(Prarabdha),过往累积而在现世所成熟的业。

我意识到这一点,就断然辞职离家,要回南印度。虽然马哈希已舍去了肉身,我仍打算常住室利·拉玛那道场。

去那里的路上,我在马德拉斯一个老弟子家过夜,他在政府造币厂任职。晚饭后,他给我提供一间房间,并问我是否愿意在他家再逗留几天。他提到自 1947 年后我就没来过马德拉斯,并满怀深情地回忆起当年一起拜访道场的经历。

这人的妹妹嫁给了一个来自马哈拉施特拉邦沃尔达(Wardha)的森林承包商。他们的女儿在学校念十年级,那时她正在这位马德拉斯的舅舅家度假。她大概十七岁,英语说得很好。

那天晚上,她进了我房间,说想要跟我同床共枕。我颇感震惊,装作没听明白,问她这么出人意外在这时间来我房间,是想做什么。

她重复了一遍她的企图。我说:"你的舅舅、舅妈还有他们两个女儿都会疑心你的行踪,会到处找你的。"

我想要让她明白,在这么小的一个家里,她所盘算的事情不可能发生。我估计靠道德说教不能让她离开,从她刚说的话中看得出,她并没有很强的道德感。我继续说,她要是再在我房间里待下去,一定会让家里人起疑并且担心的。但这么说似乎也不奏效。

"这是我的私事,"她说,"我刚才就深深爱上了你。晚上在饭桌上,你用一种特别的眼神看着我,从你的眼神中我很确信你也同样爱上了我。"

我不能再让她继续下去了。她是个十七岁的女孩,是招待我的主人的亲戚,却半夜三更孤身一人在我卧室里,要跟我共度春宵。

我告诉她:"我对你的提议没有兴趣。我正要去蒂鲁瓦纳马莱。我来这里只是为了和你舅舅待上一段时间,我们是认识多年的熟人。"

我告诉她我会马上离开，希望能说服她我只是个暂时的过客，很快就会从她的人生中消失，但她似乎也无动于衷。

"我也要跟你一起走。"她回答说。

我绝不允许这样，绝不会带她一起走。但为了确保她不会尾随，我告诉她："我之后还会回来，会再和你及你家人相聚的。"

之后我很快动身前往蒂鲁瓦纳马莱，以为甩掉了她，不过她是个执着坚定的女孩。几年后，她发现我的行踪，再一次试图要跟我缔结情缘。

和这个女孩第二次相遇的详情将出现在本章末尾。

帕帕吉在室利·拉玛那道场找到间房住了下来。几个星期后，他在慧焰山山坡附近闲荡，遇到一个住在山洞中的法国人。以下是帕帕吉对这次相遇及对谈的描述。

我正朝着山顶斯坎达道场（Skandasramam）的方向走。有人告诉过我有个从喀拉拉邦[①]来的学校教师住在这附近。我想去见她，但当我到达她住所的时候，她正在打坐，不愿被人打扰。

一个正在放羊吃草的牧羊人路过，他高声喊道："附近有个山洞里住着个老外，你为什么不去看看他呢？"

我听从了他的建议，沿着他指的路去找这个人。我想弄明白为什么一个外国人会住在慧焰山的山洞里。牧羊人指的路是对的，几分钟后我就找到了他。我走进山洞，看到一个男人蹲在地上，正准备

---

① 喀拉拉邦，印度西南部的一个邦，濒临阿拉伯海。

烧饭。

"你住在这里多久了？"我问。

他没有回答我，反而用手遮住了脸。随后，他意识到我并不理解这个手势表示的含义，于是走到了山洞的另一边，找了一张纸，写了字条递给我。纸上写着他正持守禁语戒，不想和任何人交谈。

他穿着云游僧的橙色袍子，正尽可能地遵守传统戒律。虽然我到的这一天他正在烧饭，不过后来发现他其实常在蒂鲁瓦纳马莱的街道上乞食午餐。甚至在乞食的时候他都能不破禁语戒。云游僧们通常站在居民家门口高声乞食，有时候会唱拜赞歌以引起屋内人的注意。这个人却只是站在外面，静候别人来供食。如果没人供食，他就默默走向下一家。

对他刻意的静默，我并不佩服。我对他说："单单为了要告诉我你在守禁语戒，你就做了这么多动作。你把手放在嘴上，走过去找纸和笔，给我写了个字条，递给我。你稍微动动舌头直接告诉我不就得了？你认为自己在持守寂静，但这只是嘴上的寂静。你的思维心还在活动。你必然要动用自己的思维心来找纸笔，也必须动用思维心来写下字条说你正在守禁语戒。真的寂静是你的思维心寂静了，哪怕说话时也是如此。"

于是他放弃了禁语，开始向我提了很多问题。他想知道我是谁，在道场住了多久，以及我对马哈希的看法。他问了很多关于马哈希的问题，当听到我对马哈希有强烈信心的时候，他很欣喜。他还问了我一些基督教的问题，想知道我是否读过《圣经》。后来他告诉我他的名字是阿比什克塔南达·斯瓦米。

在自述中，他提到自己曾经在北印度的恒河岸边待过一段时间。

"但现在,"他补充道,"我大多数时间都在库利塔莱①一个叫作善提瓦南(Shantivanam)的道场。"

我问他是否拜访过那地区一个有名的裸体圣者的灵祠。他从没听说过这个圣者,所以我就把听到的故事讲述了一遍。

有一天,这位圣者去高韦里河②沐浴,自此消失,好几个月都不见踪影。六个月后,一些壮工在干涸的河床里挖沙子时挖到了他,发现他被活埋在沙里。可能是他沐浴时遇到洪水被卷走了。虽然被埋在沙下六个月,但人还活着。他一定是运用了自己的瑜伽技巧,能在身体被埋时以某种方式保持体内的命气。这位圣者被挖出来后,径直走向河岸,坐下继续禅修。数年后他过世了,人们建了一座灵祠来安葬他的遗体,吸引了很多人前来参拜,以求圣者的加持。阿比什克塔南达·斯瓦米说他从来没有拜访过这座灵祠,但是他答应我下一次到那个地区时一定会去。

我们成了好朋友,之后数年中,我一度被调派到卡纳塔克邦多个地点工作,他探望过我很多次。我退休后,他也到德里和勒克瑙来看我。虽然他穿着云游僧的服装,试图保持内心和外在的寂静,但他是一个非常活跃的人。当我看进他的双眼,并不觉得他像一个心灵已然宁静的人。我清楚感觉到他有意向我隐瞒着什么东西。

阿比什克塔南达·斯瓦米早年是个隐居的本笃会③神父,名叫亨

---

① 库利塔莱(Kulitalai),位于印度南部泰米尔纳德邦内。
② 高韦里河(Kaveri),印度南部的一条河流,是印度教的一条圣河。
③ 本笃会,天主教的一个隐修会,于529年由意大利人圣本笃在意大利中部卡西诺山所创,遵循中世纪初流行于意大利和高卢的隐修活动。

利·勒·梭（Henri Le Saux）神父。他得到法国修会的允许，来到印度尝试另一种出家生活方式。因为那个时候他主要的目的是使基督教更投合印度人的口味，所以他算得上是个传教士。他想使印度成为基督教国家，为了完成这一使命，他想找到一个方式能让印度人接受教会的教导。他感到如果基督教神父换上云游僧的装束，像苦行僧一样生活，在印度就更容易被接受。这就是他身穿橙色袍子、住在山洞的原因。虽然在第一次见面时，他就和帕帕吉谈到了基督教，但他并没有透露自己仍然是个受任命的神父，也没有透露他是出于传教的目的才来印度的。这或许能解释为何帕帕吉感到他有所隐瞒。

阿比什克塔南达·斯瓦米对印度教传统抱有极大好感，对于一个天主教神父而言，颇为难得。他研习印度教经文，尝试了许多其中推荐的虔信和禅修的修法。虽然他认为基督教能从印度教中学到很多东西，但在大半生中，他并未承认通过印度教可以得到真正的救赎。

阿比什克塔南达·斯瓦米始终没有成为帕帕吉的弟子，但是二十多年间，两人一直保持联系。斯瓦米在他的法文著作《慧焰山回忆录》(Souvenirs d'Arunachala)中记载了帕帕吉讲述的和拉玛那·马哈希会面，这是这个故事第一次出版，这本书之后的英文版名为《慧焰山的秘密》(The Secret of Arunachala)。书中还详尽记述了他俩的第一次会面。我全文摘录在这里，因为这是帕帕吉和求道者之间最早有记载的对话。

摘录部分从阿比什克塔南达·斯瓦米问帕帕吉是怎么找到他的开始。

"你是怎么找到这里的？谁跟你提到了我？谁给你指路到了我的山洞？"

"你呼唤了我,"他(帕帕吉)回答道,直视着我的眼睛,"我就来了。"

我对此报以怀疑一笑,但是他非常严肃地继续说道:

"让我重复一下:是你呼唤了我。真我吸引真我。你觉得还有其他可能吗?"

我们接着谈到了马哈希,谈到了他的教授和弟子们,这些他都非常熟悉。

我身边放了一些书,包括《薄伽梵歌》和奥义书,我喜欢给我的访客们引用里面的话。这是因为一年前,我遇到了一个来自坦焦尔①的婆罗门学者,他只有在我一口气之内说出了主要的奥义书书名后,才放下了他高傲的身段……

当我们的谈话从马哈希转到了经文时,我拿起其中一本开始引用一段话,因为我没有印度人过目不忘的记忆力。我补充说我已经开始学一点梵文,这样能更好地理解这些经文。

"这些有什么用呢?"哈利拉尔(帕帕吉)不客气地说,"所有这些书,所有浪费在学习外语上的时间!和阿特曼(atman,即真我)对话时你是用什么语言的呢?"

我想要为自己的观点辩解,他又打断我说:"别想了!事实上,除了阿特曼之外,还有别的吗?那么,你会的英语、梵文和别的什么对你又有什么好处呢?它们能有助于你和阿特曼、和你自己说话吗?这些根本就没有用武之地。阿特曼和书本、语言或者任何经文都没关系。它即——这就是全部!"

---

① 坦焦尔(Tanjore),现被称为坦加布尔(Thanjavur),是印度南部泰米尔纳德邦的城市之一,曾经是古印度朱罗王朝的国都。

他继续说道:"我一度也曾沉迷于阅读,但是我从来没有从中学到什么。现在我不读书了,或者就算读一点点,都少得可以忽略不计,哪怕是《薄伽梵歌》——在过去它的词句总是在我心中像音乐一样回旋不去。我也不再打坐了——真我和打坐无关。它和任何一种虔诚的祈祷、唱诵,包括重复圣号的持名念诵、念咒、祈请文、拜赞歌都无关。我一度对此非常得心应手——带着极大的热忱!当然,我在我的孩子身上用这些,现在有时候还这样做,但这是为了他们着想,因为在那样的年纪是需要这些的。这就像我加入他们的游戏一样。毕竟这一切不就是个游戏,不就是真我的神圣游舞(lila)[①]吗?"

我很确信我之前遇到的不二论者没有一个是这么真诚、可信的。的确,在印度有不少人谈起不二论就说得头头是道,特别是在南方和各种道场里,但是他们通常也是为了自己的股票投资能获利或者工作能升职而第一个冲到寺庙里献供祈愿的人,更不要说随着对吠檀多的智性精通而常常会有的扬扬自得、自以为是。虽然如此,哈利拉尔是不是也表现得太过了?即使不考虑个人的弱点,只要还没有证得自性,就不应该表现得好像证得了。有次我和马德拉斯一位知名的哲学教授马哈德万(T.M.P Mahadevan)博士谈论到这个话题,他本人是马哈希的忠实弟子,在理性层面对不二论的真谛绝对毫无怀疑,但他依然非常尽忠职守于他的宗教仪式行为,经常上寺庙去做惯常的献供。在他的观点中,除非是不再感觉到(自己和真我之间的)二元性了,否则还是不该放弃这些外在的仪式。当我表达自己的讶异并提醒他拉玛那的教授时,他欣然承认说当这个"跨越"的时刻临近,礼

---

① lila 原义为游戏、舞蹈。在印度教教义中,宇宙的显现就是神的游舞。

拜和祈祷变得有点虚假甚至不自然时，那么——当然要在上师的允许下——他就可以放弃了。因此，哈利拉尔的说法激起了我强烈的反应。

"谁证悟，或者谁已经证悟真我了？"他回答道，"这只是文字说法而已。阿特曼是不可能被达到的。除了真我之外，还有什么？除了真我，谁达到了真我？'没开悟'只是人们为了逃离实相而找的借口，好继续是非分明地过一个充满祈祷、礼拜甚至苦行的停滞而僵化的人生，这些东西毫无疑问很合卑小的自我的胃口，但实际上却是完全没用的。难道是因为我关上了百叶窗，太阳才下山？悟道的最根本障碍恰恰就是自认为这一证悟还有待时日。"

"当然，"他承认说，"并不是要完全反对读书。相比于做白日梦和闲聊，读书就好得多了。打坐则好过读书。但是只有在究竟的寂静中，阿特曼才会被揭露——如果可以这么说的话。但是得再重复一遍，我们必须很小心，不要假设这个寂静和是否思维它之间有任何关系。因为阿特曼不可能沦落为能被言说、思维或教导的东西。同样，也不会沦落为断灭或空白无念。"

然后我说："那些宣扬不二论的人，充斥我们国家的大街小巷，图书馆里都是他们的著作，他们又是怎么回事？他们声嘶力竭地反对那些宣传西方宗教的人，但是他们自己的思想却比他们所反对的对手还要狭隘。他们'霸占'了真理，任何不接受他们所谓的无所不包的吠檀多观点的人，在他们看来就只不过是愚人或疯子。"

"你说的一点都没错，"哈利拉尔答道，"一旦不二论被当作了一个宗教，它就不再是不二论了。真理是不分教派的。真理就是真理，完全不可能由一人交给其他人。真理以其自有的光明而闪耀。声称拥有真理，或者说他已经得到了真理，或者说他能将之转递出去的人，要么是蠢货，要么是江湖骗子。"

他接下来问到了我本人，问我是怎么生活的，我是怎么理解灵性生活的……

他说："你要做的只有一件事，那就是切断缚住你的最后的绳索。你早就已经准备好了。抛开你的祈愿、礼拜、这个那个的观修。觉悟你即是。Tat tvam asi①——你就是那个！

"你称自己是基督徒，但在你已经达到的层次上来说，这毫无意义。看这里，听好了——个体的我才分你是基督徒、我是印度教徒。对所有见到实相的人来说，是不分基督教徒、印度教徒、佛教徒或者穆斯林的。只有真我，没有任何东西能够束缚、限制或者定义真我。

"现在跟我说说你的修行经历。"

我又想对此报以一笑以掩饰内心的情感，所以我问："你为什么想要我跟你说这个？"

但是他并没有笑："我不惜一切代价都要知道。随便你用什么方式告诉我，用言语或者不用，但是你必须告诉我。"

我们当时正面对着面盘腿坐在石凳上。我没有回答。当变得越来越寂静时，我和他一样闭上了眼睛，我们就这样待了很久。当我睁开双眼，他也睁眼之后，有那么几秒钟，我们互视对方。我们又一次合上了眼睛，当我最后重新睁开时，我看到他正双眼圆睁着，但又像是什么都没看见。

"你是个喜爱寂静的人。"他说。

---

① Tat tvam asi，意为"汝即彼"，是吠陀四句大真言之一，出自《歌者奥义书》。

"是你建议我可以用它来回答你的问题,我才这样做的。"

"你做得相当不错。现在我全都明白了。你已经准备得相当好了。你还在等什么呢?"

"准备好做什么呢?唉,在神的面前我一旦想到自己本该做到的,就觉得自己非常软弱。"

"别再说这样的废话了!别再谈什么分别。哪里都没有分别。只有阿特曼。神即阿特曼,是一切所是的真我。我是阿特曼。你是阿特曼。只有真我存在,一切唯是它,它也在一切之中。"

"但是你怎么知道我已经准备好了?"

"一个女人快要分娩时,她当然心里有数。而且每个做母亲的女人也都看得出征兆,没有丝毫疑问。对于快要接近觉悟的人,或者更确切地说,这些人的'我'在本然而独一的我之光照中处在将要消融的边缘时,也和这一样。今天早上我和你在集市上不经意间擦肩而过的时候,我就在你眼中看到了这一点,就在那时你呼唤了我。"

"你这么说好像你是被派到这里来,专门为了传送这个消息的。"

"不管我是不是被派来的,我都必须要跟你说这些。现在已经说完了。如果你不相信我,那是你自己的事。但是你也逃不掉。如果有必要,我们可以再见一面来最后决定。或许会有旁人来干预,是你不能抗拒的一个人。"

"但是如果像你说的,我已经非常接近觉悟了,为什么你不直接让我觉醒呢?"

"根本就没有什么'让人觉醒'的问题。到底谁是那个沉睡者?怎么可能叫醒一个不会睡着也从来没睡着过的呢?睡、梦、醒,都只是身体和身体感官的事情,当然也包括了思维、欲望和意愿。你是这具身体吗？局限在这个身体皮囊之内，你认为你自己就是这个了吗？在沉睡中，你还会想到或觉知到自己存在吗？但是，就算是那个时候，你还是存在，你在。你事实上既不是这个会睡觉又会醒来的身体，也不是这个一会儿清楚一会儿糊涂、到处游荡、不停抓取方方面面印象的会思维的心，甚至也不是在沉睡、昏迷和肉身消融时会不见了的觉知。

"是通过你，才有了所见所闻、所想所愿。当所见所闻、所想所愿都不在时，剩下的那个就是你。那是阿特曼，真我；它是你实际上的本来面目，超越一切外在的会变化消逝的形象。Tat tvam asi——你就是那个！有什么阻碍你证悟这个呢？

"你还记得你出生的时候吗？你能想得起来可能是你存在的最初片刻的记忆吗？对于起始，你有任何觉知吗？难道你不是早就已经存在了吗，远在你能记得起自己存在之前？如果你的存在是由你所有的记忆决定，那么在那些你已经没有记忆的时间里你又如何？当觉知沉睡的时候，你又如何？

"让我再跟你说一遍，你所缺的只有一样东西。进入古诃①，你心的洞穴，在那里证悟你即是！"

"我心的洞穴！"我喊道，"我的确想要尽可能地待在那里。在这座圣山的洞穴里居住，最能帮助我达到这一点。在如今居住的这个洞穴和未来我准备闭关打坐的漆黑一团的洞穴里，我能获得无法描述的平静和喜乐。"

"你的石头山洞是死的东西，它怎么可能给予你平静和快乐？你

---

① 古诃（Guha），为梵文，原义为洞穴，特指证悟真我的地点。奥义书中描绘它为"比最小的微粒更小，比最大的宇宙更广阔"。

说的隐居其中所感到的快乐，和它一点关系都没有。其实是你，你自己内在的深处，才是无上的平静和喜乐。是你让你的山洞充满了平静和喜乐，你自己，在你的心的洞穴中，其实本来就是这个平静和喜乐。你体验到的是这喜悦的一种回音——你真的头脑简单到认为是这石头将此喜悦慷慨地赐予了你？你怎么可能沉浸在这样的幻想中不睁开眼看看？实际上，你既没有给予也没有接受任何东西，连这个平静和喜悦的一丝一毫都没有。你是喜悦，纯粹的喜悦，这个喜悦甚至都不能再被称为喜悦，因为它既不可见，也不可思议，也不可以命名。它只不过如是而已。"

当我带着哈利拉尔沿着下山的路走下圣山时，我指给他看面前壮丽的美景——触手可及的是蒂鲁瓦纳马莱的城镇和寺庙，远处是乡村景色，广阔的荒原和田野间突起岩石嶙峋的群山。那时候恰好日落西沉。我向他描述每天早上日出时太阳直接照入我的山洞，那景象是多么壮观。

"我毫不怀疑那是个壮观的景象，"他回答，"但是它比得上真我之晨曦、本然之日出吗？"

后来我经常和哈利拉尔碰面。我们对彼此非常了解，并且深深达成了共识，不放过任何可以碰面的机会来谈论对我们俩人生至关重要的东西，尤其是在我们发现有共同话题的人实在寥寥无几之后。

就算这样，哈利拉尔还是很难理解为什么我依然感到有义务要履行我基督教信仰的仪式和其他职责。"阿特曼，真我，是不被任何东西所束缚的。"他常这么说。

四十多年前帕帕吉给出这一建言，并以这样的方式给出，显示出他基本的教言和教授方法并没有随着时间而有所变化或发展。在当时和现在，他对待求道者的方法都是直接、挑衅且对峙性的。他会告诉任何一个愿意听的人，要明白或知道本来面目是不需要任何修持的，任何要找到真我的努力都只是在起反作用，因为它把注意力从一个人的本来面目上移开了。

帕帕吉在拉玛那道场并没有逗留很久。他抵达后过了几个星期，就被带到了班加罗尔①，开启他人生中的新阶段。

在北印度待了数年之后重返拉玛那道场时，我是打算在那里永久住下的，但是事情并没有这样发展。我到达后不久，几个老朋友来道场参加那一年的拉玛那诞辰庆典。他们本以为我还在北印度生活工作，所以见到我时相当吃惊。庆典结束后，他们邀请我去班加罗尔的威尔森花园（Wilson Garden）见多年未见的其他朋友和亲戚。我告诉他们我不想离开道场，但他们根本不听，强行把我塞进他们的车就开往班加罗尔。

从蒂鲁瓦纳马莱到班加罗尔有大约五小时的车程，我们到达后，他们把我安顿在巴萨瓦纳古蒂②我的老朋友奈度家。我是在20世纪40年代中期在马德拉斯工作时认识他的。

第二天，他提议一起到班加罗尔市中心著名的拉巴克（Lalbagh）植物花园散步。因为花园在他家的步行范围之内，我们便走路前往。在花园之中我们信步漫游，偶尔停下来欣赏展出的花卉。当我们经

---

① 班加罗尔（Bangalore），印度卡纳塔克邦的首府，印度独立之后的重工业中心城市。
② 巴萨瓦纳古蒂（Basavanagudi），班加罗尔市的一个地区，距离威尔森花园不远，二者之间即是拉巴克植物花园所在地。

过花园中心巨大温室时，碰到了奈度先生的一位熟人。他叫克里希那·拉尔·珀达尔（Krishna Lal Poddar），奈度介绍说他是一位杰出的工业家，在阿萨姆邦（Assam）、孟加拉和比哈尔邦（Bihar）[①]都有相当多的产业。我们停下聊了一会儿。

对话中他说道："我在比哈尔邦的吉尔迪（Girdi）有个云母矿。我最近拿到了附近一些森林的锰、铁矿的开采权，所以才到班加罗尔来了。"

然后他开始问我一些常见问题——我从哪里来，到班加罗尔做什么，是否结婚了，家人在哪里，等等。

"我是退役的军人，"我说，"家人在勒克瑙，我在北印度曾有过一份工作。但是几周前我决定放弃那边的工作来南部。我上师的道场在蒂鲁瓦纳马莱，一般情况下我住在那里。我来班加罗尔只是因为一些多年没见的朋友坚持要我来这里见他们的朋友和亲戚。等这里的事情做完之后，我就会回蒂鲁瓦纳马莱去。"

"你怎么安排家人的生活费用呢？"他问道，"你待在道场时，谁在照看他们呢？"

"神在照看他们。"我说。

我并没有觉得自己不负责任。我之前曾挣钱养家，但我确确实实相信是由神来照看世界，包括我所有的家人。

珀达尔先生并不这样看。"你不能干坐着什么都不做，就等着神来照看你的家人。你有老婆孩子要养。我可以给你一份很好的工作，工资足够你养家。我想要你管理我新开矿场上所有的工人。我已经聘

[①] 阿萨姆邦和比哈尔邦是印度东北的两个邦。孟加拉包括孟加拉国和印度的西孟加拉邦。

好了采矿工程师、地质员、测探员等，现在要找的是一个能够安排统筹管理这些活儿的人。如果你接受这个工作，你将会负责管理所有的工人。你要负责分发工资，监管从矿井到港口的矿石运输，采买建矿所需的设备，并确保运作不出问题。我需要一个从北印度来的人帮我料理这些事情。我会给你提供所有你需要的，包括从北印度来的厨子，这样你就不必吃吃不惯的食物了。"

直接给一个完全的陌生人提供职位，这是很不同寻常的举动，特别是我刚刚才表达了自己并没有继续工作的兴趣。直到后来，我才知道他决定给我这份工作的原因。

他寻思："这个人曾在军队里担任军官，知道怎么管人、下令和维持纪律。他现在住在一个道场里，这或许能证明他是诚实、有精神追求的人。他正是我要找的人。这工作会经手大笔的金钱，我需要找个能信得过的人，可以独当一面，能够在丛林的工厂营地管理好一大批工人，让他们努力干活。"

我们去了他在克里希那路的家进一步讨论工作的细节。他希望我即刻上任，甚至不用回室利·拉玛那道场了。这是一个很诱人的工作机会，但是我不知道怎么可能如此匆忙地就接受下来。我随身只带了一条裹裙和马甲，怎么可能直接就奔赴丛林呢？在那儿一待下来，都不知道何时才会离开。

他并不认为这是个问题。实际上他第二天就要去矿上，坚持要我同行。

"我明天早上八点到奈度先生家去接你，"他说，轻而易举地扫除了我所有觉得不可行的反对意见，"你会真心喜欢森林的。那里有高耸的群山和数不清的野生动物。"

我必须承认,这是这个工作机会的主要加分点。我一直都很喜欢独处,能在原始、遥远的森林地区工作,非常吸引我。

第二天早上,我们坐车前往矿场。目的地离班加罗尔有大约六小时的车程。到了之后,他带我参观了建造中的营地。基本上是在开荒阶段,一台推土机还在铲平空地,已经清理好的土地上搭了一些棚屋给工人住。有一辆货车、一辆吉普、一台推土机,还有很多人忙来忙去,整理着这个定居点。

一起吃完午饭后,他问我对这个地方和他提供的工作有何想法。我承认说自己很喜欢这个地方。这里四周森林稠密,靠近管理人员的棚屋处有一条河,神秘地隐没到了地下,看不到流出地面之上的迹象。在简短的参观中,他们带我看了一座小庙,据说吠德耶罗耶·斯瓦米[①]在这里创作了他的名作《十五论》。实际上这整片森林就叫作吠德耶罗耶邦森林(Vidyaranya State Forest)。除了是个著名的导师之外,吠德耶罗耶还是几百年前兴盛于这个地区的毗奢耶那伽罗王朝(Vijayanagar)的宰相。

我没有什么迟疑就接受了这个工作。这决定似乎顺理成章。想到未来的日子会在这样一片蛮荒之地度过,我挺高兴的。

当天我们返回了班加罗尔。珀达尔先生给了我十万卢比应付第二日的开销,并告诉我应该立刻上任,不要回蒂鲁瓦纳马莱收拾行李

---

① 吠德耶罗耶·斯瓦米(Swami Vidyaranya),生活于14世纪,又名立帝者、主保圣人,是毗奢耶那伽罗王朝(印度历史上的最后一个印度教王朝)的创始者诃利诃罗·罗耶(Harihara Raya)一世和布卡·罗耶(Bukka Raya)一世兄弟俩的国师,也是商羯罗创办的师林格里的夏拉达辟腾(Sringeri Sharada Peetham)寺庙的总师(Jagadguru)。他所著的《十五论》(*Panchadasi*)是不二论吠檀多的经典著作。

了。他说会派人把我所有东西寄出来。第二天，我拿着珀达尔先生给的钱和食物回到了矿场。过了一天，我在蒂鲁瓦纳马莱的衣物寄送到了，同时来的还有一个北印度的厨子，专门配来为我做饭。我人生的新纪元开始了。

珀达尔先生记下了我妻子在勒克瑙的地址。他背着我开始每月给她寄五百卢比，这样她就能用来支付全家的开销。我曾告诉珀达尔先生神在照看我的家人，他不相信，但是他在不经意间成了神的助手。

我在森林里安顿下来，开始工作。每周我开车去一次班加罗尔，取钱支付账单，但其余时间我都待在森林里，监管那边的工作。接下来十三年中，我一直住在卡纳塔克邻近的果阿邦，在不同的采矿工地上担任行政经理的工作。

我询问帕帕吉他的工作细节，他写下了下面的这张列表。

在采矿公司，我做过很多工作：
从矿井吊起矿石，装载到货车上，再运到铁路。
运输矿石到芒格洛尔[1]、马德拉斯和卡尔瓦尔[2]，并安排离岸船运。
支付人力和员工薪水。
采购装备和供给物资。
照看自动车间。
铺好通往工作点的路。
安排人力从最近的水源取水。

---

① 芒格洛尔（Mangalore），卡纳塔克邦的主要港口城市。
② 卡尔瓦尔（Karwar），卡纳塔克邦的一个港口。

员工福利。

丛林生活艰难而原始。阿比什克塔南达·斯瓦米常去帕帕吉管理的矿场探望,他在《慧焰山的秘密》一书中记录帕帕吉的生活方式给他的印象。

我特别喜欢他在迈索尔①丛林工作时和他在那儿会面。每次我经过那个地区,比如在我去浦那②或者孟买的途中,我经常会中断行程几天,好去看他……他常跟我说等到他儿子成家立业之后,他会非常乐意辞掉工作……

他负责远离城镇地处丛林深处的几个铁锰矿场,通往那里的路况很糟糕。他住在工人附近一个草棚里。对于可以远离人群的人而言,这孤独当然非常美妙,但他的同事们却鲜能欣赏,因为他们不知道自己的本然深处所拥有的秘密……

自从听到马哈希简单的几句话之后,他的人生改变了,他发现自己所有的欲望彻底熄灭了。但是,他还是极其干练地投身到工作中去,不计辛苦想办法让矿场尽可能高产,并且还去发现新的甚至更好的矿床。看着他穿着长靴大步流星视察矿场,驾驶着吉普车或货车,人们很难猜到他精神世界深处的秘密。他特别喜欢讲述一个年轻的德国女孩看到他时的惊讶:她听闻他的大名前来拜访,原以为会看到一个赤身裸体或衣衫褴褛、一动不动坐在山洞中或者隐藏在树丛中的苦

---

① 迈索尔(Mysore),卡纳塔克邦的地区名,与喀拉拉邦接壤。
② 浦那(Pune),马哈拉施特拉邦的一座城市,在孟买东南方约一百公里处。

行僧。

帕帕吉很少谈到工作的艰苦，但他有时会说起丛林之美和生活在其中的奇妙的野生动物。

我喜欢丛林的孤寂、土地的自然美，但有时候动物会造成问题。有个我工作过的地方，周围没有水源，所以我必须用货车从五十英里外运水过来。当地的熊群很快发现我们的工地宿舍是很好的饮水处，夜里突袭我们的宿舍就能省掉它们长途跋涉的寻水之苦。

一开始，我们把水留在室外的水桶里。但很快就不行了，因为夜里熊群会过来把水喝个精光。于是我让工人们把水放在室内，熊群就索性闯进我们的棚屋里喝水。很多人住的草棚不太牢固，一头胆大、执着的熊如果嗅到屋内有水的话，可以直接破墙而入。

有次我和一个喀拉拉邦来的人共住一间茅草棚，他是位主管，负责管理部分工人。草棚里用竹编的墙隔成两间。有天晚上，一头熊闯进他那一半草棚，开始嗅来嗅去。那是一头母熊，把鼻子伸到他被子里，在他双腿间嗅来嗅去。他惊醒了，一声尖叫后蹦起三尺高，冲到我这一半的草棚，钻进了我的被窝。他一定认为这是最安全的地方了吧。那头熊尾随他也试图爬上我的床。那是个寒冷的晚上，或许它想找个温暖的地方睡觉。为了重新回床睡觉，我不得不把它赶跑了。

森林里也有老虎，但与我们互不相犯。它们似乎有自己的食物和水源供给，所以用不着突袭我们宿舍。因为这个地区没人猎虎，所以它们也不怕偶尔现现身影。一次，我坐的车正沿着一条靠近宿舍的泥土路行驶，突然司机停了车高喊："老虎！老虎！"他十分害怕，爬到后座和我坐在一起，因为我们的吉普车前排座位是没有门的。一只母老虎正坐在路当中,和它的一只虎崽玩耍。它一定听到了吉普车驶近的声音,却没有要让路的意思。天色刚刚变黑,我打开车头灯,想善意警告它有车辆靠近。它朝我们的方向看过来,仍然没有要动的意思。我观赏了好一会儿它们嬉戏的样子,然后启动引擎,慢慢向它驶去。我们靠近的时候,它叼起虎崽安全离开。作为野生的老虎而言,这是很不寻常的行为,何况这只老虎正护着幼崽。

工地宿舍附近还有很多蛇,但是并没引起太多麻烦。

有次我从班加罗尔开车回森林里的矿场宿舍。中途我在一个湖泊边停了车,因为要给吉普车的散热器装水。我走到湖边的时候,看到了不寻常的一幕:一条蛇,后半截还钻在一个洞里,嘴里正吞着一只青蛙。青蛙露了前半个身体在外面,它还活着,还试图抓苍蝇吃。它看上去也没在挣扎,只是惯常地忙着捕食苍蝇。蛇正吃着青蛙,青蛙正吃着苍蝇。

我第一个念头是:"我该救出这只青蛙,因为它还活着。"但是我又起了第二个念头:"这条蛇也该活下去。如果我剥夺了它的食物,它该怎么办呢?苍蝇们又怎么办呢?它们不是也理应被救的吗?它们也要被吃掉了啊。但要是我挥挥手把苍蝇们赶开,青蛙也会生我气的。"

我盯着这出小戏剧看了一会儿,得出了结论:"别管它们了。这都不关你的事儿。别试图干涉和你无关的事情。如果插手世上的事情,总归会给某个人造成麻烦的。不如就别管世间事,让它自己照顾自己。"

然后又有个想法冒了出来:"这就是轮回运作的方式。每个人都身陷死亡之口无法逃脱,但是谁在挣扎呢?谁在乎?没人。每个人都还在继续吃着东西,好像什么都没发生过。"

在我们之内有东西是死亡触碰不到的,也不会被蛇咬到、吞掉。一旦你知道了你的本来面目,死亡就不可能再触及你。身体可以被吃掉,但是,你一旦了知自己并不是身体,死亡又怎么可能作用到你呢?当抛弃了对身体的认同,转而与真实的、恒常的相认同,身体还会继续运作,但它最后消亡时并不会困扰或影响你。脱掉一件旧衣服并不影响你是谁,因为你知道你不是这件衣服。一旦你不再自认是身体,就可以任由它死去,同时知道你的真实本性是不管怎样都不会改变的。不要执着于任何非恒常的东西——这就是永生不死的奥秘。抛弃所有会随着时间生灭的,只要把握住不受时间影响的。

既然聊到了森林里的动物,我再说一处丛林工作时看到巨蟒的故事。这种蟒是非常长而大的蛇。我当时正开车行驶在工地附近的林间路上,突然看到一条巨大的蟒蛇横挡住了整个路面。它非常长,头和尾都伸在路外,只有中段挡了路。我不想碾过它,试着让它移开。但它像是睡着了或者在休息。大蟒蛇饱餐一顿后会进入某种休眠期,可长达几天。我拎起尾巴,想把它拖到路边,好空出道让我的吉普车开过去,但是它太重了。我只好放弃,坐下来等别的司机路过。几分钟后,一辆货车驶近。司机刚开始想碾过蟒蛇压死它,我劝阻了,建议我们应该把它拖到路边,不挡道就行。并不是每个人都愿意帮忙去拖开一条二十英尺大蟒蛇的,我算是很幸运找到个至少愿意帮忙的人。我们两人一起抓住蛇尾,但还是太沉了,拖不动。后来来了更多的货车,新来的司机想要抓住这条蛇带走。

"不行,"我说,"森林这块是归我管的。这条蛇属于我。我不会允许任何人杀死或者带走它。你可以从这个森林运走木头,但你不能把活的动物带出去。"

这根本就不是实话。我的公司仅仅拥有在这个森林里的采矿权，但我的虚张声势起了效。几个司机认出我，知道我是附近采矿公司的代表，很轻易就相信我的公司也拥有其他的森林产权。靠了另外五个司机帮忙，我们把蛇从路上移开，放到路边的树荫下。

之后我曾把这故事讲给几个人听。一人评论说："有种传说认为蟒蛇并不用搜寻猎物。据说它们的双眼拥有一种磁力，能够吸引猎物主动送上门。它们在路过的动物比如兔子身上使用这种力量。蟒蛇就静静躺在森林里，一动不动，只是看着走近的动物。这些动物不知为何就被蛇的眼神催眠，径直走到它嘴里。"

我不知道这是不是真的，但是我很喜欢这个说法，因为上师的力量也是这样运作的。他静静坐着，并不搅动一丝念头。被他注视的那些人，被催眠成为他的猎物。一动不动、安静的上师是伟大的猎食者。他们并不需要出去寻找食物。弟子们出现在他们面前，直接送到他们嘴里。这是寂静的磁力。达塔特瑞亚[①]是这样的，戍羯是这样的，我自己的上师也是这样。他不言不动，但世界各地的人都被吸引到他那里。

一旦攒够假期，帕帕吉就会请几天假去室利·拉玛那道场。蒂鲁瓦纳马莱和班加罗尔的中点是克里希那吉里。他曾与住在那附近森林里的一位神秘圣者有过一次意外的短暂会面。

---

① 达塔特瑞亚（Dattatreya），被认为是集合了梵天、毗湿奴和湿婆三者的印度教神祇。

我正在靠近克里希那吉里的一个偏僻地方等公共汽车，一位看起来很不像样的男子走了过来。他穿着肮脏的破衣烂衫，腿上露出多处没愈合的伤口，他一点都不在乎，任由伤口感染长出了蛆虫。我们聊了一会儿，我提议帮他去除腿上的蛆虫，并送他一些药来治愈伤口。他却根本不要我帮他。

"让蛆虫待在原地吧，"他说，"它们正在享用午餐呢。"

看到他如此悲惨，我于心不忍，就从披肩上撕下一条布，绑在他腿上，这样他至少能有一条干净的绷带。我们互相道别之后，他走入了附近的森林。

我已经认出此人是位智者，于是开始胡乱猜测是什么特别的业让他这样忽视自己的身体。此时一位妇女走了过来，她刚才在路边的小摊上卖蒸米糕①和薄饼②。

"你很幸运，"她说，"那是位伟大的大圣者。他住在森林里，但几乎从不现身。人们从班加罗尔赶来参拜他，但他从不露面，除非对方是他想见的人。我整天坐在这里，但一年多来还是第一次见到他。也是我第一次见到他接近一位完全陌生的人，还主动和他说话。"

另一次，帕帕吉描述一位住在这个地区很古怪的圣人，很可能就是同一个人。

我正坐着车从室利·拉玛那道场前往班加罗尔。经过一片没人的

---

① 蒸米糕，南印度的常见小吃，由碾成粉的黑扁豆和米混合而成，发酵后做成圆糕，蒸熟后食用。
② 薄饼，南印度的常见食物，由黑扁豆和米粉揉成的面团摊成。

森林时，我让司机停车，因为我想一个人静静坐一会儿。过了几分钟，我跟司机说他可以走了，因为我突然想要单独待上一段时间。

他说："现在是晚上，周围都没人。我不能就这样丢下你一个人。沿着路下去一点，在山顶上有一座不错的寺庙，你为什么不去那儿呢？有个僧人在照看那座庙。很多人会去那里，因为这个地区住着一位伟大的圣人，他藏身在森林里，很少出来，那个寺庙是少数几个他似乎定期会去走访的地方。他太有名了，人们甚至专程从孟买和加尔各答赶来参拜他，请求他的加持。他是个怪人，但有很多神通。要是有幸见到他，人们会请他在自己手掌上撒尿。如果人们随后舔一下自己的手掌，就会被赐福生下儿子，但如果是他舔了自己的手掌，就表示来求的人会生女儿。他从没错过。"

帕帕吉最后并没有遇到这个人，所以没法知道他和那个任由蛆虫咬腿的人是否就是同一个。

在《帕帕吉访谈录》一书中，帕帕吉描述了他和拉玛那·马哈希、马德拉斯的穆斯林辟尔以及这位克里希那吉里附近的圣人的会面。他说，这三个人都是智者，但是他们的行为和对信徒的态度却很不一样。

这三个人中，只有马哈希才让自己能被大众接触到，每天二十四小时，任何想见他的人都能见到他。克里希那吉里的修行人藏身森林中；穆斯林辟尔在马德拉斯住在可汗·巴哈杜家时，一直把自己锁在屋子里拒绝任何前来拜见的访客。在这三者中，唯有马哈希容易被找到也容易接近。我先前的拜访也说明了这点。我两次在午饭后来访，他大可默不作声，任由侍者把我赶走。然而，他感到我有迫切的问题，允许我进去，说出困扰我的事情。从来没有人因为不够成熟或不适合而被禁止见他。访客和弟子可以坐在他身边，想坐多久都可以，能接受多少加持就吸收多少。单就他的智慧而言，马哈希就是让人高山仰止的精神巨人。他一直有求必应，他的伟大也更加灿烂闪耀。

虽然帕帕吉是很好的组织者，也是很能干的管理者，但他最初不太胜任矿场工地上负责的一些职责。他发现自己要管一个一百辆货车的车队，却缺乏必需的专业知识，不知道怎么合理地维护和使用货车。所以，公司把他派到了印度最南端的马杜赖①，去学习怎么管理这一方面的业务。

我的公司把我派到马杜赖去学习怎么管理大量的货车。那里有一家货车运输公司叫TVS，负责整个印度南部的货运业务。在卡纳塔克邦，我已经开始负责管理大约一百辆货车运输矿石到西海岸的港口芒格洛尔。我们没有受过培训的机械师，甚至司机也不是很合格。很少有人愿意在丛林里工作，所以能找到什么人，我们就雇用。结果可想而知。因为车队缺乏专业的管理，货车遭受了很多没必要的耗损和破坏。

我的主管在克什米尔度假的时候遇到了TVS货车运输公司的负责人。他提到了自己在丛林里的人员都不专业的问题，TVS的负责人就主动提出帮忙。

"派一个你们的人到我在马杜赖的总部来参加一个月的密集课程。

---

① 马杜赖（Madurai），位于泰米尔纳德邦南部的韦拉伊河畔，是泰米尔纳德邦第二大城市，印度教七大圣城之一，也是达罗毗荼文化的中心。

我们会教他如何管理车队,以及最优化地调度货车、司机和技工。"

因为运输矿石到港口的工作是由我总负责的,所以就选中我去了。

在那期间,我去了位于城镇中心著名的米纳克希(Meenakshi)寺。米纳克希是当地人对湿婆的爱侣雪山神女的称呼。我一时心血来潮前往那里,所以没带任何献供的水果。因为空着手,我感到有点不好意思,但是这座庙的女神米纳克希似乎毫不在意。我从主门进去的时候,她在我面前现身,微笑着提议带我参观寺庙。我接受邀请,跟着她参观了所有主殿和寺庙的主要景点。之后她陪我到了主门,跟我告别后消失不见了。

这并不是帕帕吉唯一一次遇到寺庙里的女神现身。他的一名老弟子写信告诉我,他记得帕帕吉提到20世纪50年代在南印度时有好几次这样的遭遇。遗憾的是他和帕帕吉都记不得细节。

1954年帕帕吉看到了另一个不同寻常的净相,他见到一位女神。这说来话长,得从帕帕吉之前读到北印度即将举办重大节日的消息开始说起。

1954年我在南印度工作,在报纸上看到大壶节[①]将于那一年在阿

[①] 壶节(Kumbha Mela),印度传说天神与阿修罗搅乳海后得到不死甘露,双方为之争斗,打翻了装有甘露的大壶,四滴甘露分落在印度的四座城市:阿拉哈巴德、赫尔德瓦尔、乌贾恩、纳西克。为此每十二年在四城中选择一处举行壶节。另外每六年在阿拉哈巴德和赫尔德瓦尔举行半礼,每三年一次小礼。这里帕帕吉提到的是大壶节(Maha Kumbha Mela),是每一百四十四年一次的更为盛大的庆典。但是中文习惯中,大众将一般的壶节也称之为"大壶节"。

拉哈巴德举办的消息。壶节每十二年在恒河、亚穆纳河[1]和萨拉斯瓦蒂河[2]三条河流的交汇处举办一次。萨拉斯瓦蒂河并没有可见的物质形态，人们认为它是一条看不见的河流，在阿拉哈巴德地下与其他两条河汇合。

每十二个壶节之后，就是大壶节，即每一百四十四年一次。报纸上说的正是这个节日。我一直非常热爱恒河，而在大壶节中去那里沐浴可是一生中难得一遇的机会。数以百万计的朝圣者从印度各地前来参加这个节日，主要就是为了在圣河恒河中沐浴，也为了能遇到在这一节日中相聚而来的成千上万的苦行僧和瑜伽士。

我请了一段时间的假去北部参加这个节日。在此期间，我住在阿拉哈巴德市的专员家里，他是我的一个老弟子了。作为市里资深的公务员，他参与并负责这一节日的组织工作，各种管理和组织的任务非常庞杂艰巨。大约有八百万人参加，要给所有人提供食物和住宿，也要为这么多人提供辅助服务，比如卫生、交通和公共医疗。

我到达后不久，专员罗摩湿瓦·米什拉先生（Mr Rameshwar Mishra）让我给一位报道壶节的外国报纸记者担任翻译。这位记者想访问那迦僧[3]，即大多数时间游荡在喜马拉雅山区的裸体修行人。这

---

[1] 亚穆纳河，又译作朱木纳河，是印度北部主要河流之一、恒河最长的支流。全长约一千三百七十公里。起源于北阿坎德邦的喜马拉雅山冰川，在阿拉哈巴德注入恒河。
[2] 萨拉斯瓦蒂河，出现在古代《梨俱吠陀》描述中的一条河流，位于喜马拉雅山脉到印度西海岸之间。据近代学者考证，此河于公元前3000年至公元前2000年之间就已经完全枯竭，现仅存在痕迹。萨拉斯瓦蒂河在吠陀时代极受尊敬，相当于后来恒河的地位。
[3] 那迦（naga），意为"裸体"。他们有一个传统就是要在壶节入河沐浴。

些人很少成群结队下山来到平原地区，但壶节除外。我为他找到一个让人特别印象深刻的样本去采访：一个浑身涂灰的裸体男人，一头乱蓬蓬打结的头发，我目测他大概有七英尺高。

罗摩湿瓦·米什拉和他的家人多年前成了帕帕吉很亲近的弟子，他们最早相遇是1948年在勒克瑙，那时米什拉被派到那里工作。他很快就成了帕帕吉的弟子，甚至在他被派驻到北方邦其他城市时也定期来拜访。20世纪50年代早期，帕帕吉经常去他在阿拉哈巴德的艾伦冈吉区的家做客。

我从帕帕吉的勒克瑙的弟子撒耶尔教授（O.P. Sayal）那里，收集了以下米什拉先生和帕帕吉的交情的细节。

我在勒克瑙和阿拉哈巴德多次见到罗摩湿瓦·米什拉。虽然他是公务员，在北方邦政府中担任了很多重要职位，但他也是充满热情的专业吠陀经吟唱者。我曾听过很多专业的僧人和学者吟唱过吠陀，但从来没看到过有谁能像米什拉那样用自己的吟唱鼓动起身边的气氛来。他吟唱的时候，周围的空气都变得充满圣光。

他是帕帕吉一个很好的弟子，对上师有着绝对的信心。无论什么时候听说帕帕吉来到当地，就会请假一直陪着帕帕吉，直到他离开。如果帕帕吉说要去阿拉哈巴德看他，米什拉就会去车站，只穿着一条兜裆布（kaupina），头顶着帕帕吉的箱子，就像一个苦力。他觉得见自己上师的时候应该尽可能裸着身子。在那段时间，无论帕帕吉游历到哪里，他都会把自己所有的物品放在一个大金属箱子里带着。虽然米什拉是一个身居高位的公务员，但他喜欢在帕帕吉面前放低身段，表现得好像只是个底层的苦力一样。

他读过罗摩克里希纳·波罗摩汉萨（Ramakrishna Paramahamsa）的著作，从中采信了一种观念，觉得应该把自己的妻子视为神圣之母（Divine Mother）。为了控制自己的肉体冲动，他决定将妻子当女神来崇敬。每天早上起床后，就全身拜倒在地板上向妻子顶礼，唱诵礼赞女神的十首颂歌。我不知道这是不是有效。帕帕吉曾对我说这人早上唱诵颂歌，但晚上睡在床上就会和她做爱。

我记得他在勒克瑙和帕帕吉有一次对话。他对帕帕吉认为无须努力就可了悟真我的说法提出了质疑。

"您说了悟真我无须努力，但是任何成就都是需要一定努力的。如果在恒河岸边想取一壶水来喝，我就得用水壶在河里舀水，然后举到唇边喝水，把水咽下去。水不会自己灌到我嘴里来。同样，我也不能期盼自己没有做任何准备工作，证悟就会突然发生在我身上。如果我不做些努力的话，它是不会发生的。"

帕帕吉马上回答："恒河之所以成为恒河，必须要靠两边的河岸围着。如果你抛掉河岸，恒河又在哪里？"

这一回答，还伴随着深深的凝视，摧毁了米什拉关于证悟以及该如何达到证悟的种种概念。他只是泪流满面地注视着帕帕吉，无法做出任何回复。就用了那么一个回答，帕帕吉向米什拉展示了他原先认为得要非常努力才能达到的境界。

米什拉还常受剧烈的偏头痛之苦，但他常说只要帕帕吉在场，病痛就消失了。我记得有一次在勒克瑙看到他躺在帕帕吉在纳希的房子里。他告诉我，帕帕吉在身边时自己能放松是多么让人高兴，这是全世界他唯一不会遭受头痛折磨的地方。

米什拉提前退了休，一半是因为他对于世俗事务没有兴趣，一半是因为他想要独处。但他的退休生活并不太平。他在晚年失去了大部分积蓄，最后几年中，没有人照顾他。最后，帕帕吉的女儿席万妮在德里收留了他并照顾他。我想他大概是20世纪80年代初在那里去世的。

1995年我还在收集、编辑这一章的资料，罗摩湿瓦·米什拉的母亲在勒克瑙过世了，享年96岁。帕帕吉参加了她的葬礼，遇到好几个他多年未见的家庭成员。第二天，他们都到帕帕吉在印谛拉纳噶尔镇①的家里拜访他。罗摩湿瓦·米什拉的弟弟凯拉什（Kailash）提到了1954年大壶节那一年发生的一件非同寻常的事。客人都离开后，帕帕吉就对留在房子里的弟子讲述了这个故事。

凯拉什·米什拉曾是海军军官。他家里人都有很好的工作和职位。1954年他遇到一个帕西族②女子，准备娶她，但他家里人起初并不愿意接受她。他们是婆罗门，都希望他能娶婆罗门女子。最后，他克服了家人的反对，说服了众人同意这门婚事。他请了十天假，来勒克瑙结婚。因为他们家几个成员都是我弟子，所以我也受邀参加。婚礼当天，我和罗摩湿瓦·米什拉，他妹妹、母亲还有其他几个弟子坐在他们家。在众人为婚礼做最后的准备时，我们也在进行萨特桑。凯拉什走进房间来拿别人送的礼物，是一个能说话走路的玩偶。看到家里其他人都坐着而不是忙着准备婚礼时，他露出一股怒气。他感觉到

---

① 印谛拉纳噶尔镇（Indira Nagar），勒克瑙的地名，帕帕吉于1990—1997年在此居住。
② 帕西族，主要立足于印度次大陆的一个信仰琐罗亚斯德教的民族。如今有十万人左右，主要从事工商业，操古吉拉特语。

我是导致他家人偷懒的罪魁祸首,所以一边走出房间一边向我怒目而视。我们视线相逢了,我报之以怒目。在类似这样的情况下,我会成为面前那个人情绪的镜子。凯拉什一只脚在屋内,一只脚在屋外,就这样定格了。他的双眼继续盯着我,但是他整个身体,包括脸,突然动不了了。我们互视了几秒钟,然后我意识到他已不再生气。他只是被正在经历的体验麻痹住了,就这样在原地待了五分钟,一只脚在屋内,一只脚在屋外。

最后,我起身去查看他的情况。他持续不动的状况开始让我警觉起来。我想要摇晃他,让他从那个状态中出来,但却没法让他恢复常态。于是大家都明白他不可能有反应,就把他抬起来搬进屋里,放在床上。我在他身边坐下后,他抬起头,枕在我腿上,充满爱意地凝视着我的双眼。他所有的怒气都已经消失不见了。

这时已经快到预定的婚礼开始时间了。几个家人过来试图劝他起身,但他非常不情愿,磨磨蹭蹭最后才起来,举行了仪式。仪式一结束,他又睡在我腿上了。

那天晚上,他没有和新娘圆房,而是执意要和我睡在一起。他不让我走,整个晚上都躺在我床上,紧紧贴着我的身体。他的新婚妻子当然非常伤心。她徒劳地试了几次要把丈夫拉到她床上,但他却对她视若无睹。新娘子就在大喜的晚上坐在地板上,哭了大半夜。

第二天凯拉什不得不回孟买。我陪他去车站,送别他和新婚夫人。尽管他穿着白色的海军军官服,还是全身扑倒在肮脏的站台上礼拜,握住我的脚握了几分钟。直到火车快开前几秒,我们才总算把他弄上车。

接着帕帕吉才开始叙述 1954 年他在阿拉哈巴德的旅程:

我成功请到了二十天假,因为上一个复活节和圣诞节的假期我没有用,一直攒着。这就足够我去所有地方了。我四处闲逛,看到大的道场,斯瓦米们都派了人去那里。他们搭起小营地,努力吸引游客买他们的书或聆听开示。有些营地每天二十四小时举办萨特桑。

壶节的某一天,我沿着恒河岸边往下游走了大概五公里,想一个人待一会儿。我最终找到了一个地方能独处休息,但忽然之间,不知道从哪里冒出一个女孩子,跪倒在我脚下。因为她不起身,我就轻柔地握住她的肩膀想把她拉起来,四下张望着想看她的父母或者朋友是否就在附近,因为她看上去还没大到可以一个人外出。她看上去十七岁左右,这个年纪的印度女孩不会独自一人跑到偏僻的地方去。但四周不见有人。后来她站了起来。我能看出她是个非常漂亮的女孩子,但也注意到了她的双眼分得很开,亮闪闪、漆黑黑的眼睛,看起来并不像是人类的眼睛,更像是鱼类的。

我问她父母在哪里,她回答说她无父无母。

我于是问道:"为什么你一个人走到这里?为什么不去壶节人多的地方?"

她回答说:"我是恒河。我洗去所有在我河水中沐浴的人的罪孽。因为跋吉罗陀(Bhagirath)为所有人类赎罪而进行艰苦无比的苦行[①],

---

[①] 传说中,太阳王朝的国王跋吉罗陀为了使自己曾祖父的六万个兄弟(都被迦比罗仙人用神火烧死)的灵魂得到净化,立志进行艰苦无比的修行。他的苦行感动了梵天,答应派恒河女神下凡用其水净化这些灵魂,但由于河水从天而降威力巨大,除非由湿婆接住,不然世界非毁灭不可。跋吉罗陀于是又进行更艰苦的修行,感动了湿婆。这样,恒河首先倾泻到湿婆的头上,经他的发辫分成若干威力较小的水流后再落到人间,落入凡间的恒河从喜马拉雅山流经印度汇入海洋,经过了跋吉罗陀的祖先们被烧成灰的地方,使他们的灵魂得以升上天堂。

我从天界下凡。在壶节上，八百万人在我的河水里沐浴、洗去他们的罪孽。我该拿这些罪孽怎么办呢？我一直在寻找一个真正的智者，好把所有的罪孽都放在他脚前，但是除了您之外，我找不到任何人。

"每天有数以千计的人浸在我的河水中洗去他们的罪孽。我全部接收，因为我发了誓愿要接收在我之内所有沐浴者的罪孽。然而我不能无止境地收下去。我必须要找到一个人，把这些交给他。过去七天里，我一直在找证悟的圣者，好把这些罪孽交给他，我终于找到了您。我触碰您的双足，把它们都交给您。"

我盯着她的双眼，去看她到底是什么样的生灵。那双眼睛很美丽，但是就像我之前说的，显然不是人类的眼睛。我发现我能看透她，她透明得足以使我看到她身后的东西。

她转过身，开始朝河里走去。走到河岸后，她径直往前，没有沉入水中，而是踏足在水面上。她在河面上走了几步之后，渐渐没入水中，又与河水融成一体。

我伫立好几个小时，凝视着河水，思索着刚才发生了什么。我感到自己被赐予一个很大的加持。有多少人看到过她的真身呢？她是天界下凡的女神，为了净化在她河水中沐浴的凡人的罪孽而来。她在我面前现身为人形，而不仅仅是河的形象。

帕帕吉第一次跟我讲起这个故事的时候，我问他："智者可以去掉其他人的罪孽吗？你真的收下了所有这些人的罪？"

他并没有回答第二个问题，但是回答了第一个："当然可以。拉玛那·马哈希就是例子。这就是为什么他在晚年疾病缠身的原因。他扛起了身边人的业，以肉体疾病的方式经历它。

"马哈希过世前不久,有个女弟子上前走到他身边,说:'薄伽梵,您总是把您有的东西分享给别人。为何您不把这个病痛分给我们?如果您分给我们每人一小点,就不必遭受这么多了。'

"马哈希笑道:'你以为一开始是谁给我这个病痛的?'"

我并不是出于无聊的好奇心才提这个问题的。几个月前我做了一个梦,梦见帕帕吉出现在我面前,看着我并对我说:"你的罪孽被宽恕了。"

在他回答说拉玛那·马哈希的病痛是因为承担弟子的业之后,我跟他讲了这个梦。

我问:"你真的承担了我的罪?"

"是的,"他说,"我全都承担了。"

1994年有个美国记者就他正在制作的一部关于"世界各修行传统中的神圣之母"的电影而采访帕帕吉。他的回答中有一条特别重要:

问:对印度人而言,母亲有很多形象。您是不是有最钟爱的形象?能否谈一谈?请讲个这一最珍贵形象的故事。

帕帕吉:有很多不同的母亲,但从一开始我的母亲就是恒河。对我来说她并不仅仅是条河,她是神圣之母。出于慈悲,她化身为河。我曾经从她在孟加拉湾的入海口往上沿着河岸走到靠近源头的小镇乌塔尔卡希(Uttarkashi)。我曾经在1954年的壶节上看到她现为人身。

然后帕帕吉详述了刚才那个故事。在采访中,帕帕吉还回答了其他几个有关神圣之母角色和重要性的问题。以下是他的回答：

问：尊敬并表达我们对神圣之母虔诚的最好方法是什么？

帕帕吉：尊敬或虔信神圣之母的最好方式是成为她的圣子。这是最好的方式。

问：神圣之母的恩典如何帮助我们了悟真我？

帕帕吉：你需要神圣之母的恩典，或者你师父的恩典。如果你得到了这个恩典，你就得到了一个巨大的加持。当神圣之母加持你的时候，从你内心就升起了"我想要解脱"的渴望。你是不会从你的生母那里得到这个渴望的，只能从与你同在的神圣之母那里得到。这个力（Shakti），这个神圣之母，给了你冲动，让你想要向内看去，寻找她是谁、她是什么、她从哪里来。她只这样加持了少数人。如今世界上有六十亿人，但只有少数人被神圣之母选中。

问：基督教说耶稣基督的母亲玛利亚是神之母。这几年世界各地都有人净观见到圣母玛利亚。波西尼亚的残酷战争中有过这样的例子。这些净观是从何而来，背后的教示又是什么？

帕帕吉：这样的事情是会发生的。心灵纯净的人能看到神的形象。我曾经好几次见到玛利亚的形象。我在瑞诗凯诗逗留期间也看到过一次耶稣。那段时间有几个外国传教士定期来看我。我告诉他们见到的境界，他们对耶稣和玛利亚选择向我现身感到很惊讶。他们中有一人在他的书中写到了这件事。对于任何有着纯净神圣的心灵，并且追求或崇拜某个特定形象的神的人，这些净相就会出现。

无论何时旅行到北印度，他都会去拜访在壶节招待过他的米什拉先生。下面这个故事中,帕帕吉说起米什拉家另一个很不凡的成员。

米什拉先生是我一个非常老的弟子,和我很亲。1948年他被派到彻克(Churk)水泥厂担任销售负责人,我那时第一次遇到他。之后的岁月中,他被派到邦内各个不同的地方就职。只要我在北方邦,就会去拜访他,无论他在哪里。

事情发生时我正在卡纳塔克邦工作。米什拉先生那时是斯哈赫贾汉普尔[①]的地方官。我有了假期,所以就回到勒克瑙,想见家人。但当我抵达勒克瑙的时候,没有直接回到在纳希的家,因为我突然感到有强烈的冲动要去拜访米什拉先生。

我径直去看他并且住了下来,因为他和他妻子都有很多问题要我解答。

有一天,我正在他们的起居室谈到各种修行问题,他们八岁的女儿走过来,提出一个有趣的请求。

"你总是跟我爸妈提到黑天。今天我想跟你在一起,这样我也可以看到黑天了。我想见他,因为我很爱他。"

司机来到门口接她,送她去学校,她上学已经有点晚了。可司机叫她上车时,她不愿离开,惹得她妈妈发起火来。我于是也开口劝去上学去。

我说:"今天你必须去上学。明天我会让你见到黑天的。"

她很高兴我答应了她,就去上学了。第二天,在她该上学的时候,她又来求我让她见到她的黑天,我又一次对她说她得出门了,不

[①] 斯哈赫贾汉普尔(Shahjahanpur),位于北方邦的一个城市。

能逃课,我会找时间让她见到黑天的。这一次她生了我的气。

"每天你都跟我说'明天,明天'。但到了明天,你又要赖。"

这一次我说:"明天我一定会让你见到的。只要你现在去上学,我就答应你,我明天一定会让你见到他。"

第二天,小女孩坚决不去上学,除非我让她见到黑天。我能够看到和感受到她的兴奋。她真心感觉到自己马上要看到黑天了,她真心相信只要我愿意帮她,黑天就会在她面前出现。

她父亲已经出门上班去了,她母亲正在厨房干活。我让她走到我的房间,然后把门关上。

"现在,"她说,"让我看到黑天吧。"

我告诉她:"黑天现在正站在你面前。你看不见吗?"

"不,"她抱怨道,"我看不见他。他在哪儿?你答应要让我看到黑天的,但是我哪儿都看不见他。"

我换了另外一个方式。"黑天很饿,"我说,"他想要吃点东西,你有什么可以给他的吗?"

她想了一下,然后回答说:"在我书包里有一些巧克力,妈妈让我带到学校吃。"

她冲到她房间,拿来一整条她妈妈给的巧克力。

她把巧克力递给我的时候,我说:"现在给黑天吧。"

"但是他在哪儿?"她问,"要是我看不见他,怎么能给他呢?"

我告诉她,她先要给出去,只要递出去作为献礼,黑天就会出现在她面前,收下它。

她把巧克力放在手心里,然后伸手出去,伸得长长的。

突然之间,她叫了出来,非常大声:"黑天!你不能全吃掉!我也要一些！"然后她大幅度挥着手臂，看上去好像是要打谁的胸脯。

"还给我！"她叫道，"我要一半！"

她母亲听到了声音，就冲进我的房间看发生了什么。

"宝贝，发生什么事了？"她非常担心地问。

她女儿回答道："看！黑天在吃我的巧克力。他把一整条都拿走了，所以我打了他。我打了他后，他就还了半条巧克力回来。看啊，妈咪！现在他正抱着我，用腿缠着我的腿。他不想让我走。"

她母亲似乎不以为然。"你在撒谎。除了师父之外，我看不见你身边还有什么人。"

"但是妈咪，你怎么就看不见他呢？我清清楚楚看到他了。他就在我面前！"

当她母亲再次表达她的怀疑时，女孩说："好，如果你看不见他，我会给你画一张画，你就知道他长什么样了。"

她拿了几张纸和一盒彩色铅笔，坐下来画了一幅美丽的黑天的画。我在印度各地看到过很多黑天的照片和图像，但我从来没有看到过像这个小女孩画的那样的。这不可能是凭记忆而画的，因为其他的画都跟她的不一样。这幅画上两个身体美妙地纠缠在一起，无法分辨一人的身体是从哪里开始，另一个身体又是在哪里结束的。

帕帕吉曾经在他勒克瑙的萨特桑上多次讲到这个故事。

1994年2月，有个访客给他写了张纸条，直接问道："您能让我看到神吗？"

帕帕吉把他叫起来，让他来到前面，然后讲了他是怎么让小女孩看到神的故事。

说完故事，他说："你知道为什么这个小女孩能看到神吗？因为她天真无邪。她坚信只要我让神出现，他就会出现在她面前。当你这样坚信神真的就在你面前的时候，他就会真的现身在你面前。只是你不信才让你无法看到他。"

"你问我是否可以让你看到神。我现在就告诉你，他正站在你面前。如果你真的相信他在那里，你就会看到他。现在，你看到了吗？"

这个男子沉默了一会儿，然后说道："不，我没看到他。"

"再看，"帕帕吉说，"如果你有那种天真，如果你有信心他在这里，你就能看到他。你现在看到他了吗？"

几秒钟后，这个男子的脸亮了起来，他喊道："我看到他了！"

他跪倒在帕帕吉脚下，大笑着说："太简单了。太简单了。"

帕帕吉被这个事情逗乐了，控制不住地大笑起来。他试了几次想要重新开始萨特桑，但每次都失败了，因为他止不住笑。和大众一起大概笑了十分钟后，帕帕吉放弃了，中止萨特桑回了家。

后来帕帕吉评论说："我看到了他脸上的天真。我知道只要我告诉他神在他面前，他就会看到的。"

在此一个月之前，帕帕吉参观沃林达文时也发生过非常相似的事。

1994年1月，我带着六个弟子从勒克瑙去德里。回来的路上，我们去了沃林达文，在一个道场待了几天。在那里的第一天早上，我们一起去了一家餐厅吃早饭。

那里有个俄罗斯男孩，他向别人打听："坐在车里的那个男人是谁?"

别人告诉他我的名字,他就走过来跟我说话。他介绍了自己,说他从莫斯科来到沃林达文是为了找拉妲(黑天的伴侣)的。

吃完早饭后,他跟我说了他的故事。

"我去了莫斯科的 ISKCON[①],问他们:'拉妲住在哪里?'

"他们给我看了庙里的拉妲雕像,说:'这是拉妲。'

"我不信他们。对我来说,拉妲是真人,不是石像。

"我对他们说:'她不会跟我说话。我要见真的拉妲,能跟我说话的。'

"他们认为我疯了。他们告诉我:'她才不会说话呢。这只是拉妲的像。'

"我并不满意于一个形象。我要真人。最后,有人建议我应该来沃林达文,因为她曾在这里向她的信徒现身过几次。我这趟旅程的唯一目的就是看到拉妲真人。我已经走遍了沃林达文,到处问人:'拉妲在哪里?我想要见拉妲。她在哪里?'这里的人总是让我去到庙里看她,但是我不想看雕像。我想要看到她本人。这里的人和莫斯科的没区别,他们认为拉妲就是待在庙里的雕像。

"然后有人在街上指着你,说你曾经见过拉妲。你真的见过拉妲吗?"

"是的,"我告诉他,"我看到过她很多次。"

"你跟她是什么关系?"他问。

这个问题提得很好。我看着他,回答道:"她是我妻子。"

---

① ISKCON,International Society for Krishna Consciousness,"国际黑天意识协会"的缩写。

这个回答让他非常高兴。他跳起来，喊道："对！对！你是真的明白人。这也是我和她的关系。我想要见到我的妻子，并不是庙里的什么石像。我想要抱着我妻子的活生生的身体！"

然后他一脸祈求看着我："你能让我看到拉妲吗？世界上其他的东西我都不想要。我只想见到拉妲。"

我当时正准备走了，所以邀请他一起走。

我对他说："我们不能在马路当中就这么谈这些事。跟我一起去我们住的道场吧。"

一到了我的房间，他就开始拿各种问题轰炸我。我没合眼，一直在跟他聊，过了半夜我们还在谈话。

到准备睡觉的时候，他对我说："我哪儿都不去。我可以在你房间跟你睡吗？你是唯一真正了解拉妲的人。我要跟你在一起，其他地方我都不去。"

然后他开始表达对拉妲的爱："没了她，我不能吃不能喝。没了她，我不能睡不能动。拉妲！拉妲！拉妲！请来我这里！"

我打断他说："你在唱诵谁的名字？如果那人正站在你面前，你就不需要叫他名字。你直接就跟他说话了。拉妲就在你面前。为什么你看不到她，不跟她说话呢？"

然后，他就这么终于见到了她。

他猛然跳起来，喊着："我看到你了！我看到你了！"扑到我身上，开始拥抱亲吻我，就像对妻子那样，爱抚、亲吻着我。等他终于平静下来后，又开始抽泣、颤抖。他把头枕在我腿上，和我待在一起直到早上。

第二天，有人过来邀请我去尼姆·卡洛利·巴巴道场。那天是节日，他们要我去那里吃饭。我邀请他一起去，大家一起度过了愉快的一天。

晚上，他对我说："我的任务完成了。到这里要做的事，我做完了，就没别的事要做了。明天我会回莫斯科，会跟那里的所有人说我的经历，说我在沃林达文遇到了活生生的拉妲真人。"

并不是所有来见帕帕吉、请求见神的人都能满愿。帕帕吉偶尔会提到一个法官的故事，后者来见他，提出了以下请求：

"迦纳卡[①]国王在跨腿上马的片刻，就从八曲仙人[②]那里得到了证悟。我曾经听人说您也有这个力量。您能在片刻之间就让我证悟吗？"

"可以，"帕帕吉回答说，"但首先你先要去哈兹拉特·甘吉，在指挥交通的警察面前五体投地礼拜。如果你这么做了，我保证你能够得到证悟。"

法官拒绝了。他太骄傲了，不肯在一个底层交警面前降低身份。

帕帕吉有时候会提到20世纪50年代至60年代的另外两个故事，他拒绝了类似的请求，因为对方不够严肃认真。有个美国男人想要证悟，但是他只有三天时间，他没法从工作中抽出更多时间，于是帕帕吉对他说了以下这个故事：

[①] 迦纳卡（Janaka），古印度毗提诃（Videha）王国的国王统称，又译作"阇那迦"。
[②] 八曲仙人（Ashtavakra），印度教经典中的一个智者，他生来身上即有八处扭曲：双脚、双膝、双手、胸和头。《八曲仙人之歌》中记载了他对弟子迦纳卡关于觉悟的教导，中译本可见红桌文化出版社2021年出版的《你就是觉性：〈八曲仙人之歌〉讲解》一书。

我记得另一个像你这样的男人,他在多年前来看我。他是个医生。我们之前从未见过,但他不知道通过什么方式听说了我。他那时到离我家很近的一个银行处理些事情。我一个弟子曾告诉他纳希有个人叫彭嘉吉,能够让他看到神,所以他就想顺便过来看看我。

在印度的银行,取钱的人总是排成长队。你得先填一张取款单,然后交给银行职员。职员会给你一块黄铜牌子,上面的数字表示你的号数。

这个医生敲了我家的门,说他来是为了看看我是否能让他看到神。我邀请他进来,但是他并不接受,他说他没多少时间。

他把黄铜牌子给我看,说:"我刚从银行过来。他们正在处理我的单子。我是13号。我在这儿不能耽搁太久,前面12个人取完钱就轮到我了。"

我对他说:"你不能等取完钱之后再过来吗?你要是一直在想银行里怎么样了的话,我是无法让你看到神的。"

"不行,"他回答道,"我之后也不能过来。本邦的行政长官已经邀请了我去他家唱诵拜赞歌。"

我打发他走,说:"我也很忙。如果你没时间待在这里的话,我也没有时间让你看到神。"

这并不是偶然的例子。也有其他人随随便便过来,就想要立刻见效。

我认识一个男孩在勒克瑙这里读医科。他当时是内外全科医学士的三年级学生。他跟我说了好几次他想要一睹神的真容。

我告诉他:"先完成你的学业。然后,当你再也不需要应付考试的时候，我会让你看到神的。"

我不想他还在上大学的时候就变得太痴迷于灵修之事，我知道这可能会对他的职业有负面影响。

但是我又想："等到他取得了医生资格，又会忙着看病人、照顾父母。何必延后呢？"

于是我对他说："我会让你看到罗摩。我会让你看到神，明天就让你看到。早上六点钟来，我保证会让你见到神的。"

第二天早上他准时到了。我让他进来，把门关上，因为我不想别人打扰我们。正当他关门的时候，有人在街上喊他的名字。

这个男孩说："这声音好像是我弟弟。他一定是有什么重要的事情要找我。我得出去看看他有什么事。"

然后我听到了以下的对话。

"有些人从镇外面赶来看我们，要来提亲。他们正等在家外面。你得回去，我们要你来一起商量。你不能待在这里。大家都等你回去，好坐下来开始商量呢。"

在印度，新娘家会去新郎家提亲。新娘本人不露面，她的父母会替她商量。商量妥了，新郎家就会约个时间去新娘家相亲。

男孩对我说："我现在得走了。这是家里的大事，缺了我就商量不了。我尽早赶回来。"

我等了他整整一个上午，但他直到午饭后才回来。

"很抱歉来晚了，"他说，"但大家待了整个早上。到了中午，我们又得招待他们吃中饭。现在他们都走了，我们可以继续我们的事了。"

我不让他进来。我站在门口说："你曾经有过一次机会，但不会有第二次。如果你真心实意要见神，完全可以把你家商议的事推迟几小时。哪怕他们错过了你，其他要提亲的新娘也多的是。我给了你一次机会，是今早六点，但是你拒绝了，因为你认为家事比见神更重要。你不会再有第二次机会。"

当属于你的那次机会到来时，就必须把握住，不管付出什么代价。你可能不会再有第二次机会了。

这一章前面我提到一连串黑天的故事，其中讲到帕帕吉如何让罗摩湿瓦·米什拉的女儿在卧室看到神。我还要再说几个她的故事，可以看出她对帕帕吉有多么强烈的虔信心。

我在南部工作的时候，收到了罗摩湿瓦·米什拉的消息，说他有一个月的假期，想要在瓦拉纳西跟我待上一段时间。我就也请了假去看他。

在他家和他家人住了几天后，我说："既然我都到了北部，就该去勒克瑙看妻儿。请原谅，我不能把时间都花在这里。"

米什拉先生劝我再待一段时间，他说："下周日我们都回阿拉哈巴德，去勒克瑙也顺路。你可以待在这儿，然后再一起去勒克瑙。"

我同意了，就在阿拉哈巴德又待了几天。那时候米什拉先生的女儿已经非常黏我了，她坚持要睡在我房间里。她听到我准备去勒克瑙而不带着她时，就找来一根绳子，把我的脚绑在床上，这样我就走不掉了。还有一次，我把她扛在肩膀上时，她咬了我，然后放声大笑。

她家里人吓坏了，想要教训她，但她说："你们不懂。我太爱他了，有时候我得尝尝他的味道。这个劲儿上来的时候，我也控制不住，我得咬他。"

我住在那里时，每天早上都会带她去三河交汇点，即恒河、亚穆纳河和萨拉斯瓦蒂河交汇的地方。沐浴完毕后，她会用泥巴涂满全身，一坐下打坐就是几小时。到了下午一点时，我不得不提醒她要吃中饭了，然后带她回家。如果我不这么做的话，她会在那里坐上一整天。

下面这个故事就发生在帕帕吉刚说到的事情前不久。

有次我住在罗摩湿瓦·米什拉家的时候，他问我是否愿意去见阿拉哈巴德大学的几个学者。米什拉先生本人是从这所大学毕业的，他想要把我介绍给几个他在那里的熟人。我同意了，就定了下一个周日见面。主客是罗伊教授，哲学系的系主任。他提前通知我们说会带他的十个研究生过来。大约下午五点，他们都到了，于是安排他们落座、喝茶。

每次我到米什拉先生家做客，他八岁的女儿总是黏在我身边，所以会面时，她也坐在我附近。教授向我提问，一开始就说他曾到商羯罗阿阇黎所在的阿拉哈巴德的一个道场去问过这些问题，但没有得到令他满意的回答。

我想要用英语回答他，因为他的印地语不是很好，但是这个女孩命令我说印地语，因为她听不懂英语。教授让她父亲把女孩带出房间，因为她的干扰让他没法跟我说话，但她执意留在我身边，声称无论如何都不会离开。

我不想让女孩失望，也不想让教授失望，所以我对罗伊教授说：

"只要我用印地语说了之后,这个女孩就能回答你的问题。"

她看着我,抗议道:"但是我不会说英语啊!"

我看着她,权威地说:"你开口时,就会说英语了。"

罗伊教授开始用英语提问。我就用印地语回答,好让女孩高兴。然后,让所有人大为惊讶的是,她把回答完美地翻译成了英语,准确流畅,发音清晰。罗伊教授经常使用 knowledge 这个单词来描绘一种特定的意识功能。而女孩回答时,在提到同一个现象时,用的是 learning 一词。教授反对她的用词,说自己的用词才更契合想要表达的观点。最后,我们翻了牛津字典,发现女孩的用词更加精确。

她大显神通的消息迅速传遍了整个镇子。人们开始来找她,因为据说她能够回答所有问题。

有个云游僧过来看她,问她:"当你回答这些问题的时候,是谁在说话?"

"我的上师尊。"她回答道。

"那你的上师尊住在何处?"云游僧问。

"在心里。"她答道。

"你的心在哪里?"他问。

她指着我的胸口说:"我的心是上师尊的心。当我说话的时候,是他的心在说。"

云游僧在她面前礼拜,说道:"现在我明白这是怎么回事了。"

这个女孩对于哲学和英语一无所知,却给博学的教授和云游僧上了一堂实实在在的上师虔信力的课。

和米什拉家人待了一段时间之后,我要回勒克瑙看我的妻子和孩子,就不得不离开了。

20世纪50年代，帕帕吉时不时回到北印度看望家人和老弟子们。因为矿场宿舍的生活条件相当原始，帕帕吉觉得他的家人还是待在勒克瑙更好。他的两个孩子在那里念完了中学，后来都考入了勒克瑙大学。

帕帕吉在回家期间继续带萨特桑。阿比什克塔南达·斯瓦米20世纪50年代末期记录下了一次萨特桑，发表在他的《慧焰山的秘密》一书中。这个记录让我们能一瞥帕帕吉那直接、不废话的行事风格。

他几乎每年都回勒克瑙看望家人和那些数不清的盼着他到来的朋友们。他的小房间几乎永远人满为患……

他从来不迁就访客……对于那些在他看来是在误导众人、让大家停留在外在宗教修行上的人，他格外不留情面。这种外在的修行对于弟子来说往往很有安慰作用，同样对于所谓的上师而言，也很能带来油水。

有个晚上，一位有名的医生的车停在帕帕吉家所在的小巷。

"他们告诉我，先生，您拥有神通。是吗？我渴望见到神，您能帮我看到吗？"

"为什么不呢？"哈利拉尔平静地答道。

"那么……？"

"那么，如果你真的打定了主意，我们可以来看看。但是我要你先严肃地想一想。这不是开玩笑的事情，也许会超出你所设想的。"

"没关系。您不用担心，"然后，带着会心的笑容，他说，"要知道，我付得起这个钱。"

"是吗？"哈利拉尔说，"既然这样，让我们都摊开牌来，聊聊正事。"

"您想要多少？"他这么说着，就从口袋里掏出了支票本，把它放在桌上。

"你准备付多少？"哈利拉尔冷冷地问。

"如果您要我出一拉克（lakh，等于十万卢比），我可以马上就开支票给你。"

"你真的可以在这上面花一拉克？这不会让你为难吗？决定之前，你再想想。大致算算，这样你还剩多少？"

这位先生开始算了起来。财产、房子、债券、存款，所有加在一起，他有的财产为六十五到七十拉克。

"我懂了，"哈利拉尔严肃地说，"你是不是在跟我开玩笑？你说想要看到神，这是你最大的渴望，诸如此类。但是为了这个，你只愿意放弃六十五分之一的财产。你不能这样子跟神开玩笑！你浪费了你的时间，也浪费了我的。没有必要再待下去了。晚安！"

几年后，帕帕吉在吠德耶罗耶邦森林的工作也告一段落。他已经成为在偏僻地点搭建、管理矿场营地的专家了，公司派他到了卡纳塔克邦其他地方担任类似的工作。我让帕帕吉给出一个他在20世纪50年代至60年代工作过的地点清单，他写了下面这个列表：

我为采矿公司在很多地方工作过：
M.G. 矿场，采铁矿
海贝格古达（Habegegudda），采锰矿，这都在图姆库尔

（Tumkur）区

敕特拉杜尔嘎（Chitradurga），采锰和铁矿

哈利亚尔（Haliyal），采锰矿

伐折罗（Vajra）矿场，采锰矿

师林格里，采蓝晶石矿

果阿邦的安莫德（Anmod），采铁矿

石头堡（Castle Rock），采锰矿

达尔马萨拉（Dharmasthala）

库德里穆克（Kudremukh），采铁矿

工作期间为 1953—1966 年。

大多数地点在卡纳塔克邦的北部或西部。

帕帕吉积累了更多矿场的经验后，公司让他负责了几个营地。他需要在几处出差，监管每个地方的工作，偶尔也要去勘察他的雇主感兴趣要投资或采矿的新地点。这些年中，他的工作地点在敕玛嘎罗（Chikmagalur），卡纳塔克邦西部的一个小镇上。他在那里有间办公室，但是大多数时间都在路上，视察矿场，或在附近西海岸的港口芒格洛尔安排矿石运输。有段时间，他住在当地一户人家家里。这家的成员帕尼先生对帕帕吉的来访有着美好的回忆。

在我敕玛嘎罗的家中，室利·彭嘉吉就像家人一样住了好几年。我是 TVS 包裹投递公司的业务员，大部分时间在仓库里。只有大家一起吃饭的时候，我才有机会和室利·彭嘉吉相伴。我的妻子和妻妹在室利·彭嘉吉的指导下，非常乐于烹饪北印度的菜肴。做菜成了一

种娱乐，而不是日常家务，充满了乐趣。就算现在我们也做这些菜，每次做的时候，就会想起室利·彭嘉吉第一次烹饪的光景。他喜欢和我哥哥的孩子们在一起，他们都不满十二岁。在他的陪伴中，我们都意识不到时光流逝。

也经常有访客来看室利·彭嘉吉。通常他们会在他面前静静一坐几个小时。他也很少说话。有时候，如果他没有事情做，也没有访客来，他会在镇子边上散步很久。

我们开始非常依恋他的存在和陪伴，当他不得不到芒格洛尔几天去管理矿石运输的时候，我们就变得百无聊赖。他会让我们在那儿办事的卡车司机带消息回来。收到他说要回家的消息时，我们全家都会非常兴奋。

那期间，有次我们决定搬新家。在原来的地方我们是和人合租的，都觉得是时候该搬进属于自己的地方了。白天，我们去看房子，如果有觉得合适的，在晚上就会告诉室利·彭嘉吉。

每次他都说："带我去看。"然后我们就带他去看那个房子。

一开始，他都是泼冷水。他会检查这个房子，但不是通常意义上的做法，而是用某种方法感受从之前的房主那里积聚起来的气场。

"不要买这家，"他会这么说，"砖头在哭泣。这里发生过不好的事情。不是适合居住的好房子。"

对最初的几间房子，他都做出了类似的评论。最后，我们终于找到了一间得到他肯定的房子。

"这是适合你们的房子！"他喊道，"这是非常好的房子。这里的砖头在唱着'罗摩！罗摩！'这里之前举办过很多次火供和拜赞歌仪式。搬进这一家吧。这里的气场很好。"

他的工作之一是管理员工福利。他负责矿场里的生活、工作环境，四处奔波以确保他的工人得到合适的照顾。有次在发薪日，他走了好几英里到巴巴度丹①山给那里为他干活的一些苦力发工资。他其实可以第二天等雨小点再去，但那就会让工人们苦候了。回来的路上，他毫不意外得了重感冒，因为一整天都在雨中走路。但回到我们家几分钟感冒就减轻了。

我问是怎么能这样迅速好转的，他笑着回答说："湿婆神（Lord Siva）现身在我前额上涂了圣灰。他一触碰我，我的感冒就减轻了。"

有时候他会显得很不在意自己的身体以及它在做的事情。我有一次看到他塞了一把辣椒到嘴里，心不在焉地咀嚼着。我对他这么能吃辣感到惊奇。当我跟他这么说了以后，他突然意识到自己正在做的事，马上把剩下的辣椒都吐了出来，赶紧要水喝，好冲淡嘴里的烧灼感。要不是我提醒他在做什么，他完全没意识到嘴巴其实已经被辣伤了。

在他身边总是充满快乐。他很少把事情当真，总是在开玩笑，但是他的玩笑常常藏着很严肃的意思。举个例子吧，我哥哥的儿子，当时大概只有五岁，一直会听当地清真寺号召祈祷的宣礼②。他记得一些词，就开始在家里唱起来。

彭嘉吉听到他唱的，就开玩笑似的说："你在呼唤穆斯林的神，但他要是出现的话，麻烦就大了。你普嘉房里的都是印度教的神，如果你现在呼唤的神出现在你普嘉房里，那就要引发大战了。如果你想家里太太平平的，还是只尊奉你已经有的神吧。"

对他而言，神是非常真实的，他们不只是普嘉房里的图片或偶

---

① 巴巴度丹（Bababuddin），位于卡纳塔克邦。
② 宣礼，在伊斯兰教清真寺中每到礼拜时间，就有唤礼者大声呼唤信徒前来礼拜。

像。他们经常在他面前出现并说话。我记得有一天和他坐在一起，他描述了在果阿的摩诃拉克希米寺（Mahalakshmi Temple）和芒格洛尔的芒伽拉女神寺（Mangala Devi Temple）的经历。这两个地方女神都出现在他面前，说了好几个小时的话。

有次他出差去芒格洛尔，返程路上有一次死里逃生的不寻常经历。

我去芒格洛尔港口装船，那一整天我都在监督把矿石分批装上船。我必须确保所有的矿石都装上船，文档也填写处理正确。装完船，我的公司能收到百分之九十的矿石钱。剩下的百分之十会在检验矿石后打到银行账号上。那一天我必须留下来，因为我的主管特别要求我待在那里，一装好船就拿到百分之九十款项的汇票。他要我第二天把钱带到班加罗尔交到他手上。

那天一直到晚上九点才收工。我忙了整整一天，非常累，没休息过，也没吃任何东西。船长倒是给了我点东西吃，但被我拒绝了，因为里面有肉。我知道要准时赶到班加罗尔，就得马上从芒格洛尔出发，通宵开车。这并不是我特别喜欢做的事。我又饿又累，但如果不连夜开上几百英里，我就没法吃饭，也没法睡觉。

西高止山脉[①]上的山路大约高于海平面五千英尺。哪怕在白天，都是很难开的一段路，因为要面对十二个很急的弯道。还要当心野象，因为那时候森林里还有野象活动。听说曾有好几次野象攻击了过往的卡车，把车从路上推落峡谷。这条路是需要特别警觉当心的。

---

① 西高止山脉（Western Ghats），在印度南部，位于德干高原西部，呈南北走向，长约一千六百公里，平均海拔九百米，东坡平缓，西坡陡峭。

我当时的计划是先开到山脉另一端的全天候营业旅店。我觉得如果能在晚上开上这样一段路，就可以在旅店休息、吃饭，睡上几小时，早上再上路去班加罗尔。

我记得醒来的时候，发现自己头枕在方向盘上。我完全清醒了，就好像饱睡了几个小时一样。我环顾四周，想看看自己到哪里了，很惊喜地发现我已经在山脉另一端了。我在毫无知觉的情况下安全开过了那十二盘道。我搜肠刮肚试图回忆，但只能记起从芒格洛尔开出来的最初几英里。

我要去的旅店已经很近了。我开到了那里，喝了几杯咖啡，然后又开了剩下的一百英里，到了班加罗尔把汇票交给主管。之后我去一家旅店洗了澡，想要睡觉，但却不困。

哪怕在白天，那都是非常难开的路。一边是山壁，另一边是深深的峡谷，路面只有二十英尺宽。今天，当我回忆起这段故事，寒毛都竖了起来。如果当时是真的睡着了，我绝对死定了。

我琢磨了好一阵。唯一能想到的答案就是我依靠加持逃过一死。那个晚上，有力量在看顾我，因为我注定要活下来。我注定要成为那个力量的管道，所以不允许我死掉。我死里逃生，因为那个力量需要这个身体去做它的工作。

而另外一次事故中，帕帕吉真的出了车祸，造成的麻烦远比这次多。

有次我坐着吉普车从伐折罗矿场到敕玛嘎罗，一个大约十三岁的女孩突然间横穿马路，来不及刹车，我的司机径直冲了过去，把她撞死了。当地的村民手拿棍棒在后面气势汹汹地追着我们，看起来像是要把肇事司机杀掉，于是我让他继续开，好躲避这群暴民。到了第二个镇上，我向当地警察报了案。死去的女孩的家人也来到了警察局，说我的司机是故意撞死他女儿的。警察相信了他们的说法，就逮捕了我的司机，把他关押在当地监狱里。全部村民都来到监狱，哭女孩死得冤，在警察已有的记录之外又补充他们的投诉。警察把我带到事故现场，记下了所有人的证词。根据这些报告提交了案件的一手报告。负责的警官没收了我的吉普车，告诉我他要收押我的司机，直到上庭那一天。

我知道不是我司机的错，所以我直接就签署了一个一万五千卢比的保释金担保书保他出狱。我签署的保证书保证在开庭那一天，我会带他出庭，否则就要赔一万五千卢比。

这个司机害怕会被判处几年徒刑，所以逃到了在喀拉拉邦的家里，在开庭那一天并没有露面。我雇的律师罗摩达斯·伊文噶尔（Ramdas Iyengar）说服了法官给我一点时间把司机找到带去法庭。法官给了我七天时间，让我把潜逃的被告找出来。

我马上就派人去他在喀拉拉邦的家，但却落了空。他妻子声称已经一年多没看到过他了，而他或许就藏在那里，害怕要坐牢不敢回来。

我申请再延期七天，好再彻底找一找，地方法官也很仁慈地允许了。但是他警告我这是最后一次延期。

"如果你在下一次庭审的时候没法把司机带到，"他对我说，"你就要付给法院一万五千卢比。"

但我第二次搜查还是失败了，我请了假回到法庭，请求能允许我分期把债务还清。我那时的工资并不高。我希望能说服法官批准每个月还款低于两百卢比。因为我要养妻儿,每个月剩下的钱也就那么多了。甚至是这样的赔法,我还要花上好些年才能完全还清。

罗摩达斯·伊文噶尔告诉我他本人不能出席庭审,因为他在其他地方有个约会,但他把这个案子交给了一个他认为很可靠的朋友。他向我保证,这个人能说服法官给我一个轻松一点的分期还款数额。

我在约定的那一天去了法庭,但却怎么都找不到这位律师,找遍了大楼也不见他的踪影。我最后发现他被临时叫去另一个法院处理一个案子,他都来不及通知我。这让人很恼火。我并不想让法官心情不好,我需要说服他对我宽大处理。

就在我的案子要开庭之前,我遇到了另外一个认识的律师。他曾经到我家拜访过,和我讨论虔信和智慧的区别。那次我消除了他的疑惑,所以我觉得他或许愿意帮我的忙。我向他跑去,解释说我急切需要一名律师说服法官让我用小额分期付款的方式付清欠款。我的这位律师朋友叫斯塔拉马亚(T. Sitaramaya),愿意以一百卢比的费用接下这个案子。我同意了,就事先把钱付给了他。我随身带了点钱,因为我知道不管发生什么,法庭或许都要我付一些现金的。走进法院参加庭审的时候,我匆匆地给斯塔拉马亚先生说了一下案情。

叫到我的名字时,我的律师向法官解释说他在几分钟前才被雇佣,需要几小时来研究一下案卷。他说我原先雇佣的律师无法出席,被叫去参加迈索尔另外一个案子。法官准了他的请求,庭审就被推迟到那天晚些时候。

在推迟的时间里,我告诉斯塔拉马亚先生:"你一定要礼貌地对待法官。我不是有钱人。请努力说服他我只能每个月付五十卢比。向他好好求情,因为他有权随他的意定下每月还款的金额。"

律师简略看了一下案卷,说他对此很有把握。

几小时之后,叫到了我的名字,斯塔拉马亚先生站起来发言,但是他没有请求宽大处理,他开始攻击法庭和法官。

"我的客户要起诉你们,"他开口说道,"你们不必要地骚扰了他。你们迫使他来到法院出庭了好几次,但你们并没有权力传唤他到这里。你们一直在浪费他的时间,所以我建议他对你们采取法律行动。"

我的心一沉。搭上这么个律师,我今天不被关进监狱就算走运了。斯塔拉马亚先生在法庭上的奇怪举动是尽人皆知的,但我从没想到他会这么故意地搞砸一个案子。

他继续说:"我这里有我的客户签署的保证书。上面写着我的客户如果不能带他的司机出庭的话,他要支付一万五千卢比给迈索尔大君政府。但现在这个法庭,是办理印度政府而不是迈索尔大君政府的案件的。你们没有权力传唤此人到此地,也没有权力让他支付一分钱。"

斯塔拉马亚先生向法官和检察官出示了保证书。他们讨论了一会儿,但最后不得不同意他的说法。事情是这样的:在独立之前,我所在的这个地区属于迈索尔大君,由他统治。独立之后,迈索尔邦加入了新独立的印度国,所以在这里大君就失去了权力。但有一段过渡时期,新的邦政府还在使用迈索尔邦的法律文纸,因为他们还没拿到新的。在这个时期,法院的官员会画掉页头的"迈索尔大君"字样,而改成"印度政府"。准备我保证书的文员忘记这么做了,所以我的财务保证是做给已经不复存在的迈索尔邦的,而不是印度政府。

因为迈索尔邦不再存在,地方法官和检察官最后同意我不用付钱。案子被撤销了。

我原来的律师罗摩达斯从迈索尔回来时,我把发生的事情告诉了他。他为自己没能发现这个问题而道歉。如果是他出庭,我余生的工作时间就都得忙着还债了。

在南印度的工作生涯中,帕帕吉遇到了几个被人们视为伟大圣者的人物。本书之前已经提到过他在克里希那吉里附近遇见一名苦行僧的故事。他还和尼提阿南达·斯瓦米有过短暂的会面,20世纪30年代早期他在孟买工作的时候就已经见过他。20世纪50年代,尼提阿南达·斯瓦米住在喀拉拉邦北部。有一次去芒格洛尔出差之后,帕帕吉去了喀拉拉北部再次拜访尼提阿南达。我没有听他说起过这第二次的会面,但是他有时会说到当时斯瓦米在喀拉拉邦和卡纳塔克邦南部极受尊崇,很多人家里放着他的画像。有些人告诉帕帕吉自己因为受到了斯瓦米的加持所以变得非常有钱。

谈到那个时期与其他人的一些会面时,帕帕吉谈得更为细致。

阿比什克塔南达·斯瓦米曾跟我说起过这个名叫格南阿南达[①]的斯瓦米,他住在谛卢科瓦卢(Tirukoilur),是距离蒂鲁瓦纳马莱几英里远的镇子。阿比什克塔南达·斯瓦米对他评价非常高,甚至写了一本关于他的书。有一次我们见面的时候,他认为我或许会有兴趣去看他。格南阿南达据说有一百五十岁了,认识了他五十年或者六十年的

---

① 格南阿南达(Gnanananda),据说出生于19世纪早期,于1974年入灭。是不二论行者,四处云游,包括印度、中国西藏、尼泊尔、缅甸、斯里兰卡和马来西亚,曾经遇到过许多圣人。

人说这么多年他从来没变老。我就去看他了,发现他是个胖胖的、乐呵呵的老人,精力四射,充满了幽默感。

"你要什么?"当我走近他的时候,他问。

"什么都不要,"我说,"我只是来朝觐圣容的。我来拜访您是因为我有个朋友认为我或许会乐于见您。"

"很好,"他说,"我喜欢什么都不要的人。来,坐在我旁边。"

下一个到访的是一个来自海德拉巴的钻石商人,由他妻子陪着。他妻子浑身上下都戴满了珠宝。

"你要什么?"他问。

"我们要一个孩子,"他说,"您能帮忙吗?"

"当然!"格南阿南达回答。他对助手说:"看看我们的储藏室里是不是存了点儿子。要是我们能分一点出来的话,就给这对夫妇一个。"

他是个亲切的老人,和所有人都开玩笑。我非常喜欢他。

几年后我遇到了另一个有大圣人声誉的人。我那时正在去孟买的路上,去处理一些船运事务。我有个朋友叫苏布拉马尼亚·艾耶[①](Subramania Iyer),他是孟买的国税局官员,他建议我可以在浦那中途停下,去拜访一下他的上师,一个叫作阿玛度·阿妈(Amadu Amma)的女人。他跟我说了有关她的趣事,所以我抄了地址,去浦那找她。我发现她在二楼的社区大厅举办萨特桑。那里有上百人。我并不想跟她说话,只想从大厅后面看看里面正发生些什么。

---

① 艾耶,来自泰米尔的婆罗门种族特有的姓氏,大多数艾耶都是不二论信徒。

苏布拉马尼亚告诉我她是舍第·塞·巴巴①的弟子，她可以算是他的力量和加持的管道。从来见她的人的数量来看，她无疑大受欢迎。

过了几分钟，有个男人走过来对我说："阿妈想要见您。她想和您见面。"

"我不认为她找的是我，"我说，"我并不是她的弟子，我正要去孟买处理船运的事情。她要找的一定是其他人。"

"不，"他回答，"她非常精确地描述了您，告诉我您站在哪里。其他人都不符合这个描述。"

我脱掉鞋子，上前去见她。她正坐在大厅前面的凳子上，人们上前，她就一个接一个打招呼。在她身后是一张巨大的塞·巴巴的照片。她欢迎了我，让我坐在她旁边的凳子上。

她对侍者说："这个男人拥有和我一样的力量，甚至更大。他一走进大厅我就感觉到了。他一定是个伟大的人。今天都不要礼拜我，要礼拜他。"

我并不想坐在那里成为全场关注的焦点，但他们强迫我留下。她让每个上来的弟子都向我跪拜，说我是一个来加持她萨特桑的伟大灵魂。排队等着来礼拜的人似乎没个尽头。

过了一会儿，我说："您一个弟子苏布拉马尼亚·艾耶跟我提到了您。我并没打算在这里待上一段时间的。我的司机就在外面，我在

---

① 舍第·塞·巴巴（Shirdi Sai Baba, ?—1918），又被称作舍第的塞巴巴（Sai Baba of Shirdi），印度近代的著名圣者，印度教徒和穆斯林都尊他为圣人。Sai 为波斯语中苏菲圣人的称号，意为贫穷者；Baba 是父亲、祖父、长者的意思。在印度西部的舍第镇上，一个当地的僧侣认出了他是穆斯林圣人，于是用 Sai 称呼他。

孟买还有事要办。我不能在这里过夜。"

她并不听我的。我必须招呼每一个她法会上的人,一个接一个。后来,她坚持要我和她吃晚饭。等到吃完饭,已经是凌晨一点了。

"现在你走不了了,"她说,"都深更半夜了。睡在这里吧,明天早上再去孟买。"

我就在她的中心过了夜。第二天早上,我告诉她等我在孟买处理完了船运的事情会再来看她,这才得以脱身。我并没有食言。我在回来的路上载上了她,带她去了南部。她非常热情好客地招待了我,所以我也请了几天假带她去马德拉斯和室利·拉玛那道场。

后来很久我都没有她的消息,过了几年,我向苏布拉马尼亚问起她。他告诉我她神秘地消失了。她走进了克里希纳河[①]岸边的一座寺庙,就这样消失了。再也没有人看到过她。

20世纪50年代晚期,我在敕玛嘎罗工作的时候,我遇到了这个女人的另一个弟子。他叫塞·那罗衍(Sai Narayan),一度做过她的厨师。我有朋友在找人用神通治愈自己儿子,我因此听说了他。我这个朋友本身也是医生,他的儿子得了医学上无法治疗的脑病,大概有十六岁,但是严重弱智,大脑没有真正发育好,智力只相当于一个小孩。

我的朋友听说了塞·那罗衍,这人因为能凭空变出物体而颇有名气,就和当今赛西亚·塞·巴巴据说能做的事差不多。他最爱的把戏就是变出他的弟子所供奉的印度教神祇的小雕像。我和医生朋友决定一起去一探究竟。

我们走近他时,塞·那罗衍说:"你们最爱的神是哪一尊?你们

---

① 克里希纳河(Krishna River),印度境内第三长的河流,位于印度中南部。

想要我变出哪个来?"

在我们之前的人要了罗摩、黑天和湿婆的像,所有的人都得偿所愿。我靠得不够近,所以看不到他是不是在作弊,但是他的信徒们就在他面前,他们毫不怀疑他真的是凭空变出了那些神像,而不是用了什么魔术戏法。

我看不到他是怎么做的,所以想应该要测试一下他,就让他变一个非常少见的迦梨①神像。在那个地区,没有人供奉迦梨。

他并没有要变的意思,而是说:"你不喜欢其他样子的神像吗?这并不是一尊很吉祥的像。"

我那时就知道他一定在什么地方藏着所有最常见的神祇,然后等到信众要求时,就一个接一个地掏出来。

医生介绍我说是一个从敕玛嘎罗来的灵性导师。塞·那罗衍邀请我们一起坐了一会儿,因为他想要跟我们说说自己的老师。

"她叫阿玛度·阿妈,"他开始说道,"她来自安得拉邦②的拉贾赫穆恩德尔伊(Rajamundri)镇。她曾经被舍第·塞·巴巴附体。当她处在被附体的状态时,就可以回答任何问题。我可以给你看看她的照片。"

他拿出一本照相簿,一页页地翻着。有一张照片吸引了我的注意。

---

① 迦梨(字面意思是"黑色的"),印度教的一位重要女神。传统上她被认为是湿婆之妻雪山神女的化身之一,为威力强大的降魔相。迦梨一词也可解释为时间,故中文翻译也译为时母。迦梨的造型通常为有四只手臂的凶恶女性,全身黑色,脚下常常踩着她的丈夫湿婆。

② 安得拉邦(Andhra Pradesh),印度东南部的一个邦,位于孟加拉湾西岸,为印度第五大邦。首府位于海德拉巴。

"照片中的这个男人是谁?"我问。

"没人知道,"他说,"他是出现在阿妈浦那法会上的神秘来客。她认出他是伟大的圣人,说他拥有比她更大的力量。她让他坐在旁边,让她的所有信众都向他礼拜。后来他消失了,没有人再看到过他。我听到传言说他以前在军队里待过,但是除此之外我对他一无所知。"

"这张照片没有让你想起什么人来吗?"我笑着问,"或许是你刚刚见到的人。"

他一下就认出了我是谁。他向我礼拜,并为之前招待不周而道歉。与此同时我的朋友很焦急地想知道这个斯瓦米是不是能治好他的儿子。塞·那罗衍非常诚实地回答说他根本就没有治愈能力,他只能变出神像来。我对于这个能力还是有所怀疑,但我没有说话,因为我们那时是他的座上宾。

20世纪50年代晚期和60年代早期,帕帕吉在敕玛嘎罗举行小规模的萨特桑。他在那里的弟子和朋友大多是当地的生意人。有一年,在一个节日上,所有人同时希望他莅临自己家中过节。

那是南印度的新年。不是公元的1月1日。在南印度,新年的开始是另外一天。在之前的某天,我正坐在敕玛嘎罗办公室里,我的好朋友,一个咖啡种植商走了进来,邀请我在新年那天一起吃饭。他家离我的办公室大约有五十英里。

"您一定要来,"他说,"我已经请了所有的朋友。附近的种植商也会来,还有我的许多亲戚。希望您能在中午光临。您一定要答应和我们吃饭,要是您不来的话,我们就不会进餐。"

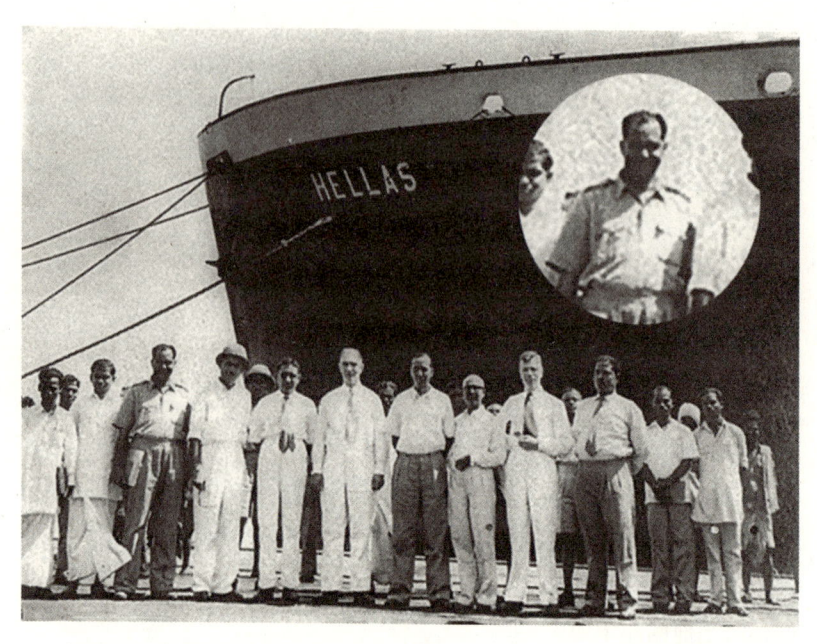

20 世纪 50 年代某次于马德拉斯将矿石装船照片。帕帕吉是左起第四人。这是我找到的唯一一张帕帕吉在南印度工作时期的照片。

这是印度一个传统。如果你的上师来一起用餐,在他开始之前,你是不能进餐的。我答应了,不想让他失望。

过了一会儿,一个当地大学的老师走了进来,邀请我在同一天同一时间到他家做客。

"我们要给您看看我们南边是怎么过节的,"他说,"这和你们北边的庆祝方式不一样。我家里人都会在,还有学校里的几名老师。请在中午时候来,我们都会等着您的。"

我点了点头[①]。我不想说"好",但也不想说"不好"。我希望我

---

① 印度人表示同意的动作是柔和愉快的偏头、歪头或左右摇晃,而不是点头。

的点头是模棱两可的,但是我的朋友把它当作了非常肯定的"好"。

下一个来的朋友拥有一支公交车车队。

"我妻子派我来请您在新年那天共进午餐,"他说,"我会请所有手下的员工吃饭。您一定要来。会餐从中午开始。"

我点了点头,但我的点头又被当作是答应了。

过后不久,我和一个当地宾馆的业主有了类似的对话。好像所有我认识的人都希望那一天我能到他们家去。我不想拒绝任何人,但我知道会出问题,因为所有的饭局都安排在同一个时间,而且所有的人都要等到我来才会开动。虽然有些地方彼此离得不近,但我想自己到这四户人家每家待上几分钟,或许就能满足所有人。

等到了正日来临,我发现不能出席任何饭局。有件急事需要我去芒格洛尔并在那里待上一天,弄清货物问题。我并没有料到自己会在芒格洛尔耽搁,所以没来得及取消之前答应的饭局。

回来后,我也没听到有人抱怨我缺席,所以我猜想大概这四个人都以某种方式及时听到了我突然前往芒格洛尔的消息。这个意料之外的急事似乎给了我一个说得通的借口,不用出席任何庆祝。

几天后,这四个人在银行碰到了。那是个小地方,镇上的商人们经常会碰面。公交车车主打开话匣说彭嘉先生在新年那一天来一起午饭了,吃了一顿大餐。另外三个很惊讶,都说我也到了他们家去一起午饭了。

其中一人说:"我的妻子让他大吃了一顿,有米布丁[①]、水果和槟榔。"

---

① 米布丁(payasam),像粥一样的甜品。

另一个说:"我家也是一样。他一定吃了十份米布丁。"

自然地,他们开始讨论起时间来。每个人都想知道我是什么时候去其他三户人家的,他们都认为我是在十二点左右到自己家的。

然后其中一个说:"或许我们都记错了时间,但他怎么可能在中午一下子吃了那么多东西呢?节日里的食物特别管饱,吃了中饭晚饭都吃不下。他怎么可能在中午连着吃了四大份午餐?这不可能。"

咖啡种植商苏巴·饶(Subba Rao)先生猜测说我或许是同时在四个地方吃饭的。

"这样的奇迹是可能的,"他说,"我曾见过他身边发生过很多不寻常的事。"

他们都不得不接受这个解释,因为其他理由都说不通。他们的房子彼此离得有点远,而且他们都非常肯定我在 12 点左右吃上了整道午餐。他们问我是怎么做到的,但我没说话。我没有告诉他们我那一整天都在另一个地方,在处理工作上的急事。

帕帕吉根本不知道自己是怎么做到的,因为他没有觉察到自己参与了任何这些活动。但曾经有一次,他提到几百年前发生过的类似事件,为此提供了一个可能的解释。

以前有个替当地国王服务的理发师。在那时候,理发师除了刮胡子、剪头发,还要做按摩。国王患有多年关节炎,所以理发师每天早上都要去王宫给国王刮胡子和按摩膝盖。

有一天,理发师的上师意外地来访。他暗自思忖:"上师是我的神。我一定要待在家里服侍他。国王或许要惩罚我,害我丢掉工作,但今天我必须要待在家里服侍上师。"

当天晚些时候,上师离开后,理发师前往王宫准备为旷工请罪。他惴惴不安地走近宫门,知道国王掌握着生杀大权。

王宫护卫对他说:"你怎么又回来了?国王又传唤你了吗?"

理发师听不明白,还以为护卫在取笑他。理发师不请自来的消息传到了国王耳中,他马上冲出来迎接理发师,高兴地拥抱他。

"你今天早上来过之后,"国王说,"我的关节炎就彻底好了!这是我做过最好的按摩。我还没来得及谢谢你,你就溜走了。我很高兴你回来了,因为我要奖赏你。"

国王给了理发师一袋金子,说:"你也不用再来了。我不需要任何按摩了。你可以退休了,好好享用我赏你的这些钱吧。"

这是怎么回事呢?理发师首先服侍他的上师,表现出了他的忠诚。他知道这样做会害他丢掉工作,甚至性命,但他并不在意,因为服侍上师是比自己性命更重要的事。当你有了这种程度的信心和承诺,就很容易发生奇迹。他的上师没做任何事,但理发师对上师的信心唤来了一种力量,在国王面前显现并且治好了他的关节痛。

这样的事情会发生在一位上师身边,甚至他自己都毫无觉察。我接受那些诚心实意的新年邀请,但因缘却让我去了其他地方。真我显现为彭嘉吉,然后履行了他在四个不同地方的职责。不过,不要问我是怎么办到的。这和我一点关系都没有。

虽然实际上在他旅居的圈子之外,帕帕吉并不为人所知,但是偶尔也会有访客远道来见他。从伦敦来的詹姆斯博士(Dr. James)就是一个。帕帕吉似乎并不太清楚詹姆斯博士在这一短暂的会面中具体发生了什么，但一定非同寻常，因为博士终止了四处的参访，心满意足地离开了。帕帕吉自己有时候说到，他记忆中留下最强烈和最持久印象的，是他见证到的重大心灵觉悟。如果是这样，那么詹姆斯博士身上发生的一定非比寻常，因为这是帕帕吉经常会讲的一个故事。

我正在一个朋友家做客，他家就在敕玛嘎罗外，他是当地一个咖啡种植商。还有几个朋友和我们坐在一起。大家聊天的时候，我看到一辆出租车开到房子前。一个外国男子下了车，走进来加入我们。他看上去有五十来岁。

他如此自我介绍："我叫詹姆斯，从伦敦来。我最近在东京参加国际宗教会议，在那里有个人，是彭嘉吉的弟子，他跟我说起了他师父。他告诉我的事情让我决定必须来这里见彭嘉吉。我在整个南印度开车到处找他。我去过了班加罗尔、迈索尔、贝鲁尔①，现在来到了敕玛嘎罗。彭嘉吉先生在这里吗？我想要跟他说话。"

我报了自己的名字，请他入席一起坐。

他马上就说："我能问您一个问题吗？"

我跟他说："你刚刚长途奔波，现在或许已经很累了。何不先盥洗一下呢？然后你可以过来和我们一起喝杯咖啡。"

几分钟之后，他又加入了我们，开始讲他的故事。

"在过去的十年里，我周游全世界拜访精神导师，向他们提问。但我得到的回答没一个让我满意。有一个问题尤其困扰我，我想要知道证悟的人是怎么处事的。我想知道他在世间如何行事。"

---

① 贝鲁尔（Belur），位于卡纳塔克邦的一个城镇。

我给予的回答是我被问到这个问题时常给的说法：

"这个问题只会出现在那些认为自己还没有证悟的人心里。对一个证悟的人来说，这样的问题永远不会出现。

"一个证悟的人不用遵守任何行为准则。没有规则或者准则必须遵守执行。他的行为是由身处的周围因缘决定的。他对周围的事情和周围人的反应就像镜子一样。证悟之后，就没有谁剩下来决定要遵守或者不遵守任何规则规范了。他的行为是对周围所发生事情的自然反应。他不能选择听从或者不听从规则，因为那个做选择的人已经不复存在了。证悟者的行为不假思索。他做的任何事情都是没有原因的。他的行为都是对发生在周围事情的反应。

"也可以说他就像是房间里面的电灯。房间里的所有行动都在光照下进行，但光本身并不参与什么角色。证悟者就是只是发光的电灯，其他什么都不做。他见证着所有被光照耀着的事物，但是他不参与其中。"

詹姆斯先生对这个回答非常满意。他合掌做出告别的姿势，说他的寻访结束了。

"您给了我在寻找的东西，"他说，"我没必要再待下去了。我要回伦敦了。我对于今天这里发生的事情非常满意。谢谢您为我做的事。我会到班加罗尔把我在这十分钟内所有的经历体会写下来，然后寄给您。"

就在这短短的几分钟内，在他身上显然发生了很特别的事。他有一种幸福，这和得到了答案无关。他找到了其他东西。他花了这么多时间走遍南印度找我，但在我身边只待了十分钟就满意地离开径直回伦敦去。为什么？他找到了幸福，一种不依赖于任何东西、任何人的幸福。这就是他能够在我身边待了几分钟后就起身离去的原因。他说会写信来告诉我发生了什么事,但我再也没有看到过他,或收到他的消息。

在此期间,其他几个外国人也听说了帕帕吉,前来拜访。大部分人是法国的阿比什克塔南达·斯瓦米介绍来的,所以大多是在探究可否借鉴印度教的天主教自由派人士。只有安瑞克·安圭拉(Enrique Aguilar)一人待了较长的时间。

这人曾一度是西班牙巴塞罗那附近著名的蒙特塞拉特修道院的神父。我第一次见到他时,他还穿着教会的僧袍。但他并没有穿很久。他对于自己的基督教信仰、教会的政策、教条都有很多质疑,所以就还俗了。他开始对印度教感兴趣,学了梵文,也研究了印度哲学的各大流派。他在20世纪60年代初期和中期的三年间曾经定期来看我。

他在印度和我待了较长一段时间后,印度政府要他离境。他的签证也没法延期。我建议他去斯里兰卡,找一个寺庙住,因为他想要个安静的地方禅修。外国人去斯里兰卡成为佛教僧侣,就不用担心饮食或者签证,他们愿意待多久政府都允许,寺庙会提供免费的食物和住宿。对于想要终日打坐禅修的人来说,这是个很好的安排。所以,他去了斯里兰卡,有了佛教名字,加入寺庙,成为佛教僧人。

几个月后,他用二十天的签证回到印度,向我咨询一个私人问题。

"我和其他僧人一起出去托钵乞食①，"他说，"当轮到我们负责托钵时，我遇到一个马来西亚穆斯林女孩，爱上了她。我想要娶她，但她父亲不会答应，除非我改宗伊斯兰教。他决不会答应自己的女儿嫁给非穆斯林的。她父亲是那里警察局的督察，没有他的允许，那个女孩什么事也做不了。"

我知道他并不是真心的佛教徒，他只是去斯里兰卡找个清净的地方禅修。

"如果你真的爱上了，"我说，"那么就娶她吧。爱是不分宗教的。脱掉僧袍，改宗吧，如果这是你必须要做的，娶她然后带她回西班牙，你可以在那里和她开始新生活。如果你内心里还留有这么多的欲望，那就别硬装是个守戒的僧人。"

他并不那么想要放弃出家生活。好多年来他都是这个教或那个教的僧侣，已经很依恋这种生活方式了。但是他对女孩的爱最终战胜了身着僧袍、现出家相的欲望。在斯里兰卡经过一个简短的仪式后，他还俗了，带妻子回到西班牙，在那里开始了俗家新生活。几年后，我应他邀请前往西班牙。我们回到了他之前的修道院，归还了他的僧袍。他从一个基督教修士变成了印度教的修行人；从印度教修行人变成了佛教僧人；从佛教僧人变成了名义上的穆斯林，还取了个新的名字叫默罕默德·阿里（Mohammad Ali）。所有这些宗教都没能给他带来真的幸福或者满足。现在他住在西班牙，料理一个农场。

20世纪50年代后期，某一次帕帕吉从他管理的希莫加区（Shi-

---

① 寺庙里的僧人通常轮流托钵乞食，一部分人出外托钵回来给其他人吃。

moga District）的矿场开车去芒格洛尔。半路他在敕玛嘎罗附近停下，到文卡塔苏巴·饶（Venkatasubba Rao）家停车吃中饭。帕帕吉已经开了一早上的车，因为下午还要赶路，所以他决定先小睡片刻，然后吃饭。他睡着时，做了一个不同寻常的梦，是有关他上一世的。

每次不得不从希莫加区开车两百公里到芒格洛尔时，我都会在敕玛嘎罗停下吃饭。

那一天文卡塔苏巴·饶对我说："今天是我儿子的圣线礼①。我要等朋友、僧人来。您就在这个时候好好休息。准备好了之后，我会叫您的。"

我就上床睡了，立刻做了一个有关我上辈子的梦。我发现自己曾是一个住在通嘎河②岸边的瑜伽士，离师林格里几英里远。那个地方离敕玛嘎罗很近。我在那一世一定非常有名，因为我有一个很大的道场，信徒众多。我在道场里建了座神庙，其中立了黑天的黑色石雕。我那一世的名字叫作果帕拉·斯瓦米（Swami Gopala），我建造的道场是以我的名字命名的。

除了是个黑天的虔信者之外，我还是一个修法得到成就的瑜伽士。我掌握了无分别三摩地（nirvikalpa samadhi），能够数日都住于这一状态。因为渴望尽可能处在这一状态，最终导致了我的死亡。我进入三

---

① 圣线礼（thread ceremony），标志着印度教男孩可以进行宗教修持的成年礼。通常高种姓的男孩在五岁和十二岁之间举行。会用一根打结成圈状的线套进脖子，一头挂在男孩左肩，一头垂在右腋下。传统印度教徒会终身佩戴圣线，每年都有特定的仪式取下旧线，换上新的圣线。
② 通嘎河（Tunga），卡纳塔克邦的一条河流，起源于西高止山，流经卡纳塔克邦的敕玛嘎罗和希莫加。师林格里是其流经区域中的宗教中心。

摩地并处在那个状态好几天，弟子们没办法唤我出定。实际上，无论他们做什么我都没有反应。最终他们得出结论认为我应该已经死了。当地一个村民，据说是处理这种事情的专家，他宣布要在我头上弄个洞，去看看命气是否已经离开身体了。他拿了一把用来切开椰子盖的刀，切开了我的头盖骨。往洞里面看了看后，他向所有人宣布我一定是死了，应该把我埋葬。圣人的遗体不是火化而是埋葬的。我觉知到这一切，但是没法阻止。我以某种疏离的方式觉知到周围的事情，但不能说话也不能动。我的那个体验莫名瘫痪了我的神经系统和所有感官，使我无法反对他们正在做的事。我甚至觉知到这些人把我放进灵祠墓穴里，把我埋起来。他们填上洞穴之后，我因为窒息而死去。

这个状态和我这一生在儿童时代经历过的几次很像。当我在拉合尔没法去接芒果饮料之后，在住宿学校听到"唵，善提，善提"的唱诵之后，我进入了一个深深的类似入定的状态，我无法对周边的人有反应，虽然我隐隐约约觉知到他们的存在。这些状态之所以会自然出现，或许是因为我上一世有着强烈的渴望要享受它们。我上一世对于黑天的虔信也解释了为什么我这一生那么想要面见他。作为果帕拉·斯瓦米，我强烈渴求见到黑天。当我再次投生为彭嘉吉，这个欲望又回来了，促使我多年寻求一个外在的神。这些未满足的旧日愿望就是这么一回事。如果在你临终之时它们还在，你就得再次以色身出生，好满足这些愿望。

还有另一个没有满足的愿望持续到了这一辈子。在我当时的道场附近，有一户人家受雇照看我所有的椰子树。他们修剪这些树，每收获二十颗椰子，自己就留下一颗。（20世纪50年代我住在南印度时，发现这个方式还存在着。）这户人家的女儿非常年轻漂亮，大概二十岁。除了他们挣的椰子之外，我会给她和她家人食物、纱丽、钱，因为我对这个女孩有着强烈的性欲。那时我已是个老人，但不妨碍我有这些欲望。在身体无能为力之后很久，这些欲望还继续存在。我没有因为这些冲动而采取什么行动，因为不想败坏自己的名声。我是有名的瑜伽士，这个女孩只是我道场里低种姓的工人。这个女孩投胎到了旁遮普邦，最终成为我这一生的妻子。因为有这个欲望，所以它必须得到满足。

我第一次意识到她是谁，是20世纪40年代我们一起住在马德拉斯的时候。那时候我还不知道自己上辈子在卡纳塔克邦有大道场。发现自己正和上一世认识的低种姓女孩一起生活，一开始这让我非常震惊，我再也没法碰触她。我甚至不想碰她的衣服。我是被作为正统婆罗门养大的，所以有偏见要避免和贱民以及低种姓的人接触。在还没能冷静下来前，我坚持分开晾衣服，如果不小心碰到了她晒的衣服，我会马上离开并且沐浴。我不能向妻子解释自己奇怪的行为，因为毕竟她这一生是婆罗门，要是我告诉她，突然之间她在我眼中成了一个前世是低种姓的女孩，她会心烦意乱的。几年之后我倒是告诉她了，但是她并不相信我。

在文卡塔苏巴·饶家从梦中醒来之后，我喊他过来："快给我笔和纸，我要记下一些信息。我梦到了自己上一世在附近一个道场。我想把去那里的细节记下来，免得忘了。要是我想去的话，就有足够的信息可以找到那个地方。"

我跟文卡塔苏巴·饶说了整个故事。他非常兴奋，想要安排前往那里去看我的老道场是否还剩下什么建筑。我们那天没法动身，因为两人都有约，但我们安排好在我下次有空的时候，就一起坐我的吉普车前往。

几天之后,我们前往通嘎河去看是不是能找到什么。我知道如果经过那里的话,会认得出那个道场,但我并不确定去那里的准确路线。我把吉普车停在岸边一个我记得的梦中地点。我们开始到处问人附近是否有黑天神庙,觉得这是能找到那个地方的最好方法。黑天神庙在卡纳塔克邦的这个区域并不常见,因为当地人大多数是湿婆信徒。

最终我们问到一个男人,他回答说:"是的,这附近有个黑天寺庙叫作果帕拉·斯瓦米神庙。很久之前就废弃了,现在基本上没人去了。"

因为没有桥,我们只好拿竹篙撑着木筏到河对岸。然后我们走进农民指路给我们的地方。一看到它,我就认出了自己几百年前建造的神庙。里面是我竖立的那尊黑天雕像。但除此之外,我旧日的道场踪迹全无。我的灵祠被河水冲走了,我记得的椰子树也都不见了。

帕帕吉后来还看到了自己别的前世,在后面的几章中会提到。在成为南印度的瑜伽士之前,他曾有两世是欧洲的基督教神父。这都是几百年前的事了。他偶尔提到的这些过去生促使我向他提出了以下问题:

大卫:你有多少世是在努力地寻求神或者自由?为什么要那么久?你是犯了什么严重的错误所以耽误了吗?

帕帕吉:我看到了过去很多世。在恒河边上我有个定境,其中我看到了所有的过去生,数以千万,从最原始的生物到人类的转世。但大多数细节在境界结束后都不再记得了。不过我还是记得最近的三世,我知道自己在每一生犯了什么错误。我已经告诉过你,上一世中我对住在道场的一个女人有强烈欲望,这使我再次投生。

几年前，在勒克瑙印谛拉纳噶尔的家中，帕帕吉向一小群弟子说起他上一世是南印度的瑜伽士。

然后就有人问："您上一世有了这么多修行成就，为什么还会再次投生呢？"

他笑了，说："性！我活了三辈子，七百年中没过性生活。对任何人来说，都等得太久了。但是就算这么多辈子都禁欲，我还是没有灭除欲望。我只是压制住了它。在我最后一生中，我必须要出生成为居士，去经历然后超越它。"

帕帕吉继续回答我的问题。

很多年前我读过一本书讲到佛陀的生平。他有次在森林里走着，突然之间头痛欲裂。

他的侍者阿难问："我能去附近的村庄要点什么来缓解您的痛苦吗？"

佛陀回答道："不用，阿难，这个头痛是有原因的。几百世前，我曾住在一个森林小村庄里。那里三年都没有下过雨，村里池塘中的水几乎干了，水里的鱼翻跳着要找水。已经死了很多鱼。村里几个小男孩朝着还没死的鱼丢石头，嬉笑着。我也在那里，也朝一条还没死的鱼丢了石头。

"这就是我为什么现在遭受头痛的原因。我砸鱼的那一下在数千年后回报到了我身上。让我头痛吧。我必须要还清这个债。"

就是这么一回事。在每一生，我们都犯了很多这样的错误，是不可能逃脱其果报的。迟早报应都是要来的。

大卫：你当神父的那几世是怎样的？你那时候从事的是什么修行？

帕帕吉：在我当天主教神父的时候，并没有任何实修法门。《圣经》没有提到什么修法。我只是去教堂，教会叫我做什么我就照做。

大卫：你和你的师父拉玛那·马哈希是否有宿世的缘分？

帕帕吉：我一定和他有非常紧密的缘分，否则为什么他会来我旁遮普老家，给了我地址？但我不知道缘分来自何处，因为这并不发生在我所记得的那几世中。

我小的时候爱上了佛陀。他成了我的第一个上师。我弄了一身佛教僧人的行头，在街上乞食，甚至还在镇中心的广场上对大众宣讲佛法。一个印度教小男孩表现出这样的行为来，一定是有着非常强的佛教的业行种子，但是我也不知道这从何而来。我不记得自己身为佛教徒的前世了。

1987年在南印度，帕帕吉跟一群弟子说到了自己上一生是黑天虔信者。后来，他评论说这辈子来找他的大部分弟子，都在他作瑜伽士或神父的某个前世中跟他结下过缘分。其余的人，有些是他这一世中几十年前的故人。我曾经听他说过，20世纪90年代来参加在勒克瑙的萨特桑的人里，有几个人在前世中和帕帕吉相识于20世纪40年代的室利·拉玛那道场。他极少说出细节，但曾经告诉几个人他们和自己的宿世因缘。

我曾向他询问过这些事情。

大卫：你曾经告诉几个人说你在上一世就和他们有缘。你是和很多来见你的人有宿世缘分呢，还只是少数几个？很容易就能看到这些因缘吗？你是怎么觉察到的？

帕帕吉：有时候我在定境或梦中看到他们，是我们过去认识时的样子，我能认出来。这种灵感任何时候都可能出现。有时我脑中会跳出念头，知道我在前世认识的某某人要来了。很快，他们就出现在我的门口。有可能是个新来的访客走进房子，但我并不觉得他是陌生人。虽然脸孔可能不太熟悉，但是会有一种内在的认识，知道这是我的老朋友、老弟子或者旧日相识又回来和我重聚了。有时我的访客说曾经梦到过我，而且他们第一次来的时候，也觉得是和已经认识很久的人在一起。

有一次，我刚上了杜恩快线①从哈德瓦回勒克瑙，有个人走上前非常恭敬地向我礼拜。我之前从来没见过他，但是他似乎知道我是谁。

"我们见过吗？"我问。

"没有，"他说，"但是我有个强烈感觉您曾是我的老师，我在某个前世和您很亲近。这个感觉这么强烈，我不得不向您礼拜。"

我看着他时，也感觉我曾认识另一个模样的他，但是我不记得是何时何地了。他没有逗留，走下火车，沿着站台走远了。我再也没有见过他。

如果你知道怎么做，那么深深看进别人的双眼就能看到他过去的数生。对我来说，眼睛能透露很多东西。它们是档柜，装满了那个人的信息。如果你打开档柜的抽屉，就会看到档一个挨一个排列着。你要是需要其中某一个档的信息，就拿出来看。内行就是这样读人眼睛的。那里有很多层的信息，你选择想要的那一层，专注在那里，信息就显示出来了。其中有一层包含着宿世的信息。如果我真的想要知道

---

① 杜恩快线（Doon Express），连接加尔各答和北阿坎德邦的一条长途火车线路。

某些过去的因缘,我可以去看那一层并找出来,但我极少这么做,因为这就像不经允许就看别人的信件一样。

几年前,有个女孩深更半夜地出现在我家门口,并且开始告诉我有关我自己宿世的事情。她非常歇斯底里,但说的一些事情却很准确。

她之前住在镇上的卡尔顿酒店。那段时间,我的一些弟子来勒克瑙的时候也住在那里。晚上她抽了大麻,就进入了一个奇怪的状态。到了半夜,她开始确信自己要死了。

她开始尖叫起来:"我要死了!我要死了!救命!救命!我要死了!"

我的两个弟子走过去看她是怎么回事。她已经歇斯底里了,坚持认为自己要死了。她的四肢变得冰冷,所以我一个弟子认为可能她也不是信口雌黄。虽然是半夜,另外两个弟子决定把她带到我家,因为除此之外,他们也不知道该拿她怎么办。那个时间已经没有出租车或三轮摩托了,他们就想办法拦下过路的汽车。就在他们拦车时,女孩跳到路上驶来的卡车前试图自杀。每次她这么做,两个男孩就得把她从马路上拉开。最后,他们总算找到了愿意带他们来我家的人,我家离那儿有三英里远。晚上十一点半左右,他们出现在我门前,嘭嘭嘭地敲我的门。

当时有个女孩叫希拉(Shaila)正住在我家,她出去看是谁来了,有什么事儿。她回来告诉我门外有个尖叫着、歇斯底里的女人,坚信自己要死了。我就起床去看该怎么办。我请她进来,试图安抚她,但是过了很长一段时间,她还只是又喊又叫。有时候她很暴力,但偶尔会说出最不寻常的话来。她一口气说出了我过去数生,说的都很正确。她对我作为黑天虔信者和瑜伽士的上一生也描述得很清楚。有时候她会哭着说到她自己的过去数生。她似乎是第一次看到了这么多前世。

有个叫帕特里克（Patrick）的德国男孩在场，她也说出了他过去数生的情况，说的也都是正确的。她抽的大麻一定是触动了大脑里的什么东西。在一两个小时之间，她接触到了通常会藏得好好的各种各样的信息。药力过去之后，我为他们找到一辆三轮摩托车，把他们送回了镇上的酒店。

好几天她都没有露面。我想她是对发生的事情感到尴尬。她再次露面的时候，我欢迎了她，并且给她取名叫"帕拉万妮"（Paravani），意思是"究竟的言辞"。

我翻阅帕帕吉旧笔记本的时候，发现了他曾让她就这一经历写点东西。以下是她所写的：

1991年9月2日

我一直假装自己想要自由。欲望一直都在——这一欲望带着我经过了这么多生。已经够了。我不知道自己是怎么到这里来的。晚上，我站在镜子前，看到自己的身体从"我"分离。身体有各个前世。我都看到了，就哭了。然后我睡着了，发现自己的身体很虚弱。身体变得非常虚弱。但是对于身体没有执着。没有念头。没有自我。我只是如是地看着。这就是。

所有一切全然美丽。

我很感谢你帕帕吉。

帕拉万妮

在前一章我简略提到了帕帕吉在某次事件中有了拙火①体验。这里正好适合来讲述整个故事，因为这让他认识了一个男人，也跟帕帕吉讲起他的前世。

我在敕玛嘎罗工作的时候，读了约翰·伍德罗夫的书《灵蛇之力》。我的一个工人有这本书，但他读不懂。我就说自己看了之后可以跟他讲解其中难懂的地方。我一页页读着，就感到有一条蛇在脊椎底部海底轮处。我真的能听到它在嘶嘶作响。然后我感到有能量沿着脊柱往上走，经过各个脉轮②。经过了生殖轮、脐轮、心轮、喉轮和眉间轮，最后到了头顶上方的顶轮。当它到达顶轮的时候，我发觉自己身体非常轻盈。是如此轻盈，我感觉到自己的脚好像没有触碰地面一样。这个脚不触地的特别感觉持续了一段时间。

在那之前，我听到在芒格洛尔开业行医的一名怪医的传闻。我听说他，是因为我一个朋友被诊断得了癌症，他就去看这个医生。医生说他应该在手臂里注射一些致命的毒药，要注射的剂量足够杀死一个病人。但是我的朋友很有信心，就接受了这样的治疗。很快，癌症症状就减轻了。其他人也跟我说起过这个人，每个人都有这样奇怪的经

---

① 拙火，又译为军荼利、昆达里尼，梵文原义是卷曲的意思，瑜伽修行者认为它是一种有形的生命力，是性力的来源，它蜷曲在人类的脊椎骨尾端的位置。通常以蛇来作为它的象征。印度瑜伽修行者认为，通过修练瑜伽，将可以唤醒沉睡在身体中的拙火，使它通过中脉，最终到达梵我合一的境界。
② 脉轮（chakra），字根源自"圆""轮子"，在瑜伽中是指分布于人体各部位的能量中枢，尤其是指从尾骨到头顶排列于身体中轴者，从下往上依次为：生殖轮（swadishtana）、脐轮（manipura）、心轮（anahata）、喉轮（vishuddhi）、眉间轮（ajna）、顶轮（sahasrara）。

历。这个医生叫维德耶·帕德玛纳汉（Vaidya Padmanabhan），但是当地人叫他"疯悉达"（the mad Siddha）。悉达医术[①]是南印度当地的一种医术。

我打听了一下，发现他每天接收十个病人。在他的诊所有十把椅子，一把挨着一把，排成一行。他诊查时会坐在病人面前，全神贯注地打量他们。他从来不问病人们哪里有问题，也从来不检查他们的身体。过一会儿，他会告诉助手该准备什么药给哪个病人。每个病人都拿到十服药，每天吃一服，连吃十天。

助手会说："如果两三天后药起效了，就不要吃了。把剩下的丢到河里。"

虽然他的诊断手法和治疗方法不循常规，但是治愈率很高。我决定去他那里看看，因为我想他或许可以治治我感受到的这个特别的轻盈感。我坐在那排椅子上排着队，等着看他会给我开什么方子。他看了我好几眼，但都没跟助手口述什么方子。其他人一个个地被看过后走了，最后只剩下我。他围着我转了好几圈，一脸不解。

最后，他打破了不跟病人说话的规矩，开口对我说："我不知道你到我的诊所来干吗。你看上去像是个死人。死人到我诊所里有何贵干？"

我没有回答。

然后他说："你来这里干什么？你有什么问题吗？"

[①] 悉达医术（Siddha medicine），古印度三大医术之一，目前的史料证明它距今有一万年历史，盛行于南印度。悉达医术据传由湿婆教授给他的妻子雪山女神，雪山女神又教给了他们的儿子，由他的弟子再传到十八位成就者，自此广传到了人间。Siddha 也有"成就者"的意思。

我还是没有回答。每次走访那些声称拥有某种通灵力（psychic power）的人的时候，我从来不主动透露任何信息。我想看看在没有得到任何暗示或线索的情况下，他们自己能找出什么来。

他继续全神贯注地看着我，几秒钟后，他迷惑的表情散去了，转而一脸的满意。

"你知道你的问题是什么，对不对？"他说。

"不，"我回答，"你来告诉我。这是我来这里的原因。"

"你上辈子是个瑜伽士，"他说，"你曾经一打坐就入定好几天。你修了很久的调息①，生起了一种火（jvalana），是在你胃里的命气之火，烧掉了你没消化掉的所有食物。你很长时间不用去上厕所，因为这个命气之火烧掉了所有的残渣。这个火现在又回来了。你很少去上厕所，对不对？"

我不得不承认他是对的。在我工作的森林工地宿舍中，我的排便情况已经成了调侃谈资。我可以每天大吃三顿，但是好多天过去了，另一头还是没有排出什么来。这不是什么病或者便秘，我只是没有去厕所的需要。

在森林里我们没有抽水马桶。每天早上我的棚屋外会放上一桶水，照理我该拎着去森林里，排便，洗干净，然后把空桶带回来。但是我的水桶可以连着好几天都不用碰。有几个工人觉察到我很少用水。他们是看到我吃饭的，所以不信我从来不用排出那些吃下去的食物。他们一些人曾一大早起来窥探我，想看我是不是偷偷去了森林出恭，但是他们从没抓到过我。

---

① 调息（pranayama），通过控制、调整、调伏呼吸而达到禅定的瑜伽修法。

我时常好奇为什么自己的身体是这样的。但我从来没有想到过这也可能是从某个前世带来的东西。

维德耶·帕德玛纳汉告诉我:"现在,你主要的身体问题都是你上一生创造的这个瑜伽能量引起的,但是这不会一直持续下去。因为你现在不再做这些调息修持了,这些不寻常的副作用最终都会褪去的。几年后,你上厕所的频率就会跟其他人一样了。"

他的预言被证实了。几年后,我发现自己去得越来越频繁,到了20世纪70年代,我的身体运作就和其他人一样了。我原先去维德耶·帕德玛纳汉那里是因为身体的轻盈感,他倒是没有发现这一点,但是这个感觉也可能是瑜伽的副作用。几年后,那个问题也消失了。

20世纪60年代帕帕吉遇到了另一个让他印象深刻的通灵人。那时他的儿子苏仁德拉刚从勒克瑙来到敕玛嘎罗,因为帕帕吉想给他在采矿业谋一份工作。某个周日,他们一起去敕玛嘎罗的市场买菜,因为那是特殊的集市,常常能买到平时很难找到的特殊蔬菜。

当我们正走向集市的时候,看到了人行道上有个男人。在他面前竖着一块画着手掌的招牌。这说明他是个看手相的,正在招揽顾客。手掌下面写着:"看手相,五十派萨。"

我对手相有一点兴趣,所以我决定看看他行不行。

我对苏仁德拉说:"我们来逗逗他。你不要开口,我负责说话。"

我们走到这个人面前,让他看手相。

我对他说:"这个男孩是孤儿。他没了父亲,而且也没有工作。

他父亲过世让他非常难过。现在他得靠自己了,他得找份工作养活自己。他什么时候能够找到工作,又会做什么样的工作呢?"

苏仁德拉已经在采矿业找到了一份工作,负责向政府提供铁矿石。他很满意这份工作。我这么说只是为了测试一下看手相的人,想知道他是不是真的会看手相。很多像这样的人只是听你说的话,然后再添油加醋地编造一些大概的故事和情节。我知道他要是真正行家的话,就会发现我说的每一句话都是错的。

这个人仔细研究了苏仁德拉的手相好一会儿,才宣布说:"这个男孩的父亲没有死。他是个即身解脱者①,而且他今天要去集市买蔬菜,会在那里碰到他儿子的。这男孩的父亲绝对还活着,而且他一直活到这男孩七十岁的时候。"

每次帕帕吉讲到这件事,很自然每个人都想要知道苏仁德拉在当时的岁数。1996年12月,他是六十岁。帕帕吉对这个故事很有兴致,对不同的人讲述了不同的版本。他提到的年龄从五十七到七十不等。在很多年中他最喜欢说的是五十七岁,但苏仁德拉五十七岁的生日临近时,这个预言中的年龄就开始增加了,一直到了现在②,变成了七十岁。一年前他跟我说到这个故事时,他是说的七十岁这个版本。

我问苏仁德拉是否记得那个看手相的人的话,他回答说:"当然,每一个字我都记得。"

---

① 即身解脱者(jivanmukta),又译作"有身解脱者",指的是在身体没有死亡之前,就达到解脱的人。
② 此书成书于1997年。

"那么他说的是几岁？"我问道。

"我不想说出来，"他回答，"因为我不想让大家心里一直记着这么个日期。"

"那就是说它还在未来。"我猜道。

"是的，"苏仁德拉肯定道，"不是一个确切的日期，而是一个时间段，距离这人预言的时间段还有些时间。我就只能说这么多了。"

帕帕吉继续说他的故事：

考虑到我还故意误导他，让他相信我已经死了，他依然看得那么准，真是让人惊讶。我直视他的眼睛。他自己并不是一个证悟的人，所以不可能仅仅通过看看我就知道我在什么层次。他一定有某种神通，某种料事如神的通灵力。我不认为他怀疑过我是苏仁德拉的父亲。他只是接收到了正确的话，不自觉地说了出来。

我对他看相的结果深感佩服。我对苏仁德拉说，既然这个人看他的手相看得那么准，我要付给他远超于常规的价钱。我付了他十卢比，是我那时身上带的所有金额。我们没买蔬菜就回家了。

另一个学者曾经画过苏仁德拉的星盘。那人也说星盘显示这个男孩的父亲是个智者，是证悟的人。

我还遇到过另一个让我很佩服的手相师。那是20世纪50年代，我看到他坐在勒克瑙的邮局外面。我正经过那里的时候，看到他打着看手相的广告。我那时刚看了切罗①和圣日耳曼伯爵②的一些西方手相学的书,所以决定观察他一段时间,看看他是怎么做的。我想看他是能够做出详细的预言,还是只能给一些泛泛的建议。我在离他几码③远的地方找了个位置,等着看会发生什么。

第一个走近他的男人看上去大概有四十岁。他拿着一只公文包,衣冠楚楚的样子。我猜他可能是当地的什么生意人。

"我能活到几岁?"这个人伸出了手,问道。

当一个看上去很健康的年轻顾客来问这样的问题,大多数看手相的人会研究一下掌纹,然后说"七十"或者"八十"。顾客都喜欢听好话。

这个看手相的让我很吃惊,他很笃定地说:"你能活到四十五岁。"

"你说的不准,"顾客说,"但是也不错了。我会付你一百卢比,而不是你一般收的二十五派萨。"

他付了钱之后就沿着路走远了。这是很让人费解的对话。我之前大大奖赏了敕玛嘎罗的手相师,是因为他算得很准,让我吃惊。但是现在,这个男人说看得不准,却给了手相师一个大大的奖赏。我被激

---

① 切罗(Cheiro),原名 William John Warner(1866—1936),爱尔兰命理学家。他的绰号"切罗"源自 cheiromancy 一词,意思为手相学。切罗以其天赋的直觉以及手相术闻名。

② 圣日耳曼伯爵(The Count of St Germain, 1710—1784),欧洲的神秘人物。有人形容他是廷臣、冒险者、发明家、业余科学家、画家、钢琴家、小提琴手以及业余作曲家,还有人说他曾展示过炼金术。在记录中他曾在欧洲各国出现,与皇室、贵族等都有来往。19 世纪末 20 世纪初,有关他的传说开始盛行,有三本手相学著作以圣日耳曼伯爵的名义出版,在作者名字下面还注明"美国手相学协会和国立手相学校主席",或许是假托之作。

③ 1 码等于 0.9144 米。

起了好奇心，就跟着他，想看看他到底是什么样的人。

我跟他打了招呼，问他为什么看得不准却给了这么多钱。

"我是注定今天死的，"这人说，"虽然我还年轻体健，没有疾病，但是我知道今天是我最后一天了。我实际上是三十七岁，但是在那个手相师看来我可能有四十五了。他也可能看出来我活不了多久了，所以从这方面来说，他看得是准的。我多付了他钱，因为他也知道我没剩下多少时间了。"

"你为什么这么肯定？"我问。

"坎普尔的一个星象师跟我说过，今天会是我的最后一天。他说如果我'跨过了河'，或许可以逃开这一劫，所以我今天来勒克瑙想看看我是否能够躲开命中这一死。（恒河在坎普尔和勒克瑙之间。）但我不知道这是不是管用。我心里也觉得今天是我人生中的最后一天。"

"你在勒克瑙住在哪里？"我问。

"我昨晚住在阿米那巴德的中央酒店，"他回答说，"但是我不想给酒店的人带来麻烦。门没锁，东西我也打好包了，还附上了一张字条，说如果我不回来的话，我所有的物品应该寄送给我在坎普尔的家人。"

他并不像是要自杀或者忧郁的人。他只是有一个不可动摇的信念，认为他余时无多。我们告别后，我回到了在纳希的家。

第二天，我去阿米那巴德看一个人，阿米那巴德是旧勒克瑙的穆斯林区。我顺路去了哈努曼寺，因为住持是我一个老朋友。我们照常寒暄完毕后，他跟我说起了前一天来的一个访客。

"昨天这里发生了一桩很奇怪的事情，"他打开了话题，"有个男人带来了五百个糖球供养哈努曼。我很吃惊，因为大多数人只供养十或十五个。他让我把这些糖球当作加持品分给那一天来庙里的信众。他就坐在这里的地板上,看着我开始分发糖球。突然之间,他就倒在了地上,不省人事。我们马上去找医生,但等医生到的时候,那人已经死了。他进庙的时候看上去非常健康,但只过了几分钟,就横尸在地板上了。我们不知道他是谁,所以就打开了他的公文包,想看看他是否携带了什么证件。里面有一封给他妻子的信,一些钱,还有写给中央酒店经理的一张纸条,要求把他的行李寄到他在坎普尔的妻子那里。"

他提到中央酒店时,我就想到这可能是我在邮局门口看到的那个人。我描述了他的衣着和长相,住持也认为这就是昨天在他寺庙里暴毙的男人。

所以,对这样的事情又能说什么呢?世界上有少数几个有天赋的手相师和星象家,他们有某种通灵力能非常清楚准确地预见未来。其他的人则是根据所学所读的知识,练出一套功夫以此谋生而已,并不是直觉地看到。

在本章的开始,帕帕吉讲述了他在马德拉斯和一个十七岁女孩的一起风波。她从来没忘记他。20世纪60年代初期,她婚姻告急的时候,她决心找到他的行踪,寻求帮助。

她写信到室利·拉玛那道场问是否有我的转寄地址,办公室里有人给了她我公司在班加罗尔总部的地址。她就离家专程去公司拜访我的主管,跟他要我的地址。他试图泼冷水,说我正住在卡纳塔克邦与世隔绝的森林里,很难找到,因为那么偏僻的地方没有公共交通。他还告诉她，在森林里面是没有生活设施能安顿单身女性的。那个时候，我正在希莫加区一个非常原始的营地工作。

但是她说自己不在乎路多难走，也不在乎那边的设施。他就把地址给了她，还给了去那里的一些常规建议。她立马就来看我了，没多费事就把我找到了。看到她找我找得如此锲而不舍，我相当吃惊。她说想跟我待上一段时间，因为她有个很大的个人问题。但我在营地里找不到地方安顿她，最后让她住在哈利亚尔游客招待所。我从营地带饭给她，告诉她我会在下午五点之后来招待所看她。

这是个非常冒险的约定，因为我知道自己理应在营地通宵值班。我得监督工人，确保他们安全工作。我从报纸上看到的事件中了解到，如果在我不在的时候出了什么意外，我是要负责的。作为矿场的经理，安全问题全由我一人负责。如果被证实玩忽职守，我有可能会被拘捕。我知道这一违法行为会被处以严重处罚：根据违法严重程度，罚金最高可达一千卢比，或者被判刑五年以下徒刑。

她和我在一起待了几天。第一次和她的长谈中，我发现她是离家出走了。她想要搬来跟我一起住，但是我告诉她我不能和她有这样的关系。我试着劝她回家，跟她说这样一直待在我身边会造成丑闻，我的公司也可能因此开除我。一开始，她似乎愿意离开，因为她开始谈到要去拜访室利·拉玛那道场，说想带她舅舅去道场，带他参观。听到她这么说，我松了一口气，但是这个计划却没有实现。几天之后，僵局打破了，她的舅舅在室利·拉玛那道场问到她的行踪，沿着她走过的路线，在她到达的几天后也找到了矿场里。让我如释重负的是，他没有把发生的事怪罪到我头上。他清楚自己的侄女很任性、为所欲为，也知道是她跑遍了南印度想要找出我的下落。我请求他把她带回去，这也是他很乐意做的。他正是为此尾随而来。

她心不甘情不愿地跟着走了，但当他们到达马德拉斯，她决意甩开她的舅舅。她出发去了海德拉巴，一个月不到，又开始追踪我。我那时已经搬去了西海岸的芒格洛尔，但她是个非常执着坚定的女孩，轻而易举地又找到了我。她坐着轿车来，随身带着所有的珠宝和一大笔钱。

她一到就告诉我："这些珠宝、钱和车都是我结婚时候的嫁妆，所以随我喜欢怎么处置都可以。我丈夫是一家银行的经理，他父亲是安得拉邦的一个法官。我不能再跟他一起生活了。他和一个女人有婚外情，那女人嫁给了他的发小。"

然后她跟我讲了她丈夫性行为和癖好上的细节。从她讲的来看，似乎他的性生活比她的还要不同寻常。

"有一次我们在尼扎姆水库[①]野餐，"她倾诉道，"我们有四个人——我丈夫、他的朋友、朋友的妻子和我。晚上我们都去当地一家餐厅吃饭。其他人都在喝威士忌，但是我不想加入他们。后来我们回到各自的房间。我走进自己房间时，有人跟我说关掉灯睡觉。我走进房间，发现我丈夫的朋友躺在我床上。

"'我丈夫呢？'我问。我还以为是弄错了自己的房间。

"我丈夫的朋友马上矫正了我的想法。

"'他今晚要跟我的妻子睡，'他说，'我们从小认识，刚刚同意和对方的妻子共度一晚，只是换换口味。'

"我知道他们是喝醉了，但这样的行为还是不可饶恕。这个事件

---

① 尼扎姆水库（Nizam Sagar dam），位于海德拉巴西北一百四十四公里处。

是最后一根稻草，在这之前我和这个男人就已经过得很不愉快了。现在我决定要离开他。我已经申请了离婚，但我得和他分居六个月，然后法院才会正式登记在案。我已经决定，从今以后我要永远和你在一起。我再也不想离开你，我要和你共度余生。"

听完了她的故事，我比之前更不愿意被牵扯到她的事情中去了。我知道要是我收下她，很快就不得不面对她愤怒的丈夫和亲戚们。跟她说让她离开也没有什么意义，因为我知道她不会自愿离开我回家去的。所以，我决定亲自送她回去。我请了假，告诉她我准备带她回她家。她父亲是沃尔达有名的一个富人，我想他最合适照顾她了。我想要私下告诉他，他的女儿是怎样骚扰我的，想拜托他将来能尽可能看住她，离我远一点。

那个时候帕帕吉并没有多少工作要做。他实际上已经从珀达尔的工作退休了，待在南方只是在帮忙苏仁德拉的工作。既然他不必再去矿场，就能有很多空余时间来处理这个问题。这段时期的更多细节将在下一章的开头提到。

我们去了她家，但却没受到很好的招待。到达的时候，她丈夫已经在那儿了，她离家出走的时候，他第一个想到的是她可能回娘家去了。我们就这么径直走进了一场家庭风暴。

她的父亲朝他大吼，质问为什么他不能管好自己的妻子。她的父亲不想收留她，我发现了她丈夫是怎样的人后，也完全同意她拒绝回到自己丈夫那边去的决定。既然这样，我们两人就离开了海德拉巴，前往塞康德拉巴①。到了之后,我给她在旅店订了一间房间。我打定主意趁她睡着时偷偷离开,坐公共汽车或出租车去卡兹佩特②,然后搭早上的火车大干线快车去勒克瑙。

我完美地实施了这个计划,但还是没能甩掉她。四天后,她出现在我勒克瑙的家门口,坐在门外。我那时不在家。

我妻子因为从没见过她,问她是谁,她回答说:"我是彭嘉吉的妻子。"然后她就一个人坐在马路上,开始看《薄伽梵歌》。

当我回到家时,我的妻子和家人自然想知道这个自称是我妻子的怪女人是谁。我跟他们说了她的来历,以及她是怎么满印度追着我跑的。我懒得再次逃跑,而且不觉得我还能把她送走,所以我问妻子是否能让她暂时在这里和我们一起住下,以后我再想想看该拿她怎么办。

我的妻子不想留她在家里,这也情有可原。我问她:"如果我们不照顾她的话,她又能上哪里找住的吃的呢?"她回答说这不关我们的事。

我妻子说:"据你所说,她还带着陪嫁的那笔钱。如果她不想用那笔钱来糊口的话,总归还可以回她家。我们没有义务照顾她。"

这女孩非常坚决地认为余生将跟我共度。不让她进门,她也没有放弃,就整天坐在我家门口。我很多邻居非常同情她的处境,有几个人提出她可以到他们家去住,但是全都被她拒绝了,她坚持坐在我家门前。人们前来参加我上午和晚上萨特桑的时候,她会在大家进门前拦住他们,说道:"如果你想要解脱,就必须牺牲所有的一切去和上

---

① 塞康德拉巴(Secunderabad)和海德拉巴是双子城,也位于安得拉邦。
② 卡兹佩特(Kazipet),安得拉邦的一个镇,位于塞康德拉巴东北一百三十公里处。

师待在一起。"

如果他们对她的故事表示出兴趣,她会告诉他们:"我离开了我的丈夫、六个月大的儿子、我的家和亲属,只为了能和我的上师在一起。我来这里是为了能在上师身边。就算他不跟我说话,我也不在乎。我只需要看到他,这对我来说就足够了。如果我偶尔能看到他一眼,我就心满意足了。"

她丈夫最终发现她原来正在勒克瑙。他认识我们勒克瑙的一个法官斯瑞瓦斯塔瓦·帕特尔(Srivastava Patel),他的叔叔奈度法官曾经和他在阿拉哈巴德高级法院共事过。她丈夫给斯瑞瓦斯塔瓦·帕特尔法官打了个电话后,就有一名警察巡官来到了我家。

"我们收到了消息,"他说,"有一名从海德拉巴来的女士正待在你这里。我们想要跟她说话。她在哪里?"

我们就去找她,发现她正在街上的老地方。

巡官对她说:"警察局的警长要求我收容你。我们要把你带回海德拉巴。"

她不愿意走,拿出了法庭的离婚文书,说:"我不再是那个男人的所有物了。我们早就离婚了。他并不拥有我。我想去哪里就可以去哪里,想做什么就做什么。我想做的就是留在这里和我的上师在一起。"

警察查看了她的文书,确信她说的属实,于是回去跟警长汇报说她是出于自己的意愿而待在我家附近的。因为已经离婚了,她的前夫和他的家人也就无权指使她该做什么不该做什么。

不久之后,我们长谈了一次。她不能永远住在街上,而我想要离家前往喜马拉雅山区,不想老是一直费神躲着她。我鼓励她去室利·拉玛那道场，住在那里求道。让我很吃惊的是，她接受了我的建议，而且很快就离开去了南部。当确信她是真的离开，而不是躲在什么地方伺机尾随我之后，我就出发去了瑞诗凯诗。

我后来听说她出家为僧了，在室利·拉玛那道场住了不久之后，就去了其他地方。她给我写过几次信，告诉我她在哪里、在做什么，但是我再也没有看到过她。

第四章
罗摩寺

帕帕吉于1952年在班加罗尔受聘于珀达尔-马丁矿业开采公司，之后从1953到1964年一直效力于这家公司。1964年，苏仁德拉已经是勒克瑙大学的文学硕士，他南下来到救玛嘎罗，向他父亲帕帕吉学习采矿业务。帕帕吉设法给他在竞争对手迦尼萨采矿公司找到工作，这家公司和帕帕吉的公司算是有直接的竞争关系。帕帕吉开始教儿子业务入门知识时，他意识到这涉及利益冲突。既然帕帕吉接近五十五岁，也就是通常的退休年龄，他决定索性放弃在珀达尔-马丁的工作，就可以给苏仁德拉出谋划策了。珀达尔-马丁并不愿放人，所以提供一个顾问的职位好留住他。在1965年初写给阿比什克塔南达·斯瓦米的信中，帕帕吉这么解释他的新职位：

救玛嘎罗
最亲爱的朋友，

　　非常感谢你1965年2月16日的来信。
　　去年我辞职了。我安排儿子在另外一家公司工作，那是家新公司。因此我得留在这里给我儿子培训采矿业务。苏仁德拉现住在芒格洛尔。

事实上,最近这段时间我没什么事做。

每周我必须要去一次矿场,向矿场主提一些可以就地实施的有用建议。

那一年晚些时候,珀达尔-马丁的各主管劝说帕帕吉去印度另外一个区域工作,在那里他们和迦尼萨采矿公司并没有竞争关系。帕帕吉接受建议,被派往一个部门,总部设在果阿邦。虽然帕帕吉在那里有办公室,但他大量时间是在卡纳塔克邦北部开车到处跑,检查公司经营的各个矿场,寻找可开采的新地点。有趟这样的旅程引发了一系列不同寻常的事件,翻开他人生的新篇章。

我当时在一家采矿公司工作,被派到了果阿邦的首府帕纳吉(Panaji)。我工作的公司取得了许可执照,能在卡纳塔克邦多个地区探测锰矿。我的工作之一就是在这些地区探勘,去视察探测工作,看看在那里建造矿场是否有利可图。一次在我视察完后回帕纳吉,在路上看到有个十字路口竖着指示牌写着"隆达[①]5公里"。我从来没有去过那里,但突然想起来得替我主管查看一下,看看在那里有没有可能开采锰矿。在我的主管正式提出申请建立一个矿场之前,他需要一份详尽的报告。

我开着吉普车去了那里,第一件事就是找邮局,因为我要写一封很紧急的信寄出去。那时候雨下得很大,我的车顶又漏雨了。邮局是

[①] 隆达(Londa),卡纳塔克邦的一个城镇,位于与果阿邦的交界处。

找到了,但那地方小得没法躲雨,也没法写信。我沿着街道往下走,走到一所挂着医生诊所招牌的房子前。房子外面的牌子上写着"那罗衍诊所"(Narayan Clinic)。

我心说:"这地方不错。应该会有候诊室,我就能坐下来写信了。"

里面没有病人,所以我一走进去坐下,医生很快就出现了。我为自己冒昧到来道歉,解释说只是想坐在一个可避雨的地方,因为要写一封急信。医生相当年轻,并不介意我待在那里。实际上,他还给我拿了几张纸和一支笔,好让我写信。

几分钟后,他的父亲进来了,一脸忧心忡忡。

他对他儿子说:"尊敬的上师尊没到车站。我和另外二十个人去接他,但他不在浦那快车(Pune Express)上。我们准备好了花鬘,可他没有出现。"

父亲的名字叫作达塔特瑞亚·巴克惹(Dattatreya Bakre),他告诉我自己是负责隆达一所医院的住院医生。他邀请我一起吃饭,但我觉得不太好意思答应。他和其他的信徒都穿着非常漂亮的丝质裹裙,是婆罗门的穿戴,而我却一身矿工行头:橡胶鞋、安全帽和雨衣。而且因为刚刚在雨中走了很久,我全身都是泥水。我看得出医生试图搞明白我是谁,或者说我是属于什么阶层。在果阿邦的一些地方,基督教占据主流,但我闯进的很显然是一个传统婆罗门仪式。

为了让他们更放心,我解释自己弄得这么脏兮兮、乱糟糟是因为我是某个采矿公司的婆罗门,在附近森林里工作,淋了一天雨。巴克惹医生说我可以先洗个澡再吃饭,他还给了我一条干净的裹裙替换。

我接受了邀请,但也告知自己不能久留,因为得回石头堡的矿场营地。我和几个同事约了下午两点在那里见面。

"没问题,"他说,"洗洗手来吃午饭吧。"

我想他只是出于客气才邀请一个过路的陌生人吃饭,于是说:"您不必招待我吃午饭。如果能给我一些你们礼拜供养后的加持品,那就足够了。"

他却不赞同。"我可不能这么做,"他回答说,"只有婆罗门都吃过后,我才能把加持品给出去。"

他和其他的婆罗门肩上都佩戴着圣线,他们赤裸着上身,前额涂满了圣灰。我看得出自己是误打误撞闯入了一个非常正统的宗教聚会,这让我感到有点不自在。我自称是婆罗门,但却没有佩戴圣线,这或许会让他们不快,尤其是在这样一个对他们而言很特别的宗教日子里。我很早以前就不再佩戴圣线了,因为没兴趣恪守这样的传统。但我不想对他们珍视的传统不敬,于是告诉巴克惹医生我还是穿着自己的上衣吃饭。我不想让他看出我已经不再佩戴圣线了。

我走进大厅。为了这个没有露面的上师,那里装饰了一番:有个高台,装饰着花鬘,台前方的地板上铺设了非常精巧的各色图案。直到那时,我还以为自己只是他们午餐上的额外客人。但当我们走到中央平台时,医生邀请我坐在虎皮上,那是他们放置好让上师坐的。我大吃一惊。他们对我的唯一了解就只是一个在附近森林挖矿、一身泥水的婆罗门矿工,但他们却要我坐在这个尊崇的位子上,这个他们为自己的老师特意安排、装饰好的地方。

我拒绝了,说我不是他们的老师,如果我坐在专门准备的位子上就太无礼了。其他人都附和医生的请求,让我坐在虎皮上。

最后为了让他们高兴,我还是坐下来了,但仍然好奇为什么他们对我表示出如此的敬重和恭敬。我以为接着会给我上菜,但一群女人,大概有八个,走上前问我是否可以给我行洗足礼拜[1]。我这才明白为什么他们坚持要我坐在虎皮上:他们想要拜我为上师。那群女子中有医生的妻子和女儿们。她们走近时,手里捧着一个很大的银盘和烦琐的普嘉仪式所需的全套用品。我不想让她们给我做洗足礼,一点都不想,因为我知道之前的几小时工作让我的脚变得非常脏。我对大家说不希望他们对我做任何形式的礼拜,但是他们完全不听我的。

我搞不明白他们是怎么,或者说为什么选中我作上师。我从来没有来过这个镇子,在场的人我一个都不认识。在森林里我也没有举办过萨特桑,所以他们根本不可能知道有个修行导师在矿场工作。

突然之间,我心中浮现一个念头:"让我静静地坐着,任凭他们去做想做的吧。我又是以谁来接受或者拒绝呢?我不是我的身体。就让他们继续吧。如果我只是静静坐着,让他们做他们的礼拜,他们会很高兴的。"

她们就径自做了洗足礼拜,带着极大的虔诚。结束后,女人们把洗了我脏脚的水倒出来,喝了。我又一次震惊了。就算是我也不会喝自己的洗脚水,但她们却喝了一个完全陌生人的洗脚水。

仪式结束后,我道别出门,上了吉普车。我不能再跟这些陌生人待下去了,因为在森林里还有个会议。我坐上车,让我的司机带我回营地。

司机问:"另外那位乘客呢?他要去哪里?"

我上车时没有注意到有人,但当我回头一看,就发现医生正坐在

---

[1] 洗足礼拜(pada puja),pada 意为"足",puja 意为"礼拜"。是印度教信徒对上师的礼拜方式,通常在迎接上师到来后举行,盛一盆水将上师双足洗净后,敷以香膏,并献上花鬘,进行礼拜。信徒认为借由仪式可获得从上师之足流出的加持。

后座上。他一定是在我跟女人们说话的时候上的车。

我想："或许他想要搭车去看病人，或者要去某个医院。"

他没有问我是否可以载他一程去什么地方，就只是静静地坐在后座上。我对司机说开回营地，想着医生总会告诉我他想在哪里下车或者准备去哪里的。但他没什么动静，什么话也不说。最后，我们开到一个地方，前面只剩下回营地一条路。

我转过头问医生："前面除了矿场营地就没有其他路了。您想要去哪里？我回营地前可以让司机带您到您要去的地方。"

医生回答："我想跟着您去您的营地，看看您住在哪里。我需要知道您是在哪里食宿的，这样就好送食物给您。您现在是我们的上师了，我们必须服侍您。我认识几个在矿场工作的人，他们都告诉我在那里工作的人大多不是素食者。您要吃到素食或许有些麻烦。我准备每天给您送去好素菜，就得知道要送到哪里去。"

那时我在石头堡工作。到达营地之后，我洗了个澡，让我的厨子为所有要来吃饭的管理人员准备饭菜。然后我告诉厨子自己在隆达已经吃过了，就不一起吃了。我再让厨子拿了一些水果到办公室，在那里招待医生。

医生还是想要定期供养我食物。他问我第二天该什么时候送食物过来，又问我爱吃什么。我再次告诉他没有这个必要。

"我自己有厨子，他知道怎么做好吃的素菜。我不需要别人给我送饭，凡是我需要的东西要么这里就有，要么可以在当地买到。"

医生说他的妻子和女儿们派他跟我坐车过来，因为她们想知道我住在哪里。他说她们已经打定主意每天要送食物给我，想把剩饭剩菜当加持品吃掉。

我劝不了他，因为在跟我来之前，他的家人已打定主意要每天给我送食物。

第二天，第一份供养的食物送到了。他们安排送食过来可不是小事情。我的营地离隆达有三十英里远，所以必须有人大老远把食物带过来，然后再把剩下的带回去给那家人吃。这样持续了几天。我发现这家人是非常坚定要继续这个不必要的供食仪式，于是向他们另作提议：

"为什么你们不在隆达镇内给我找四五处房子呢？我的公司会出租金。我住在其中一处，我其他的员工可以用其他几处。如果我们工作地点在隆达镇，你们给我送食物就不用这么麻烦了。"

没过几天巴克惹医生就安排好了一切。我向主管说明搬到隆达可以利用铁路车站来运送矿石，这么做很有好处，因为用铁路运输矿石比用货车便宜。于是一周之内，我们所有人就都住到隆达，开始在那里工作。

我搬进去的那天开始，医生就邀请我每天一起吃晚饭。早上他会把我的早饭送到我的住处。再后来，他在离镇子稍远的地方造了一所新房子，请我搬进去，为他加持房子。我接受了邀请，把这个新地方称作"罗摩寺"。

之后，帕帕吉定期在罗摩寺主持萨特桑。他的口碑传开，很快就有一群新弟子聚集在他身边。下面这段是达塔特瑞亚·巴克惹医生的侄子苏巴什·滕瑟（Subash Tengse）的回忆。我收录在此，因为它饶有趣味地详细记录了这段时间帕帕吉身边的日常生活。

1967年我第一次遇到室利·彭嘉吉（即帕帕吉），那时我大概只有十七岁。我在最终遇上他之前走了一段曲折的路。我首先皈依的是赛西亚·塞·巴巴的道场。那一年塞·巴巴来了我的老家卡尔瓦尔，在与会的五千人中摩顶加持了四个人，我就是幸运的四分之一。不久后我决定离家出走，去塞·巴巴在普塔帕蒂[1]的道场。我盘算着为他们干点活就能被收留下来。我把父亲给我做衬衫的布卖了五十卢比，用那笔钱离家去道场。我到的时候塞·巴巴不在，没人愿意收留我打工。我很快用光了钱，不得不离开。因为不想回家，我就决定去贝尔高姆区[2]的隆达，在那里有一些亲戚。我身无分文，买回家车票的钱也没有，就决定冒着被抓的风险逃票上路。在胡布利[3]站，我被查票员抓住了。他带我去了他的包间，问了我很多个人问题。弄清楚我是离家出走后，他就说会照看我、给我饭吃，还可以让我在火车上工作，而我要做的就是毫无保留听他的命令。他给我咖啡和几块蒸米糕，然后想让我坐在他腿上。我突然意识到他或许是个同性恋，于是惊慌地逃走，跳下火车，立刻搭上另一列正开出车站的车。我稍微平静下来，就向别人打听这车是去什么地方的，然后欣喜地发现这辆车直接去往隆达。

我的叔叔达塔特瑞亚·巴克惹医生、他的儿子那罗衍·巴克惹、我的姐姐苏玛蒂和一些其他的亲戚都住在隆达。我直接去了他们家，受到了热烈欢迎。当晚我和巴克惹医生一起去新建成的平房，他称其为"罗摩寺"。在那里我第一次遇到彭嘉吉。那是在一间小房间，房

---

[1] 普塔帕蒂（Puttaparthi），安得拉邦的一个镇，赛西亚·塞·巴巴曾在这里居住。
[2] 贝尔高姆区（Belgaum），隆达镇所在的区，位于卡纳塔克邦。
[3] 胡布利（Hubli），卡纳塔克邦的一个城市。

内弥漫着燃香冒出的烟,一个高大的男人穿着白色的库尔塔和笼裙①,几个人正坐在他对面。没有人说话,每个人看上去都很放松。我感觉到空气中有什么东西,我一下子说不出。在最后意识到那是什么时,我蓦然一震:这正是一种宁静、圆满、快乐的感觉,真真切切。偶尔会有人提问,他给予回答。他的脾气似乎阴晴不定,有时像个小孩一样天真地笑着,突然之间又会变得威猛又激烈。没人跟他争辩。人们只是听他的话,默默接受。

隆达的罗摩寺近照。屋前两棵椰子树是帕帕吉20世纪60年代栽种的。

他的个性和房间里的气场让我目瞪口呆。我体内有东西感觉到:

---

① 笼裙(lungi),类似于东南亚的纱笼。和裹裙不同的是,它是缝制成裙状的,裹裙是没有缝制的一块布。

"这是一个圆满、完美的人,在他身上我看不到任何缺点。"他的存在压倒一切,那里每个人似乎都很敬畏他。

后来的日子中,我从住在附近的人那里听到一些他的故事。巴克惹医生的大儿子那罗衍告诉我彭嘉吉是拉玛那·马哈希的弟子,最近从采矿职位上退休,曾经参过军,等等。但我发现这些事情的重要性,和我每次看着他或坐在他身边时体会到的感受相比,不足一提。

他身边一些人——巴布饶·墨尔古德(Baburao Murgod)、印德鲁·巴巴(Indru Baba)、克沙瓦·杜姆(Keshav Dhume)成立了一家公司买卖森林物产。受益所得要么给了彭嘉吉,要么就是用在他推荐的项目上。

那里有三个看上去和我差不多年纪的男孩:亚文德·滕瑟(Arvind Tengse)、苏瑞什·杜姆(Suresh Dhume)和阿基特·堂什卡尔(Ajit Tanshikar)。我们揽下了罗摩寺内内外外大多数的日常杂务。每天要从一口大概七十英尺深的井中打水,要打扫房间并清理所有的厨房餐具。那段时间,彭嘉吉大概早上五点起床,独自一人去丛林,早上九十点才回来。这段时间里,我姐姐或者达塔特瑞亚·巴克惹医生的妻子梅(Mai)会给他准备早餐。有时候其他弟子也会带来食物给他。他会吃一小点,然后把剩下的当加持品分发出去。我们觉得自己像是得到了慈父喂食的小孩。

我天生是个懒人,但在罗摩寺,我们不得不一直忙着。彭嘉吉希望我们努力干活,所以大家都努力干活,一半出于爱和尊敬,另一半我猜是因为大家都有点怕他。每天从早到晚都会有人来访,跟他讲各自的故事,不仅仅是当地人,还有从卡尔瓦尔、达尔瓦尔、贝尔高姆和邻区其他地方来的。有时访客来询问家庭问题,有时则询问修行上的事。很多人描述了自己的梦、所见到的境界和深刻的体验。在他周围似乎一直发生着离奇、奥妙的事，总是有人在等着轮到自己讲述发生的新体验。

我必须承认，一段时间后我对彭嘉吉的生活方式开始有了一丝嫉妒。似乎大多数时间他都在休息，什么都不做，而其他每个人都在忙，为他做事。我开始怨恨那些不得不干的活，心想自己就像个免费仆人一样被压榨。我觉得自己的想法和情感被忽视了。当然现在我明白彭嘉吉是在静静地看着、观察着我们所有人。当时我心里扭曲的想法使我远离他，因为我突然觉得自己不能再面对他了。实际上我开始躲着他。我对他的那些想法让我感到自责，我的内疚感使我远离了他。

但这个状态并没有持续很久。或者是彭嘉吉的加持，或者是他的意愿，在他脚边地上爬的丑陋毛毛虫突然瞬间变成了美丽的蝴蝶，展开双翅，飞向自由。这如同一道迅雷掠过，出乎意料之外。二十七年之后，当我用笔回忆起那个瞬间，我的身体都开始刺痛。

事情经过大致是这样的：那是8月的一个夜晚，大概八点半。那时在隆达我们都在晚上八点半到九点间入睡。四周没有声音，只能听到蟋蟀和其他一些夜行昆虫的叫声。我能听到远处火车鸣笛声。彭嘉吉坐在一把椅子上，那罗衍医生的表弟亚文德坐在他脚边，按摩他的右脚踝。天花板上亮着一只小灯泡，彭嘉吉就坐在下面，平和而宁静。过了一会儿，他和亚文德简短交谈了几句。我正准备离开房间，亚文德叫住我，让我按摩彭嘉吉另一只脚。那段时间，我有个奇怪的想法，认为给彭嘉吉按摩是非常低下、卑贱的工作，我痛恨被叫去做这事。我开始无聊又漫不经心地用双手围绕他的脚踝，心里第一个念头是:"他的身体真是巨大啊!用两只手都没法围住他的腿。"我就带着这些念头和其他闪过的类似世俗想法,继续这样做着。

后来发生的事超越了我所能描述或想象的,我没法跟人解释这一体验。上一瞬间我还在给他按摩,下一瞬间就意识不到亚文德和彭嘉吉了,虽然我的头脑还能以某种方式感觉到后者的存在。我的脊椎上有个刺痛感,然后就是一波又一波纯粹的妙乐。一股强大的能量吞没了我,我漂浮在纯粹能量之海上。

突然之间,不再有苏巴什,不再有彭嘉吉。除了纯粹的幸福以及不可思议地确切感受着全然的圆满之外,什么都不存在。

在那个圆满的瞬间,不知为何,有一个认知,知道这是我的头脑寻求累劫累世而不得的东西。这一体验如此有力地影响了我,甚至到了现在,无论何时回想起来,我马上会陷入一个无念的状态。在那之前和之后都没有人给过我这样的幸福,这是不依赖于有形之物的幸福。我不用做任何事,不用去修持什么。这个圆满的瞬间不请自来,不依赖于任何东西、任何人。

除了这一幸福之外我什么都觉察不到,这样的状态持续了大约五分钟。和彭嘉吉处久了之后,我看过其他人沉浸在这样的状态中长达几个小时。但不管是几小时还是几分钟,都无关紧要。重要的是它超越了所有体验,哪怕只是一秒,只要发生了,人就再也不可能和以前一样了。

虽然之前人们来隆达讲述各自的奇妙体验,但我从没有想过类似事情也会发生在我身上。我没有追求什么体验,也没做什么尝试得到体验。我想强调的是没有人需要做点什么才能得到彭嘉吉的加持,只要来到他身边就可以了。在他身边有触手可及的光辉,能让被照到的人放下所有的念头和想法，发现自己的本质。或许这个比方更好：他是一只老虎，吞下那些靠近他的人的念头和想法。你藏不了，也不能跑开或爬上树躲避，只能在他面前呆若木鸡地站着，直到时候到了，他突袭你，把你吃掉。

这个体验之后，我就从一个完全不一样的角度看彭嘉吉了。这就像是不再看零星的局部而是看整体。我不再视他为身体，取而代之的是，我视他为纯粹的爱的形象。我不再害怕他，只有爱、尊敬和惊叹。

彭嘉吉不仅照料我灵性上的福祉，还照看我物质生活上的需求。他注意到我有绘画的才能，就建议我父亲把我送到美术或者商业艺术学校去发展这个才能。父亲以前想要我去医学院，但我却没有通过中学肄业证考试。他不想送我到艺术学校。他希望我重考，考出个高分，进医学院或者工程学院。

他拒绝出钱送我读艺术学校，然后彭嘉吉插手了，告诉他："如果你不送他去艺术学校，我会带他一起回勒克瑙，哪怕自己给他出所有的费用，我都要让他在那上艺术学校。"

我的父亲发了慈悲，同意我学习艺术，先是在达尔瓦尔再去了孟买。如今，我成为一个成功的商业艺术家，在孟买工作。

我这一生所取得的任何成就，都不是我的功劳。我身上发生的所有事情、我所取得的任何成就，都来自彭嘉吉的加持。

1966 年初，帕帕吉终于从珀达尔-马丁公司退休。从此他可以把全部时间都用在隆达这群新弟子身上。差不多与此同时，达塔特瑞亚·巴克慈医生也决定退休不再行医。帕帕吉讲述接下来发生的事：

有天我看到一些病人站在罗摩寺前，看起来不像有人会来给他们看病。

我问了他的儿子那罗衍医生："为什么你父亲今天还没来给这些病人看病？他们都在等他呢。"

"我父亲已经辞职了，"那罗衍医生说，"他把所有的工作都交接给了助手，现在就由助手给大家看病了。"

这样的变故让人摸不着头脑，我不明白为什么他突然之间决定辞职。除此之外他没有养活自己的方法，而他的工作也没有退休金。我们之前聊天时，他也从来没有谈过考虑退休。

那天晚些时候，我遇到医生，他告诉我不想再继续工作是因为他想有更多的时间和我在一起。我想他是期望着在我俩的余生中，我会一直和他住在一起。我也有过这样的想法，想退休后长久住在隆达。

在此地我还有个弟子叫内津海尔先生（Mr Neginhal）。他是当地的林业官员。在医生辞职那会儿，他送给我在迦梨河①边的十英亩地。我接受了他的捐赠，但不是为了我自己。我把这块地交给医生的妻子，让达塔特瑞亚·巴克惹医生去种地，好给家人带来一些收入。后来，我让医生在这块地上给我建一个小棚屋，我可以单独住在林子里。

医生很快就对农活充满了热情。他耕地，种上椰子树，还种植一片甘蔗，因为离他的农田不远有所甘蔗压榨厂。

在能够搬进巴克惹医生这个棚屋前，我得处理掉一些家庭事务。

---

① 迦梨河，卡纳塔克邦内的一条河流，流经卡尔瓦尔，汇入阿拉伯海。

我对医生说："我要回勒克瑙一段时间。我得安排好儿子和女儿的婚事，还要为我妻子做一些财务安排。等这些都办妥了，我就可以永远离开家庭，不再背负任何责任了。"

在这本回忆录中，帕帕吉已提到好几次他抛弃了家人，把他们的福祉留给天意照拂，虽然他大多数离开的尝试都失败了，但我们也不能就贸然得出结论，说他忽视孩子和他们的成长。我曾跟苏仁德拉和席万妮都聊过，他们现在都健在。在他们记忆中，帕帕吉是一个慈祥、仁爱的父亲，会不辞辛劳地逗孩子玩，让他们衣食无忧、幸福快乐。一起住在马德拉斯时，帕帕吉会在周末和假日中带着全家去海滩或者森林。他偶尔还带孩子去室利·拉玛那道场，好让他们觐见马哈希的圣容。

在北方邦工作的五年（1947—1952）中，帕帕吉继续和孩子们生活在一起，照顾他们；但当他去了南印度、在采矿业工作后，他的妻子和家人留在勒克瑙，因为森林里没有供家人居住的设施。帕帕吉的雇主每个月从班加罗尔寄五百卢比到勒克瑙，帕帕吉自己也经常北上去探望家人，看看他们生活过得如何。

虽然帕帕吉自己在十六岁上被迫离开了学校，但他努力地工作以保证自己的孩子受到良好的教育。一开始由于帕帕吉经常搬家，牵连了他们。他们是在马德拉斯开始上学的，那里的教学语言是泰米尔语。后来他们被送到班加罗尔上学，那里老师说的是卡纳塔语[①]。席万妮和苏仁德拉都降了一级，因为他们听不懂语言。帕帕吉后来把两人

[①] 卡纳塔语（Kannada），主要使用区域是卡纳塔克邦，使用人口大约有四百万。

送回莱亚普尔他妻子身边，但他们在那里上学遇到了更大的问题。旁遮普省的教学语言是乌尔都语，于是他们又降了一级。印巴分治后，他们在勒克瑙上学，那里的主流语言是印地语。虽然有之前的种种不利条件，席万妮和苏仁德拉非常努力，都以文科硕士毕业。

苏仁德拉毕业后，帕帕吉带他去了南印度，教他采矿业务上的知识。帕帕吉一直受雇于一个采矿公司，但苏仁德拉宁愿做私人承包商。他做了四年采矿承包，最后矿石价格无利可图时才收手不干。那时政府垄断了矿石采购，固定了矿石价格，也控制了所有出口，私人承包商就得看制定价格的公务员脸色吃饭。采矿业再也赚不了钱时，苏仁德拉回到勒克瑙，追随父亲的脚步成为销售电子设备的旅行推销员。他在北方邦数年间不停地到处旅行，推销公司产品。后来他提前退休，前不久搬去一所新建的房子居住，位于勒克瑙郊区。

教育子女和给他们安排合适的婚事是每一个印度父亲的责任。20世纪60年代中期，帕帕吉请假为他的孩子寻找合适的人生伴侣。他很快为席万妮选好了新郎，但男孩的父母却对这门亲事不太热心。

男孩父亲对帕帕吉说："你女儿是个硕士，我们家可高攀不起。她学历这么高，不会适应我们家的。我不觉得她和我们在一起会幸福。"

帕帕吉已经打定主意要把女儿嫁进这一家了。

他对那人说："我知道这是登对的，我知道她会和你所有的家人都处得来。我已经准备好用个很实在的方法表示信心。席万妮可以跟你们一起住上六个月，并不是作为你儿子的妻子，而是作为你家的成员。她会做任何你期望儿媳妇做的家务。如果过了这段时间之后你不满意，你也完全没有义务再继续这门婚事。"

男孩的父亲被这一提议震惊了："从没有人会这样提议。我从来没听说过有人把自己的女儿这样送出去。没人会愿意让自己的女儿在还没结婚的情况下就住到男人家里。"

这一大胆的提议使帕帕吉赢得了男孩父亲的好感。

他继续说道:"你真是一个不同寻常的人,不过我喜欢你在这件事上诚实、直接的态度。你一定是教女有方。刚和你见面时,我并不是很想考虑你的提亲,但跟你聊过、听了你的提议后,我现在希望和你们结为亲家。你不必把女儿送来试婚六个月,我会命令儿子娶她的。"

帕帕吉和席万妮,1957年在勒克瑙动物园。当时席万妮二十二岁。

接下来安排完婚事，夫妇俩就在新德里安定了下来，在市区南面经营一家照相馆多年。席万妮的丈夫在1994年过世，两人结婚二十七年。她最近去勒克瑙帕帕吉住所，说起这么多年来她从没有和丈夫有过一次口角。

我现在要回过头来讲1966年的事情。在帕帕吉去勒克瑙给孩子寻找合适的配偶前，他和达塔特瑞亚·巴克葸医生去了一趟喜马拉雅山。巴克葸医生想要去德瓦普拉亚格举行祭祖①仪式，帕帕吉同意陪他去，后面一章中会讲述这次特别的旅行中的故事。之后帕帕吉去了勒克瑙，安排苏仁德拉娶了一户来自阿格拉②人家的女孩。婚礼定在来年1月。几天后，已回到隆达的巴克葸医生收到了下面这封信，来自帕帕吉：

勒克瑙

1966年2月1日

我今天从普拉亚格回来了，看到你的信……我没有计划要在什么地方做任何工作。我不知道要做什么，也不知道不要做什么。我已将这副身躯交付风中了。让风带它去北去南、去东去西吧。不管怎样我都无所谓。

我喜欢像你们这样的朋友，但只出于一个原因——我知道他们和我是一个。在整个宇宙中都是"一"在起作用。你、我和其他——彼

---

① 祭祖（Shraddha），梵文原意为任何诚心诚意的行为，在印度教中特指祭奠祖先，尤其是过世父母的仪式。
② 阿格拉（Agra），位于北方邦，距离勒克瑙三百六十三公里，是泰姬陵所在地。亚穆纳河流经此地。

此没有分离。

回到隆达前,帕帕吉短暂造访了敕特拉库特,那里是罗摩和悉塔被流放的地方。3月底他在那里给达塔特瑞亚·巴克蒽医生写了一封信,表达了对医生和他家人的器重。

我亲爱的朋友,

我今天刚从纳希到这里,会在这里待上一周,然后去阿育提亚。我向祜主罗摩和宇宙之母提到了你、你的儿子和你的妻子对他的虔诚。他听后,露出非常甜美的微笑。

短暂朝圣之旅后,帕帕吉回到隆达。虽然他曾认为自己大多数时间会在那里度过,甚至计划过在达塔特瑞亚·巴克蒽医生的小棚屋里隐居,但这最终并未实现。他开始和弟子们一起去旅行、朝圣,极少在一个地方一次逗留超过几周,在隆达也没有。在给达塔特瑞亚·巴克蒽医生的信(1969年1月24日)中,他写道:

神圣之力极其惊人,它把我从一个地方带到另一地方。实际上,我不喜欢待在一个地方。或许不如说我无法在一个地方待上超过一个月。这是我祜主的意愿。我必须服从。我一点都不眷恋勒克瑙,对其他任何地方也不留恋。

刚退休后的几年,他的足迹遍布整个印度。翻阅他这一时期的书信,我发现提到了敕玛嘎罗、芒格洛尔、班加罗尔、室利·拉玛那道场、浦那、庞度让嘎、达尔瓦尔、孟买、瑞诗凯诗、巴德里纳特[1]、敕特拉库特、阿育提亚、瓦拉纳西、浦里[2]、达克希内斯瓦尔[3]、阿兰蒂[4]和阿格拉。有些地方还去了好几次。

下面这一回忆来自帕帕吉一个弟子,他在这段时期和帕帕吉一起旅行。虽然他不想具名,但我看得出这是帕帕吉在罗摩寺期间吸引来的众人之一。

我在一生中遇过很多圣者和让人尊崇的人,但从没有见过像彭嘉上师这样的。我不认为世上还有谁像他一样,能有这个能力来即刻唤醒他人、开示其本来面目。

第一次遇到他纯属偶然,那是离我住处很远的地方。那是一年中天气很好的时候,我正在愉快的旅游途中。遇到他的那天是我一生中最美妙的一天。我的人生在遇到他之前索然无味,经过他神圣的陪伴,整个变得熠熠生辉。我现在过着自由、觉悟之人的日子。非常非常感谢上师尊。

在那个值得纪念的日子遇到他后,他收我为弟子。从那时起,我在很多场合都坐在他脚边。我们一起旅行,去了很多地方,同行的还

---

[1] 巴德里纳特,位于北阿坎德邦的一个朝圣圣地,是商羯罗所确定的四大圣座(Char Dham)中的北方圣座。
[2] 浦里(Puri),位于奥里萨邦(Orissa),是四大圣座的东方圣座。
[3] 达克希内斯瓦尔(Dakshineshwar),位于西孟加拉邦,以当地的迦梨女神庙闻名,印度圣者罗摩克里希纳(1834—1886)是此庙的住持,曾经在此亲睹过迦梨女神。此地因此而成为迦梨女神信徒的朝圣地点。
[4] 阿兰蒂(Alandi),马哈拉施特拉邦的一座城市,是13世纪的虔诚道圣者迪尼雅内释瓦(Dnyaneshwar)的圆寂地,其灵祠是印度教教徒的朝圣地之一。

有他的其他弟子。那些日子中，他身边并没有很多人。我们去了东部、西部、北部和南部。有时我们去山中，有时去圣河，有时去海边。有他的陪伴，每个时刻对我都是神圣的体验。我们开怀大笑，不管去哪里都充满乐趣。上师笑起来时，他的脸就像盛开的莲花。他教会我们怎么去笑，怎么永远保持笑容。

很多时候我们会走很久，在经过的每一条河中沐浴，甚至暴雨如注时我们也这么做。有时候我们待在森林，有时住在富人家，有时候住在非常穷的人家里。无论何时何地，在他神圣陪伴中都有同样的快乐和魅力。虽然我们在各种各样的地方和各种社会阶层的人相处过，我发现和简单的人在一起时，他似乎更舒服、放松。他自己好像也更喜欢朴素、简单的生活方式。

他从来没让我们感到他和我们有任何不同，也从来没有要求得到特别对待。在我看来，他对弟子的爱与尊重似乎胜于对他自己的子女和家人。他喜欢和我们一起待在简单、偏僻的道场中。有时候我们住在蛮荒、危险的地方，正好可以培养我们的胆子。

有时他会在街上随便收下一个新弟子，而对其背景一无所知。他会得到和我们其他人同样的尊重和照顾。但如果一个新弟子向他请求加持，他马上就会一步步地剥除他的立场、限定和他对于宗教的所有想法。他会以非常巧妙的方法做到这一点，当事人从不会感到受伤。

他会招待我们最可口的食物，总向我们表现出爱和尊重。从他那里我们不仅仅得到修行上的教导，通过他的身教，我们还学会了怎样好好生活、怎样保持幽默感。甚至他在谈论严肃的修行话题时，也会以一种放松、幽默的方式谈论，不给弟子们任何压力。在他身边，总是有种放松、平和的感觉。

正式的萨特桑发生时间不定,任何时刻都有可能进行。有时会在我们散步时突然开始,或在下午茶后,或在恒河里沐浴时,甚至我们坐在公共汽车上出行时。这些开示的最妙之处就在于随意自发。甚至我们睡觉时他也会给予开示,他经常在我们梦中出现,给我们教导和建言。如果我们第二天向他问起,他会确定说那个建言是对的。

神圣的体验也会不定时地、在最奇怪的时刻出现。有些弟子在走路时得到,有些在沐浴时,有些在吃东西时,不一而足。在这样的时刻我们都体会到巨大的快乐和幸福。上师看到我们中有人正在经历或已经得到了一个直接的体验时,他的脸都会快乐放光。

一旦上师把某人庇于翼下,他会自然对他负起全部责任。在我和他很多次的相处中,我记不得有过一起事故或者灾祸。哪怕在最为极端的气候条件下,无论是暴雨、酷暑或严寒,都没有人生过病。不知为何,他总能提前嗅到麻烦事,并因此改变计划避开。

我的经验是,他从不强加任何东西在他的弟子身上。他从来没有让他们以某种特定的方式生活,或做什么特定的修行。相反,他卸下了我们的全部包袱,替我们去除了挡在证悟之路上的所有障碍。他让我们从所有的忧虑中解放出来,向我们展示我们自己的本来真面目。

有些人并不是来求解脱的,而是来求从痛苦的沉重负担中脱离出来。我曾见过他跟考虑自杀的人对话,几分钟之内他就能让他们变得快乐无忧。我自己就认识几个这样的人,能证明就算是到了现在,这些人也一直是快乐的,过着正常的生活。

我还能说什么呢?就像是贤者之石[①]碰到铁就能把铁变成黄金,

---

① 贤者之石(Philosopher's stone),一种存在于传说或神话中的物质,它被认为能将一般的非贵重金属变成黄金。

彭嘉吉上师把身边所有的东西都变成了黄金,并让它自己闪闪发光。他移除了来见他的众人心中的疑虑和分别,并赐予很多人觉悟。有太阳的地方,黑暗不可能存在;同样,弟子的无明和自我在上师身边会消失。然后弟子就会被自己的神性之光点燃,作为一个自由的人在世上发光发亮。据我所知,没有其他上师可以不计弟子的背景,而把这个礼物赋予如此多的人。我认为自己极其幸运。我再三感谢他将神圣加持赐予了我。

下面这一回忆来自室利·德赛(Sri B. D. Desai),他家住孟买,在泰姬酒店[①]的会计部工作。

我从小就一直有个信念,认为我所有行为都是由造物主来执行的。随着年岁渐长,这一信念越来越坚定。我修持所有礼拜神祇的传统方式,对马哈拉施特拉邦当地圣者有着特别的热情,把能找到的关于他们的书都读了。

20世纪60年代,我有过某个梦境,梦里我看到一个高大的身形,穿着橙黄色的衣服,站在一条河边。他看着我,说:"我是你的赐福者(benefector)。"这个梦在我脑中挥之不去,虽然我并不明白是什么意思。

20世纪60年代后期,我去隆达的妹夫家做客,他是那里的森林承包商。

他说:"有个圣人刚刚到了我们镇上。你想去看他吗?"

[①] 泰姬酒店(Taj Hotel),孟买市内著名的五星级酒店,也是当地的地标建筑之一。

"当然想，"我说，"我们这就去吧。"

我们沿着马路走了二百多码，走进了室利·彭嘉吉正在举行的萨特桑。他面前坐着五六个人。我记得我进去时，彭嘉吉的眼睛是闭着的。当我在他面前坐下，他睁开双眼，欢迎我。我仔细打量他，突然想起这就是我几年前在梦中见到的男人。我跟他说了我的梦，并说："我确定你就是那个人。"

他让我闭上双眼，描述一下我看到了什么。我按照他的指示，汇报说："我看到了森林，没有其他的。"这回答挺奇怪的，但似乎让他很满意。

"很好，"他说，"很好。"我感觉自己被他收下了。

有些访客偶尔会提问，但我不能确定自己是否听懂了他的回答。我搞不清楚他教的是什么，但我知道这并不是我耳濡目染的印度教传统方式。或许还可以说在那个时候，对于新来的人来说，这是很常见的反应。彭嘉吉很少向人们的背景让步。他会从究竟的角度来说，如果人们不能理解他，那就是他们的问题，而不是他的。

虽然我没有真正明白他在说什么，我却迫切感到要一次次再去。几天之后，我就一整天都待在那里。我开始贴身服侍他，感觉到自己越来越倾心于他。当我实在无法再推迟归期时，我请他无论何时到孟买来都要住在我家。让我大为惊喜的是，他接受了我的邀请。从那时起，接下来几年中无论他何时经过孟买，都会在我家住上一段时间。

我开始和他一起旅行。他很喜欢旅行，也似乎很喜欢有我做伴。我陪他去了好几次瑞诗凯诗和哈德瓦，还跟他去过庞度让嘎、克什米尔的毗湿诺女神[①]庙、瓦拉纳西和敕特拉库特。无论我们去哪里，居住条件很简单，但很快乐。

他有个习惯，几乎每天都要走上很长一段路，一口气走上二十或者三十公里并不稀奇。有次我带着十一岁的女儿一起在连绵不歇的雨中走了七个小时，因为彭嘉吉想要去看一个跟他舅舅罗摩·提尔塔有关的地方。我们没人感到累，也没人感冒或者不舒服之类。在他身边，我们可以做任何事，因为我们都知道他在保护、照看着我们。我必须要提到他有一个习惯，无论我们在路上遇到了什么水流，他总要停下来沐浴一下。他似乎无法拒绝途中遇到的任何河流或溪水。

有次，我在瑞诗凯诗和他在一起，突然感到修行上的不足。我对教理知之甚少，因为他从没让我做过什么修持，而且我也没有任何实修。我感觉到自己不够努力，就出去买了一本《瓦西斯塔瑜伽经》，决心要啃下来，因为我曾听到彭嘉吉对此书大为赞赏。我把书拿给他看，心想他看到我决心研读的话会很高兴。然而恰恰相反，他愤怒地从我手里一把夺过去，撕成碎片，丢进恒河。他一开始没给出理由，但我感到他是在告诉我，我有他陪伴时，不需要啃什么书本。后来我直接问时，他证实了这点。

"我感觉自己不够努力，"我说，"觉得自己应该要做点什么，而

[①] 毗湿诺女神（Vaishino Devi），又被称作毗湿那琵（Vaishnavi）或拉尼女神（Mata Rani），据印度教传说，在湿婆、毗湿奴、梵天忙着对付阿修罗的时候，三位女神——迦梨女神、吉祥天女和辩才天女聚在一起，集中她们的神力，显现出一道耀眼的光芒，从中诞生了一个女孩，并被三位女神派遣投生到南印度，以维护世间的公正。她出生后被命名为毗湿那琵，智慧超群并弃俗离家在森林禅修，后来遇到毗湿奴的化身罗摩，受命在查谟-克什米尔地区的三顶山（Trikuta）上建立道场，以赐福人类。

不是每天就坐着,享受你的陪伴。"

"在上师身边,"他说,"什么事都不必做。在他身边就足够了。"

最终我发现是这样的。我以前感到自己缺乏智性上的理解力,随着在他身边越来越久,现在这已变得无关紧要。我的问题和疑虑都消退了,被一种无作的平静取代。在他身边总能体会到平静,我学会享受平静,不再担心自己该做什么,或者是否取得进步。他以充满明光的无念状态加持我,无论我是在他身边,还是在离他千百里之外的孟买,这种状态都在。他的神圣临在带走了我的念头、困惑、担忧和疑问。现在无论何时我闭上双眼,都能找到平和与寂静。

我永远感激他为我做的、对我做的一切。他让我见到神,给予我平静,我夫复何求?

帕帕吉的弟子遍布全世界,但他们中很多人极少有机会见他一面。在频繁旅行、走遍印度的几年中,帕帕吉和很多弟子以通信保持联系。他会告诉弟子自己的旅行和会面,回答他们修行上的问题,问候他们物质、精神上的福祉,激励他们在修行上更上层楼,对他们生活的方方面面都提供建议和鼓励。室利·德赛收到过大约一百五十封帕帕吉来信,大多在20世纪60年代后期和70年代早期。我在此附上几封。这些信生动展现了帕帕吉如何通过信件给予建议和教导。几封早期的信件包含了传统印度教的教导指示,具有特别的价值,现在他已经很少这样做了。

1968年12月22日

勒克瑙

亲爱的神圣之子,

我已经收到你的来信。它充满了爱,字里行间透着虔诚。我对你充满了信心。你具备一个真正求道者的所有条件。我不得不在仓促间离开孟买。一方面这是好事,因为有一些年轻的求道者已经到了,他们从西班牙来,正等着我。我会在卡舍、敕特拉库特、瑞诗凯诗扎营,然后去南方。你会收到消息的。但目前我建议你待在家里,再继续修持一段时间。真理在所有众生心中。先在你身边人——你的妻子、女儿和朋友的心中体悟这一点。这条道路上你需要所有人的祝福,包括你的妻子。要是还有一丝不解,就去除它,因为你需要自己整个头脑都全然纯净,就像是醍醐①,以供奉祜主。你有一个贤妻和一个乖孩子,在家里就像真正的智仙那样生活。我不鼓励人们抛弃生活中的职责转而投身森林中。如果你真诚求道,大圣者们就会到你门前。这是神的规律。如果有热,自然就有清新的风。消除升起的念头,保持寂然。看着自己觉悟真我。你会感觉到一种在多生多劫中从未感到过的妙乐……

下一封信中,我们能难得地读到帕帕吉就传统禅修方法给出的具体指导。信中提到那罗延②,即展现为毗湿奴形象的神,是因为德赛先生家乡所有人都崇拜这一神祇。

---

① 醍醐(clarified butter),如今常被称作"澄清黄油",从黄油中提炼出的液态牛奶脂肪,是透明的金黄色液体。
② 那罗延(Narayana),字面意义为"那罗的儿子",即"人之子"。在印度教早期就开始采用此词指称最高的神祇。在后期演变中,那罗延通常是毗湿奴或者黑天的别称。

1969年1月6日

勒克瑙

亲爱的神圣之子，

我今天收到了你1969年1月3日的信。很高兴读到你用了一些修持手法来触到究竟的那罗延。那罗延位于所有众生的心中。这个心并不是字面意义上位于左侧、供血的那颗。我说的心是赫里达雅①。这是你身体的真正存在，是它让你的心脏跳动。它在右边，离中间（胸骨）两寸处。通过一些修持你能很清楚地观想到它。如果你能这么做到，哪怕是四分之一秒，你都会变得非常幸福。只需要深深内观就可以了。那罗延在大平静、大善提②中自在安息，你可以用那罗延的名号来沉入这片大海。你必须把全部的注意力都集中在心上，安住于此。你不需要出声持诵，不出声是更高的做法。但如果你想的话，可以用舌头、呼吸或意念来重复那罗延的名号，甚至在你忙着工作的时候都可以。肚脐并不是个很好的关注中心，它会搅动低下的冲动，让意识躁动。如果你安住自己的本然不动摇，剩下的就都不需要了。你有问题的话随时可以给我写信。我在你身上看到了一个实实在在的求道者，希望你能在这一生中达到最高的证悟……

致以更多的爱

你在真我中的（Yours in the Self）

---

① 赫里达雅（Hridayam），梵语，指灵性层面的心，为所有意识和肉体展现的源头。即佛教《般若波罗蜜多心经》（*Prajna paramita Hrdaya sutra*）中的那个"心"。

② 善提，梵语，平和、寂静。

1969年1月18日

勒克瑙

亲爱的神圣之子，

很高兴收到你的信。

要达到的目标是头脑寂止。当头脑寂止时，你正在有的疑问，比如"我怎么知道我是寂止的？"就消散了。剩下能感觉寂止的"你"在哪里？你只感觉到作为主体的幸福和存在——而不是客体。只要你安住在那里，就不会有任何时间和身体的想法。只有在你降到身体意识（body consciousness）的时候，才会知道"过了这么久了"。只有在身识中才会升起其他这些疑问。

接受我的爱

你在真我中的

1969年3月14日

隆达

挚爱的德赛吉，

……我肯定你正在稳定走向至善。你有直面真理的条件，你应该直面他。逃离神的，是懦夫。下定决心在这生中见到他吧。没有比达到他更大的善行或功德了，成就这个全然的圆满吧。

给你自己的真我越来越多的关注。在关键时刻，他不会像其他的东西将会做且已经做过的那样欺骗你、离开你。让他成为你唯一的朋友……

1969 年 9 月 13 日

勒克瑙

我挚爱的孩子，

念你的信时我极其愉悦。读信时，我感到你写信时在你心中起舞的情绪。你说你去阿兰蒂见到了室利·雅内湿瓦[①]，他加持你，甚至还给了他的照片，每次我读到这里，就感非常欣喜。你还需要什么东西呢？在去德嘎[②]女神庙的路上，你没听见人们齐声喊叫着"女神会亲自写信邀请信徒到她家"吗？同样，所有的圣人也在呼唤他们虔诚的信众，以赐予加持。我很高兴在你身上看到了虔信的熊熊火焰，甚至在隆达我们第一次见面时就发现了。你最近的朝圣肯定净化了你潜藏的业习，哪怕你也许并没有觉察。如果你在土里种了一颗种子，第二天就把它挖出来，是看不到有形的变化的。但是就算这样，在它里面正发生着翻天覆地的变化，这变化能够让种子在一两天内就发芽。圣人的陪伴也是同样的道理。表面可能没有变化，但是内在却正在进行着。圣人的陪伴迟早会让自我连根拔起，是迟是早就取决于求道者的热切程度了。心非曲非直。虽然你在信里说是曲，但有任何时候你见过它是曲的吗？把自己的错误怪到别人头上是人的习气。然而难道不正是这同一个心把你带到好的地方、让你结识好人？要和这个心交朋友。至于孟买，所有的地方都一样。认为地方有好有坏，这只是念头

[①] 雅内湿瓦（Sri Jnaneshwar，1275—1296），马哈拉施特拉的印度教圣人、诗人、瑜伽士，也被称作迪尼雅内湿瓦。他所著的《薄伽梵歌》的注疏《奥义明灯》（*Bhavartha Deepika*）被认为是马拉地语的杰作之一，通常被称为《雅内湿瓦论》。

[②] 德嘎（Durga），意为"不可接近的"或"不可战胜的"，号称难近母。她是湿婆的妻子莎克蒂（Shakti）的主要形象之一。

而已……

帕帕吉在信中提到的雅内湿瓦,是几百年前生活在马哈拉施特拉的导师。他还是孩童时就开始教导众生,并且写了一部著名的《薄伽梵歌》注疏,现在被称为《雅内湿瓦论》(*Jnaneshwari*)。他在十六岁时感觉自己的教授任务已经完成了,就把自己封闭在帕帕吉提到的阿兰蒂村的一个山洞中。他的信徒认为他还活在那里,处于很深的三摩地中。当帕帕吉在果阿邦工作的时期,他造访了这个山洞,以表达他对雅内湿瓦的尊敬。以下是他对所发生的事情的回顾:

我有一次去马哈拉施特拉邦的阿兰蒂访问雅内湿瓦的大灵祠。据说他年仅十六岁时,就对他的两个兄弟尼维利提纳斯(Nivritinath)和苏潘德瓦(Supandeva)还有他的妹妹穆克塔白(Muktabai)说自己这一生的使命已经完成了。他对他们说自己会进入一个洞穴,永远待在那里。他的妹妹求他不要这样结束自己的一生,但雅内湿瓦很坚决地执行了这个计划。所以,这个洞穴的入口就被永久封起来了。

我去了这个山洞,想着雅内湿瓦是否还在那里入定。我站在那个密封起来的入口时,突然有了身处山洞中且就在雅内湿瓦身边的体验。我看到他坐在那里,沉浸在甚深的禅定中。他的双眼闭合,脸上光彩焕发。

我的马拉地语①说得很好，所以不需要翻译就可以读《雅内湿瓦论》。当我在阿兰蒂时，我遇到了两位学者，一位叫妈妈·丹德卡尔（Mama Dandekar），一位叫约悉（Joshi）先生，两人在研究《雅内湿瓦论》。还有几个德国人也在，是来请教这两位专家的，他们正着手把这本书译成德文。

妈妈·丹德卡尔告诉我，有少数几个从阿兰蒂来的人曾说过他们看到雅内湿瓦在因陀罗亚尼河②中沐浴。我相信这个说法。任何有着一颗纯净心灵的人都能看到甚至成为他们所想的东西。无论有什么样的念头，都会在他面前得到展现。

1969 年 9 月 22 日

勒克瑙

我挚爱的孩子（德赛），

很高兴发现你对真理有了一个绝对清晰的理解。你在 9 月 19 日信中的解释是出于一个孩童的天真之口。所以，我也以同样的方式来跟你说话。掌握四部吠陀和其他科学知识的博学者并不够格赢得神的加持。神要的是你孩童般的爱，要你臣服在它脚下。没有别的了。图

---

① 马拉地语（Marathi），主要是在马哈拉施特拉邦地区使用的印度语言。雅内湿瓦是历史上第一位直接使用马拉地语写作的圣者，《雅内湿瓦论》就是以马拉地语写成。在此之前，人们普遍认为灵性著作只能用梵语写作，雅内湿瓦打破了这一禁忌，并得到了之后的圣者图卡拉姆（Tukaram）、伊喀纳特（Eknath）、罗摩达斯等人的继承，塑造了辉煌的马拉地语灵性文学。

② 因陀罗亚尼河（Indrayani River），马哈拉施特拉邦的一条河流，因诗圣图卡拉姆和智者雅内湿瓦的关系而称为圣河。

卡拉姆既不博学也不是个高超的音乐家，但看看他和祜主毗塔拉[①]说话时是多么无畏。要以同样的方式，像对父亲说话一样和他说话。向他索你需要的一切，你不仅仅会得到三界，还会得到超越这些的——从轮回中解脱。只管去看头脑和它的各种花招、习气。如果可以做到这一点，你现在就会解脱……

下面这系列的书信是三年后的。那时德赛先生已成为狂热的信徒，虔信马哈拉施特拉邦里庞度让嘎庙的黑天形象，即祜主毗塔拉，或称为祜主庞度让嘎，这是一个广受崇拜的黑天身相。德赛先生热切地追求觐见这一神祇的真身，这是帕帕吉同意并鼓励的。这段时间内，帕帕吉给德赛先生的信通常以"迦亚 迦亚 毗塔拉 庞度让嘎"的赞叹开始，意思是"荣耀或胜利归于毗塔拉 庞度让嘎！"

20世纪90年代，他的萨特桑以外国人为主，这时帕帕吉就不再谈到虔信道了。虽然他依然认为这是一个确实有效的修持方式，有据可考的是他曾说过西方人没有条件遵循传统的虔信道，因为他们的心已经被太多的世俗欲望染污。《帕帕吉访谈录》第221页上，他说道：

西方人已经把他们的心灵和身体出卖给其他人了。在印度教中，我们只把从来没有被嗅过的鲜花献给造物主。谁有这样一颗从未被他人嗅过的心能献给造物主？你是如何把这样的一朵花或者一颗心献给造物主的呢？

[①] 毗塔拉（Vitthala），或被称为毗陀巴（Vithoba）和庞度让嘎。印度教神祇，被认为是毗湿奴或其化身黑天的化现，主要在印度南部各邦得到信众崇拜。

他早期教导岁月中经常推荐虔信道和持名号、形象的禅修,作为接近造物主的方法,既然如今帕帕吉不愿在大众开示中提到,这些信件就成了遗留下来的少见实例。

第一封信中,帕帕吉祝贺德赛先生有了一次对黑天的直接体验。在后面的大多数信件中,他就如何让黑天现身提出了建议。

1972年8月10日
勒克瑙

迦亚 迦亚 毗塔拉 庞度让嘎
哦,我亲爱的,

这一次你真是让我非常高兴。当我在(瑞诗凯诗的)毗塔拉道场看着你的时候,我就知道这非凡的一天很快就会到来。现在它发生了。当我们在隆达第一次见面时我就已经爱着你了。我写这些是因为我很高兴。我自己的快乐促使着我写下这些话。除此之外,还有什么能让我快乐呢?"迦亚 迦亚 毗塔拉 庞度让嘎"并不是一句用来念诵的咒语,它已经由毗塔拉本人种入你的心房内了。你自己可以听到,不必重复念诵了。在庞达利纳特[①](庞度让嘎的祜主)的加持下,一切都在合适的时机突然发生了。现在你能看到他正双手放在胯上,看着你,脸上带着迷人又淘气的微笑。噢,我亲爱的儿子,我非常高兴看到你坐在我面前、说话、走路、目视外境,但是实际上一直反观着,你显示出八净受[②],那些被庞度让嘎钟爱的人身上会出现的。很

---

① 庞达利纳特(Pandharinath),毗塔拉的另外一个称号。
② 八净受(ashta sattva bhavas),极大虔诚的八个身体征相,比如起鸡皮疙瘩、狂喜之泪等。

多来见我的人都在谈论你。当我听到人们大力赞扬你的时候，我感到很高兴。我觉得你依然和我在一起，甚至在色身意义上都不曾远离。原谅我身体不佳，不能如愿地妥善回复你……

1972 年 10 月 30 日

迦亚　迦亚　毗塔拉　庞度让嘎

我挚爱的孩子，

　　我很高兴收到你 28 日的信中明灯节[①]的祝福。愿每个人都在心里燃起一盏灯，看到祜主正在那里等着虔信者走近他。当我发现有人念诵圣号时，我会感到极大的快乐；当我发现他能保持住，正如你说自己正在做的那样时，我更是充满巨大的妙乐。我感觉自己成了每一个念诵祜主之名的信徒脚下的尘土。毗纳亚克·普拉布[②]对圣名的体验有很美妙、简单的描述。他告诉我："圣名的体验就是圣名本身。"不要担心做你的工作还是不做你的工作。两者是一个意思。"我在做"和"我不在做"都和"我在"没有关系，它是非做非不做的。祜主已经将你安排在此际遇中，你无须操心。你要做的就是保持沉浸在他的圣名中，并把落在你肩上的工作做好。我喜欢你工作时感到意识上的沮丧，这些想法使你有更多的时间和祜主在一起。和祜主在一起比把整个人生浪费在无用的工作上要好。你自己真心之中的祜主会引导你的。不要担心。致以来自莫克蒂（Mukti）、蜜拉和我的爱。

[①] 明灯节（Diwali），印度秋季的一个节日，人们在那天晚上燃灯庆祝，有光明战胜黑暗、智慧战胜无知、善胜过恶的寓意。

[②] 毗纳亚克·普拉布，帕帕吉的弟子，他的故事将在本章下文中提到。

1972年11月13日

迦亚 迦亚 毗塔拉 庞度让嘎
我本自的内在，

　　看到你稳坐于祜主脚边，我非常高兴。不要这样想或那样想。现在就让祜主庞达利纳特拥抱你吧。现在轮到他了。你明白我是什么意思？明白我在说什么吗？我这么问是因为我找不到语言来告诉你我想要说的。敞开你的心，听我说，

　　在内看，

　　在内说，

　　在内听，

　　做这一切的同时，告诉我它是什么。

1972年12月2日

勒克瑙

迦亚 迦亚 毗塔拉
我尊贵的儿子，

　　我今天收到汇票，也读到了你的经历。你看不到祜主是因为他离你太近了！说看不到的那一个是谁？每个人都是"那个"本身，因为没有"有别于他的"可以去看。你会自然自发地清楚这一点。毗纳亚克经常写信来称赞你。他是我祜主的聪慧之子。就这一点而言，从一开始我就爱上他了。他说："德赛吉非常向往出离。"我很高兴那个时刻还没有到来。坚持。不要急着做决定。出离并不是目标。有什么要抛弃吗？你抛弃某个东西之后，它还是留在世界上。你抛弃的东西并没有被毁掉。为什么要担心在那里的东西呢？当我们看着庞度让嘎的

面容，别的看起来也像是庞度让嘎了。德赛吉，我对你的殷切虔诚感到骄傲。每次吸进呼出的气息一定都唱着"毗塔拉！毗塔拉！"的圣名。我刚刚想起了迦娜白①的名字。她抛弃了什么？然而就算是她做的牛粪饼都说着毗塔拉的名号，因为她碰触的所有东西都是毗塔拉。办公室、家里、市场都应该成为庞度让嘎的寺庙。我听到你的毛孔在歌唱，听到"毗塔拉！毗塔拉！"的名号时你的汗毛竖了起来。迦亚迦亚　毗塔拉　庞度让嘎！

1972年12月3日
勒克瑙

毗塔拉　庞度让嘎

"当我在内看，我还没有看到他。但是在同时，其他的一切我都看不到。"噢，我亲爱的朋友，我很高兴你这么美妙地解释了这一殊胜体验。现在，看不到其他东西的那个是谁？把你的脸再往里转，在内在之内。看着并且牢牢地抓住他，那个看不到其他的他。除了这个观者，还要找其他别的吗？他即是庞度让嘎。他正在看着你。而不是你在看着他。这就是为什么你说你没有看到他的缘故。现在轮到他来看你了。保持安静。看接下来会发生什么。保持警觉。去看内在的内在。

1972年12月16日
哈德瓦

---

① 迦娜白（Janabai），13世纪的一个马拉地语女诗圣。

我亲爱的儿子,

在 14 日和 15 日之间的夜晚凌晨时分,在醒来前,我看到了你,双眼半睁,站在毕玛河①中,河水没过了你的膝盖。你的身体半弯,闪着红铜色的光,你正面对着庞达利祜主,他只是一直微笑着,不发一言。你现在还会怀疑自己的位置吗?我看着你们两个看了很久,直到我最终转到醒位。这个境界如此清晰,我不得不写信告诉你。但这是个梦境,还是事实,还是两者都是,或超越了两者?不管怎样,这很吉祥……

1973 年 10 月 2 日

隆达

我挚爱的庞度让嘎的,亲爱的,

我极其高兴、极其幸运有你在我心里。你已经跨了一步,是一千年中甚为稀有者才能做到的。这是祜主确信无疑的加持,也是过去和现在所有智者和圣人的加持。你无须和跟你观点不同的人有太多接触,也无须和他们通信。持圣名在口中、在心中、在寂静中,同时等着祜主的来临……

1976 年 12 月 1 日

巴黎

迦亚 迦亚 德赛吉

你 11 月 4 日寄到委内瑞拉的信,被转寄到了法国我这里。当你

---

① 毕玛河,印度南部的主要河流之一,流经马哈拉施特拉邦、卡纳塔克邦和安得拉邦,汇入克里希纳河。

说"上师,当我突然看着自己的照片,看起来就像毗塔拉",这是事实。你一直以来看到的各种脸都不是自己的真正面容。这才是你的面容。你做到了。我今天极其高兴。

你从所有的束缚中解脱了。不要留有任何疑问。不要往回看。庞度让嘎的毗塔拉已经加持了你。他进入了你的身体。住在这个身体里的,是庞度让嘎和毗塔拉本人。再没有德赛吉了。让毗塔拉恒常安住在他本位吧。不要读、写或说。让它发生。我亲爱的孩子,你已经做到了……

1977 年 12 月 14 日

哈德瓦

杰　杰　毗塔拉　庞度让嘎

噢我挚爱的,

……每次呼吸你都唱着庞度让嘎祜主之名。还需要别的什么呢?祜主之名和祜主是不可分的,就像甜味和糖。圣名是一条能安全把你载到对岸的船,祜主安住在那里,殷切伸出四臂[①]等着迎接你……

室利·德赛年幼的女儿芭拉蒂(Bharati)也是黑天虔信者,想要直接面见黑天。帕帕吉鼓励她为此努力。在给她父亲一封早期的信件中(1969 年 1 月 18 日),帕帕吉写道:

是的,如果亲爱的芭拉蒂能够常常自己写下她的体验——不用你

---

① 毗塔拉的造型通常是二臂,但也有四臂形象。

听写代笔的话，我会很高兴的。她是个乖孩子。曾有个和她一样年纪的孩子想要见到黑天，1968年1月她跟我联系后，一个月之内她就可以和黑天玩、和黑天一起吃饭、和黑天说话，就好像他是她的玩伴一样。孩子没有自我的界限，所以他们几乎可以立即见到他们的神圣之友……

下面三封信是写给室利·德赛的女儿的：

1969年1月5日

勒克瑙

我亲爱的神圣之子，

收到你1月1日的信我非常高兴。你爱黑天，所以我爱你。黑天一直住在你身边，但是你要知道他是个非常淘气的男孩。他喜欢和他的牧牛女们捉迷藏……道已经在照看你了。他在推着你去爱他。下次我去孟买的时候，我会来看你……

1971年6月26日

勒克瑙

亲爱的女儿，

我很高兴读到你的信。你与我、蜜拉和恒河相伴了大概二十二天，你都记得，这很好。对，黑天当然会到你房间里来，会和你说话，一起吃东西，和你打乒乓球。他正藏在你心里，等着你呼唤他。如果你一直呼唤他，他就会来了。他很淘气，像你一样。你会非常爱他的。蜜拉总是能看到他，你也可以……

这些信中数次提及的蜜拉是一位比利时弟子,她的故事会在后面章节中出现。

1973年5月3日

亲爱的芭拉蒂,

迦亚 悉塔 罗摩。我非常高兴收到你的信,因为它给了我一阵强烈的虔信震动。它让我的心充满了虔信的甘露。当然,我亲爱的乖孩子,祜主已经加持了你,所以你才有对他的爱。祜主就站在你身后,和你捉迷藏。去看他。再去看他,你就会发现他。然后再看。现在他站在你前面。张开你的眼睛能见到他。闭上你的眼睛能见到他。我亲爱的孩子,不要怀疑他就在那里……我们下一次见面时,会和他一起玩。你的父亲已经在和祜主玩了。你得陪着你父亲。能成为他的女儿,你非常幸运。

无论你醒着还是睡着时都唱诵他的名号。听他的笛子吹出的旋律。看着他美丽的脸庞。触摸他的双足,嗅他花鬘的芬芳。一直想着他,不要停下。你吃饭时,想着是他在吃饭。你说话时,想着是他在说话。你走路时,想着是他在走路。你睡觉时,想着是他在睡觉。

室利·德赛追求一睹或觐见祜主庞度让嘎的努力历时日久,充满热忱。帕帕吉造访庞度让嘎时,想要在那里的主寺中朝觐圣容,然后就直接遇到了庞度让嘎。以下是帕帕吉讲述事情的经过:

我那时正在果阿邦工作。很多人在入睡节①去庞度让嘎，他们会从阿兰蒂步行几百英里或者带着行李坐牛车去。我是从米拉吉②坐火车去的。在汽车站，我让搬运工带我去附近随便某个达兰萨拉。我到的第一个达兰萨拉的经理解释说因为节日关系，哪里都没空房，但他还是给我一个箱子让我保存行李。我锁上箱子后，就出去找神庙了。

我想要朝觐神祇，但神庙一个僧人告诉我，等着进庙的信徒已经排成了蜿蜒的长龙，长得不行，有些人已经排队排了四天。通常排队不会那么长，只有重大节日时才会出现这样的长龙。

我没时间排队，因为我只是来这个镇子短暂拜访。我告诉僧人自己时间不够，不能排队。

"那么，"他说，"如果你今天不能排队，就只能等更有空的时候再来了。"

我决定还是去那儿，看看庙里其他地方。但我首先想的是应该在毕玛河里沐浴一下。我沿路走到河边，看到数以千计的人在那里沐浴。人太多了，我甚至没法推开人群走到河边。从我站的地方来看，河水似乎又脏又浑。我改了主意，不再尝试在那里沐浴，而是站在离人群有点距离的一块墓碑边上。

一个看似婆罗门的人走近我，问我是否已经去寺院朝觐过庞达利纳特·毗塔拉。

---

① 此处原文作 Asadhi Ekadasi，Asadhi 是印度阴历的第四个月（相当于格里历的6月到7月间），Ekadasi 是"第十一"的意思，即印度阴历四月的十一日，传说毗湿奴在这一天躺在大蛇阿南塔盘绕如床的身上开始沉睡，在宇宙之海上漂浮。印度对此节日有多种称呼，也常称为"Shayani Ekadashi"，即"入睡的第十一日"的意思。

② 米拉吉（Miraj），马哈拉施特拉邦南部一个城市。

我回答说:"我时间不够了。队伍排得很长,而我在这里只能待很短的时间。等人少一些的时候,我会再来这里看毗塔拉的。"

婆罗门说:"我是庙里的僧人,可以给你安排朝觐而不用排队。神庙有另一个入口,是我们在特别场合才用的。我可以带你从那里进去。"

我跟他回到神庙,来到建筑的后方,他带我走一个之前没见过的入口。进去后我走入一个圣殿。僧人允许我直接在毗塔拉和茹克米妮①的雕像前站了大概五分钟,还给了我加持品。我正凝视着这些神像时,僧人消失不见了。我走出来时张望着找他,想要感谢他让我进来,但怎么都找不到。我本来还想给他些供养的。

我回到存放行李的达兰萨拉,在那里碰到另一个人,自称是寺庙的僧人。我告诉他自己来这个镇子短暂拜访,是为了亲睹神祇。

僧人说:"你要是只有这么点时间,是不可能进去的。有些人排队都排了几天了。"

"我知道,"我说,"今天早上我也发现这一点了。但我放弃进庙的希望后,我遇到了庙里另一个僧人,他好心带我从后门进去。我已经朝觐过了,还收到了加持品。"

"这不可能,"僧人说,"他一定是带你去了另一间神庙。这个镇上有很多神庙。入口是在靠河那一边吗?是不是信众队伍排成了长龙等着进去?"

"是的,"我说,"是同一个神庙,但我没有从前门进去。僧人带

---

① 茹克米妮(Rukmini),黑天第一位妻子,也是最主要的王后。她是吉祥天女的化身,为毗达巴(Vidarbha)王国的公主,其长兄反对她和黑天成婚,将她许配给了另一位王子。茹克米妮派人送信给黑天,求他把她带走,于是在成婚的当天,黑天出现,抢走了茹克米妮,并与其长兄决斗获胜。黑天一共有八位王后和一万六千位妃子。

我从后门进去。就是主庙,所有人都在排队的那个。"

僧人依然无法相信我以某种方式在别人之前进庙了。

"不可能是同一个庙,"他说,"因为这个神庙没有后门。你一定是被带到其他庙去了。这个庙的后面是一长排卖椰子、水果和花的商店。没别的了。"

我提议带他去看我刚进神庙走的门。一起回到神庙,我发现布局和他说的一样:那里是一排商店,我之前没见过,也看不到有门或者入口。

我还是不想承认自己弄错了,说:"我肯定看到了这间神庙供奉的神祇,就在不到一小时前,我还站在雕像前面呢。"

"是什么样的呢?"僧人问。他认为如果我描述出来的话,他就能确定地告诉我,我实际上去了别家神庙了。

我描述了自己看到的,说我独自一人大概在雕像前站了五分钟。

我的描述吻合神庙里的庞度让嘎和茹克米妮雕像的样子。僧人不得不承认我确实看到了,但他无法理解我怎么可能在那里独自一人站了五分钟。

"朝圣者排着队,不停移动着穿过大殿,"他说,"没人可以在神像前独自站上五分钟,根本不可能。如果有人站在那里不走,寺庙的保安会催促他走的。像今天这样的重大节日,朝觐是边走边做的。甚至都不会允许有人停下来,更不要说让他一个人站五分钟了。"

我跟他说了那天发生在我身上的整个经过。当说到我收到加持品时,他问我是怎么处置的。我还剩下一些,就拿给他看。正是这个加持品最终说服他相信了我的故事。这是在那个特殊日子寺庙派发的特别加持品。僧人认出来了,终于不得不承认我的确在这个寺庙里有了一次单独的朝觐。

我们回到达兰萨拉,因为行李还在那里。我供养了僧人一些钱,因为他特意带我去神庙,但他拒绝接受。

"我不能收你的钱,"他说,"因为今天祜主亲自带你去看了自己的神庙。今天发生了一个奇迹。这样的事后,我是不能再收你什么钱了。这类事并不是第一次发生。我告诉你另一个类似的故事。

"很久以前,这里有个叫迦娜白的女圣者。祜主毗塔拉去了她家,因为他想带她去寺庙。她虽然想去却去不了,因为她婆婆不允许。

"有一天她向婆婆乞求:'今天是入睡节,请允许我去寺庙一会儿吧。我会尽快赶回来。'

"她婆婆将她锁在了房间里,以此作为回答。

"祜主知道她想去寺庙的心很炽烈,所以亲自来到她家。他开了锁放出迦娜白。他们离开时,祜主庞度让嘎叫她从外面把门锁上,这样看上去就像她还在房间一样。

"迦娜白和几个之前邀请她去朝觐的街坊女孩子一起去了神庙。朝觐结束后,这些女孩一同去感谢迦娜白的婆婆允许她出来陪她们。她们并不知道其实婆婆是禁止她去神庙的。

"婆婆大发雷霆。'我可不允许她出门,'她愤怒地说,'她今天一整天一直锁在房间里。我带你们去看。'

"她带着女孩们去迦娜白的房间,要证明给她们看她其实被锁在里面。走近房间时,大家发现门开着,迦娜白手里拿着钥匙,正往屋里走,祜主毗塔拉正在走出去。祜主毗塔拉把门锁好后就消失了。婆婆搞不明白这是怎么回事,但其他女孩们知道这是祜主亲自来开了锁,好让迦娜白去寺里见他。"

回果阿邦后，我把神奇的神庙游记告诉很多人。他们全都不得不相信我，因为他们自己都有排队三四天的经历，知道如果没有神力介入，我是不可能单独朝觐的。

1973年，帕帕吉打算从卡纳塔克邦北部旅游到印度最南部。但他不得不改变计划，因为他的弟子拉维·巴克惹（Ravi Bakre）有了一个很戏剧化的体验。帕帕吉第一次去隆达，巴克惹全家就拜他为师，后来建造了罗摩寺供他居住。在写给室利·德赛的信中，帕帕吉自己这么描述发生在拉维身上的事：

1973年10月4日

卡尔瓦尔营地

迦亚　迦亚　毗塔拉　庞度让嘎
我的神圣之子，

我本来打算去班加罗尔看毗纳亚克吉，然后和他一起去科摩林角①，但昨天我看到了拉维写给他父亲的一封信，说他已经停掉银行账户，把自己所有的钱都寄给我，让我用。他还说通过他上师的加持，他对真理有了清晰的一瞥，之后他不可能继续在政府的工作了。他宣称已决定辞职，这样就可以一直陪伴上师、服侍他。巴克惹医生和我

---

① 科摩林角（Kanyakumari），印度泰米尔纳德邦的岩石海角，为南亚次大陆的最南点和豆蔻丘陵（Cardamom Hills）的最南端，被称为印度的"天涯海角"。在印度教传说中，此处是湿婆和女神堪亚（Kanya Devi）婚礼上未煮熟的米饭所形成，也有传说认为这是哈努曼飞到喜马拉雅山取药草到楞伽城，途经此处时药草根部的泥块掉落了一块所成之地，故此地盛产珍稀药材。

搭上去果阿的头班车，昨天晚上到达，路上花了十小时。我们晚上十点敲他的门时，他正面对着他上师的照片坐着，四处闪耀着圣光。他拜倒在我脚下，显然很快乐。我很高兴这孩子跟我待了短短二十八天后就达到了这么高的境界。他的父亲也非常高兴。巴克惹医生收到儿子的信详述弃世计划时，一点都不担心。

我已经让他继续工作，把其他的都交给我。

接下来的几年中，帕帕吉给拉维·巴克惹写了很多信。接下来的几篇摘选自帕帕吉20世纪70年代中期在欧洲旅行时写给他的三封信。更多信件摘选将收录在《帕帕吉传》下卷"再次出国"一章中。

亲爱的拉维，

是的，至为重要的是观察做事时的宁静。正是这个才使得你可以做事、说话、走路、观看、吃饭或者随便做什么。重要的是要知道当你在做你所做的事情时，你并没有在做的是什么。无论你明不明白，都无关紧要。这两个活动都在做。只要保持安静！

我想要表达读你来信时的巨大幸福感。如今不用再保密了，我可以肯定你的猜想，在谈论食物、长时间散步时，我确实有在你身上下功夫。这些发生时，我是想要你明白真理是超越所有理解的。

不要把时间浪费在修行闲聊、读书和各种各样被称为仪式和虔信修行的体操练习上。所有这些都是你头脑的造作。你将自己的甚深状态美妙地表述为"无说"，但同时你正指着超越语言的什么东西。这就是为什么你记不起我的话语，因为那些话已超越了记忆中的狭口……

我收到很多印度来的信,但都没提到什么新鲜事。有些人说他们那里雨水很好,有些人完成了自己的著作,有些人说朝圣后安全回到家。还有人谈论自己的妻子、儿子、职业、收入、子女即将举办的婚礼,少数几个谈到他们做梦梦到神……

是的!你已脱离了无知的危险区!我很高兴自己在印度能有这样一个男孩,一个我可以真正教导,而不单单宣说那些只想催眠大众的布道师们吃喝了数千年的话。你说的话并不是出自经典,也不是从其他人那里抄袭而来。你并不是在引用曾经听到别人讲座中的话。你在谈论的是一个不属于任何人的东西。它甚至不来自你的记忆,因为你没有储存任何你从我这里听到的东西。你不是在重复你的话。就像你在信中所说的,真正的言语只可能从无作的甚深状态中流出。你在信中说会继续修行以达到那些甚深状态!或许这就是一个无有尽头的旅途吧?

我亲爱的孩子!在这个无尽的旅途中给我写信吧。

现在让我们进入一个新的王国!这个王国不是能被任何人提及过的王国。只有当你的头脑不再建造它,你的心智不再支持它的时候,你就会进入这个王国。

以不看它而看着它……

拉维写信给我,讲述他和帕帕吉关键会面的一些细节:

我从1966年6月开始认识室利·彭嘉吉。在他身边有过很多狂喜时刻,但我要称为人生转折点的事件发生在一次非正式的萨特桑上。回答某人的提问时,室利·彭嘉吉提到束缚和解脱这两个概念都是假的。

"虽然一个人既非被束缚、也非解脱,"他说,"但抱持'我是自由的''我是解脱的'这个概念还是更好。因为想着'我是被束缚的'只能带来痛苦和烦恼。如果你在假装吃什么东西,为什么不假装吃美味的东西,比如杏仁呢?何必要假装在吃牛马的饲料呢?不要认为自己是个需要帮助的叫花子。相反,要坚信:'我是王中之王!'"

虽然这番话并不是对我说的,但却立即产生了影响。它触发了一个转化的过程,最终改变了我看待自己和周围世界的方式。这转化一直持续着,目前依然还在进行中。当时我是个阴沉的悲观者。室利·彭嘉吉的话如同一道光,点亮了我的人生和世界,彻底改变了我看待自己和周围事物的方式。

帕帕吉在隆达的最初几年中,被吸引过来的新人中包括了普拉布一家所有的成员,他们那时住在附近的一个小镇安阔拉(Ankola)上。毗纳亚克·普拉布[①]讲述他一家认识帕帕吉的经过,随后又讲述了自己和帕帕吉一同生活、旅行的经历。

室利·彭嘉吉走入我们的生活之前,全家人都生活在困惑之中。我们感到自己需要修行指导:我们非常认真地致力于宗教修行,但所尝试的一切都没法让我们满意。我们拜访了很多苦行僧和斯瓦米,但他们给出的建议也只是增加我们的困惑而已。他们建议要修持各种仪

[①] 普拉布,在梵语和许多印度语言中意为"上师"或者"郡主",也是毗湿奴派的信徒用来称呼其他男性信徒的称谓。普拉布也是印度濒临阿拉伯海的康坎海岸(Konkan coast)地区的常见姓氏,此章的普拉布一家就属于此。

式、念诵咒语、去朝圣。这些我们都非常尽力去做了，但对我们的生活没有带来任何改变。在我们身上没有持续性的作用，也给不了我们任何满足。我想我们也心知肚明这都是无用的修持，认识到这一点就更加深了我们已有的不满足感。

我们在修行方面算是广学博闻的，研读过数以百计的圣人的生平和著作。大家都认同的唯一一点就是我们需要一个证悟的上师指导，但目前为止遇到过的圣贤之士没一个能让我们满意。我们中有几个人实际上已经开始深深绝望了，因为我们渐渐得出一个结论，世界上已不再有证悟者了。我记得自己暗自思索道，那些最近的伟大导师，比如舍第·塞·巴巴、罗摩克里希纳·波罗摩汉萨和拉玛那·马哈希都已圆寂，身后没有留下同等证量者来延续他们的事业。

我的母亲没这么灰心，因为她无比坚信我们注定要遇到一位这般伟大的人物。她的父亲在临终前曾告诉她，这个世上还有智者活着，他们看上去就像是普通男女，通过向少数选定的弟子开示而默默传法。她父亲至死都没能亲见这样的人物，但母亲内心深处却坚信他的话。

"只要等着看，"她这么说，"我知道有一天会有一个像罗摩·提尔塔一样证悟真我的人莅临，赐福我们全家。"

我的母亲非常喜爱罗摩·提尔塔，甚至大学时的论文题目就是关于他的。

1965年左右，我父亲接了一个订单，在隆达附近用森林木材制造火车铁轨枕木。他在那里第一次遇到彭嘉吉。回到我们在安阔拉镇的家后，他立刻向我们描述遇到的这位新导师，大加赞誉。虽然之前碰到的斯瓦米和修行人都让我们非常失望，但是这个人给我父亲留下如此深刻的印象，让大家都渴望见到他。父亲提到彭嘉吉频繁前往卡纳塔克邦北部看望弟子，还会在弟子家住几天，我们就都鼓励父亲去邀请他来我们家住。

在接下来的几周里，父亲经常拜见彭嘉吉。他的工作就在隆达镇外面，所以去罗摩寺很方便。每次他回到家，我们都非常急切地问他是否已经邀请了彭嘉吉，但他每次都不得不承认自己不好意思向他开这个口。最终彭嘉吉自己不请而来，因为他在隆达看到一个不同寻常的定境：他看到我母亲站在安阔拉我们家门前，双手做出欢迎的姿势。

她对他说："请光临并加持我们家。我们都热切地盼望觐见您。"

在此定境中，我母亲介绍自己是罗摩商德拉·普拉布（Ramachandra Prabhu），即我父亲的妻子。所以在我父亲下一次拜访罗摩寺的时候，彭嘉吉告诉了他自己最近的这个定境。他细致入微地描述了我家正面是什么样的，所说的都是正确的。

我父亲立刻邀请他来和我们住上几天。那时我的弟弟拉哲（Raj）和我在附近的胡布利镇上大学。我父亲写信来，说他邀请彭嘉吉来家，建议我们那天回家觐见。

在约定好的那天，我父亲带他到家。我们都怀着极大的恭敬向他礼拜。虽然从没有见过他，但我们和他一见如故。等到各自介绍完了，他给了我们一个鼓励而慈祥的微笑。每个人在那一刻都知道我们找到了寻觅良久的上师。这是我们不同寻常的一致性的臣服。虽然之前见到的斯瓦米们都让我们大失所望，但这个人向我们微笑的那一瞬间，我们没有丝毫犹豫就向他臣服了。从他走入我们生命的那一天起到现在，已经过了几十年，但那个时刻在场的人——我妹妹苏达、我弟弟拉哲、我的父母和我——都依然是他的弟子。

我并不是说这有什么特别了不起的。认识彭嘉吉后的岁月中，我见过很多其他人在见他几秒钟内就拜他为师。常常是彭嘉吉的一个注视，就足以让愤世嫉俗而多疑的弟子知道自己的漫长寻师之旅已经结束了。

直到遇到彭嘉吉前，我们经常争论修行问题。每个人都有他自己的法门，每个人都认为自己正确，其他人是错的。彭嘉吉柔和但是令人信服地让我们知道自己都错了，他让我们明白，我们所有的法门和信念都是徒劳的死路。我们一个接一个放下了自己珍视的信念和修行，让他来负责我们的生活。

遇到彭嘉吉之前，在无休止的有关修行的讨论争论中，我一直坚持事业瑜伽的功德。我持这样的见地，是因为深受纳亚克师父（Nayak Master）的影响。他是住在安阔拉的一个资深自由斗士，整个一生都奉献给了我们地区的穷人和受压迫者，为他们服务，以至被众人称为北卡纳塔克的甘地。对我而言，他是个谦卑、无我的人。但我的母亲却从不认同我对他的评价。

她说："你不能单单从观察他的行为或听他说的话就判断出一个人是否无我。"

第一次见彭嘉吉时，我就问到他这个。让我吃惊的是，他站在我母亲这边。

"在所有众生中，自我显现得非常微妙，"他说，"行为并不是无我或者证悟的一个可信指标。"

我毫不质疑地接受了他的说法。这是让彭嘉吉走进我的人生后的奇妙变化。我们家里人之间会无止境地争论修行问题，但当把事情提到他面前，他说出的一个字或一句话就可以终止我们的疑惑，摧毁我们数年来满怀激情坚信的事。对我们而言，臣服并不只是纸上谈兵。我们发现自己毫不质疑地接受他说的每件事情。

我后来带纳亚克师父去见彭嘉吉，想要他们见个面。纳亚克师父立刻就认出了彭嘉吉的伟大，也成为他的弟子。

遇到彭嘉吉之前，我们有自己的家族师父。按照传统，我们氏族有自己的师父，小孩出生时自然就成了他们的弟子。我们在拜彭嘉吉为上师后，就带他去见我们家族的师父。让我们吃惊的是，彭嘉吉脱下上衣，在斯瓦米（指家族师父）面前礼拜。拜倒在地时，他甚至触摸了斯瓦米的双脚。我们对这位斯瓦米的评价并不特别高，所以被彭嘉吉的恭敬举止震惊了。斯瓦米给他一个椰子，他作为加持品接受下来。在回家的路上，他解释了自己的行为。

"我是在家的居士，这人是出家僧。我以拜足礼向他表示恭敬，一切合情合理。这是我国的传统。我并不是礼敬他的内证境界。我礼敬他，是因为他是斯瓦米。实际上，我能看得出他是非常暗性[①]的人。他没有明（sattva），也没有动（rajas）。"

在后来的岁月中，我看到他对其他斯瓦米也是这样。对身着橙色僧袍的人，他会表示出极大的尊重，特别是对道场或者寺院的住持。我听其他人说，彭嘉吉和瑞诗凯诗及哈德瓦所有道场的住持都关系友好。这些人有时会送弟子去见他，以回报他的尊重和友善。在其他地方也有这样的情况。彭嘉吉在敕玛嘎罗时，斯瑞格里玛特的商羯罗阿

[①] 暗性（tamasic），指具有"暗"，即多磨（tamas）的特质。明、动、暗，即萨埵（sattva）、罗阇（rajas）、多磨，是印度哲学中认为世界一切事物所具的三种属性，或译为"三德"。

阇黎对他评价非常高。如果来见商羯罗阿阇黎的人是志求解脱的，他经常会私下介绍这些人去找彭嘉吉，因为他知道这是后者的专长。我曾经遇过四个人，他们分别告诉我自己是这位商羯罗阿阇黎送来彭嘉吉这里的。这些大斯瓦米不能公开表露自己对彭嘉吉的尊重，这会让他们在信众中失去威望，但私下对他都非常敬重。

我们更熟悉彭嘉吉后，他开始给我们全家生活的各个方面出谋划策，开始替我们管理家事，教导我们之前从没学过的实用技巧。我的母亲和妹妹从他那里学了厨艺；他会和我父亲谈论林业事务；在跟我弟弟和我聊天时，他会给出养生建议，一起聊报纸上的体育比赛结果。似乎对影响我们生活的每样东西，他都有充分的专业知识。他以身示范，教导我们如何充分利用自己的生命，不仅是在精神层面，也在物质层面。不给我们建议的时候，他会讲述自己的经历和在印度游历的故事，让我们一饱耳福。他似乎游历过这个国家的每个角落，好像粗通大多数的印度语言。我们知道他是旁遮普人，所以他第一次莅临前，我们还准备着跟他说印地语。但出乎我们意料，他能和我们用纯正的卡纳塔语交谈。

每次他到我们家时，我们总想像侍奉神一样待他，但他更希望被当作另一个家庭成员就好。举个例子，有天一大早，他想要洗澡，但是发现浴室有人在用。他就走到外面，脱掉衣服，站在雨中。那是季风季节，所以从天而降的雨水就像浴室里面的淋浴一样有力。我们为给他造成的不便而感到愧疚，然而当我们告诉他，他若要洗澡，我们总会优先给他用时，他只是笑了笑，说他更喜欢站在雨中。从那时起，我们就在走廊里预备一条毛巾和几块肥皂，以备他突然决定出去享受天浴的不时之需。

彭嘉吉有不同寻常的能力，可以让人们放下自己错误的宗教信念。大多数人非常固执于自己对神、修行和证悟的看法，如果有人胆敢提出异议，通常就会激烈争执起来。在隆达有很多这样的人来见彭嘉吉，只是为了和他辩论。他们或许是希望能让他改宗，去信受他们那派的观点。很多情况下，彭嘉吉会将这些争执不休的访客带入一个寂静默然的状态。在默然中他们直接领悟到所有的见地都是无用的。有些来挑衅他的人留了下来，成为他最好的弟子。彭嘉吉非常擅长于此，我的父亲和巴克惹医生常跑到集市里拉新人加入萨特桑。他们是这么想的，彭嘉吉是如此伟大，每个人都应该有机会能坐在他面前。三十年后，不少从街上拉来的人还依然是他的弟子。

20世纪60年代，彭嘉吉名声传开，众所周知他能让争论不休的访客静默下来。室利·拉玛那道场的执事碰到与道场常住交谈后无法满足的信众，就会送去见他。彭嘉吉偶尔也会礼尚往来，把在隆达给他带来太多麻烦的人送到室利·拉玛那道场。

他会说："去室利·拉玛那道场，去安静几星期，然后再回来跟我对话。"

彭嘉吉拒绝给出任何修行方法，这让很多来见他的访客很惊讶。在印度，人们若向一个斯瓦米寻求帮助或者建议，通常会被要求做某种禅修或者修行。与之相反的是，彭嘉吉叫他的访客放下自己所有的修习。他们通常觉得这难以接受，因为基本上每个人都认为要取得修行进步，必然需要某种形式的禅修。举例来说，刚碰到彭嘉吉的时候，我正努力集中观想自己写在墙上的种子字"唵"而进入三摩地。我想如果自己坚持不懈就一定会成功的。彭嘉吉让我明白这种修习徒劳无益，并鼓励我参问真我。这是他推荐的唯一法门，就算如此，他也不希望人们当这是某种禅修。

"做一次,正确地做,"他会说,"你的求道探索会即刻结束。"

我看他教了三十年,一直以来他的基本说法从来没变过:放弃专注于对境,相反,要找到升起所有念头的源头。

在隆达的萨特桑并不正式,没有特定的时间和特别的形式。有时彭嘉吉会讲故事,或只讲述自己的经历。如果有人提问,他会回答问题,但大多数时候弟子们似乎很乐于安静地坐在他身边。一次我们到访时,他正大声朗读卡比尔的道歌(dohas),并予以点评。每天他会选出一两句诗,用印地语论述一番。隆达大部分的萨特桑是讲印地语,因为有些人的英语或卡纳塔语不是很好。这些对卡比尔的论述启发了我。在学校里我们不得不读卡比尔,这是印地语文课的一部分,但我们老师只是将这些诗句在文字上翻译一遍给我们听,并没有传达他教授中的精要含义。彭嘉吉讲述同样的道歌时,我们有幸看到、听到一位智者向我们解释另一智者的思想和心灵。彭嘉吉的点评美妙地结合了虔信和智慧,借由卡比尔的生平故事和诗句来阐明。这些灵妙的开示在午餐后开始,经常持续到天黑后很久。彭嘉吉说的一些内容如此感人,会让我哭上好几分钟都无法停止。当时那么多美妙的开示都无法传给后世了,因为都没有人会想到去做笔录或者录音。

一次彭嘉吉自己感动到流泪,以至于无法继续讲话。我记不清楚他点评的具体词句了,但记得诗中卡比尔说:"我开始唱诵罗摩之名,但过后,罗摩本尊开始唱道:'卡比尔!卡比尔!'"[①]在解释时,彭嘉吉进入虔信的狂喜,无法继续讲解。他的声音开始哽咽,泪水顺着脸

---

① 疑似卡比尔被收录在锡克教圣典《阿底经》(*Adi Granth*)中的一首:我的心已纤尘不染/就像恒河之水/诃利跟在我身后高喊:"卡比尔!卡比尔!"

颊潸然而下。在罗摩寺的大多数时间里，他向我们展现出的是他智者的一面，但在那一天我意识到他是位伟大的虔信者。大概有半小时，他坐在那里默默流泪。最后他抬头说："让我们出去散步吧。我们都需要出去走走。"过了几个小时他才恢复到平日外向热情的状态。我觉得他直到第二天才彻底恢复常态。

这些卡比尔的萨特桑有个意料之外的附带作用。卡比尔在诗中反复说人们需要一个上师，并且要如理地服侍他。我向彭嘉吉问及这一点，他斩钉截铁表示赞同。

"你一定要虔诚而全心全意地服侍上师十二年，"他说，"这是这个国家的传统。如果你不愿意服侍上师，有什么权利期待他能给你什么呢？你一定要通过为他服务而表示出你的意愿和诚意。"

那段时间，罗摩寺还在建设中。我们自愿服务，被分配用手推独轮车运花园里的泥土。罗摩寺在一个斜坡上，需要靠我们自己的劳动填平地面。我们并不适应重体力劳动，但都出于服务上师之心而坚持干活。我的弟弟拉哲健康状况一向不佳，他小时候发作过一次风湿热而损伤了心脏。巴克惹医生想提醒彭嘉吉这类工作可能会伤害到拉哲这样体弱的孩子，但彭嘉吉并不同意他的看法。

他说："这个孩子需要锻炼，他身体弱是因为你不让他干重活。让他扛土扛上几个礼拜，这能锻炼他的身体，让他身强体健、没有疾病。"

彭嘉吉认为我们两个都太孱弱了，需要更多锻炼。现在回想起来，我得说我们都是典型的怠懒的青少年，不做任何体育活动，也没有任何锻炼，所以彭嘉吉决心要锻炼我们，在身体上，也在精神上。接下来的几周中，我们的健康和体力明显有所进步。

遇见彭嘉吉之前，我会参加知名导师们的讲座。大概那个时候，钦玛雅南达·斯瓦米①和罗杰尼希·阿阇梨②都在举办讲座，讲解《薄伽梵歌》和其他著名的经文。我已经习惯了这些讲座的惯常形式：先引用几句经文，再参考其他著作中的类似观点和段落给予评论或解释。如果讲师自己要表达任何观点，就会引用和他们观点一致的其他人或其他著作的说法来支持自己的观点。彭嘉吉的开示完全不同。虽然他也会按照传统习惯引用诗句，然后解释意思，但他从不会引用其他权威的说法来支持自己，他只会引用他对真我的亲身体验。

他会说，"我也有过这个体验"，或者"我没有过这个体验"，但他从来不会这么说，比如："这肯定是对的，因为商羯罗也是这么说的。"

这点上只有一个例外。除了他自身的体验，他唯一接受的印证是他的上师。他会经常引用马哈希书中的话。如果他说"我的上师这么说过"，那就表明无论在讨论什么话题，他都接受这些话为最终的判定。

有天他向我们解释某个宗派的见解，他们实际上是把卡比尔变成了某种神。这群人假设证悟有七个层次，根据他们的教理，卡比尔是唯一一个达到了最高第七层的证悟者。其他的伟大圣者，比如罗摩克里希纳·波罗摩汉萨和拉玛那·马哈希则被贬到了比较低的层次。有天彭嘉

---

① 钦玛雅南达·斯瓦米（Swami Chinmayananda，1916—1993），非常知名的教授《薄伽梵歌》的导师。他促使创立了钦玛雅传道会，此组织遍布全世界，旨在宣扬不二论教法。

② 罗杰尼希·阿阇梨（Acharya Rajneesh，1931—1990），他1989年后改称的另外一个名字"奥修"更为人广知。20世纪60年代及之前，他以"罗杰尼希·阿阇梨"之名为人所知，那时他是贾巴尔普尔（Jabalpur）大学的哲学教授，走遍了印度公开讲学、演讲。

吉总结了他们的观点，然后评价道："证悟是不分层次的。所有人的证悟体验都是一样的。"他的解释简单明了。他从来没把证悟弄得听上去神秘复杂。我想一个十岁的小孩应该能够听得懂他要说的大部分话。

能听闻他逐行逐句地开示卡比尔是非常殊胜的经历。在他的开示中，彭嘉吉会向我们揭露自己最隐秘的体验，猜测卡比尔想表达的是否也是同样的体会。在那段日子里，我想彭嘉吉是在找某个和自己相契的人，他可以与之分享自己关于证悟的想法。因为他找不到人，所以就通过这些诗句来和卡比尔交流。有时我觉得我们正在偷听这两位伟大导师间的一场亲密对话。

我之前提过彭嘉吉从不会为了支持自己的说法而引用经文。其实在隆达早些时候，就算他想要引经据典都做不到，因为大部分经文他都没有读过。在罗摩寺有很多修行类的书，我们在安阔拉家里也有很多藏书，但只是因为很多来参加他萨特桑的人都习惯引经据典，彭嘉吉这才开始了阅读。他来我们家，我们都在做作业的时候，他会走进书房挑出一本书来读。他从《八曲仙人之歌》开始，然后读了《瓦西斯塔瑜伽经》。后来他读了室利·拉玛那道场出版的不二论著作《超越三位之秘》①《不二智慧之明灯》②和《解脱醍醐》③。他很吃惊在这些书

---

① 《超越三位之秘》(*Tripura Rahasya*) 是在印度流传甚广的著作，记载了代表湿婆、毗湿奴、梵天三神合一的远古上师达塔特瑞亚与帕拉苏罗摩（Parasurama）的对话。拉玛那·马哈希认为此书为最伟大的不二论作品之一。其弟子于1936年译出英译本，取名 *The Secret beyond the Trinity*，书名中的"三位"（tripura）是指醒梦睡三种状态。

② 《不二智慧之明灯》(*Advaita Bodha Deepika*) 是商羯罗及其他不二论圣者对于吠陀诸经的注释汇集，主题是如何以参问而得解脱。卡拉帕特·斯瓦米（Swami Karapatra）精选其中要点做成梵文偈颂，共十二章，即名为《不二智慧之明灯》。

③ 《解脱醍醐》(*Kaivalya Navanita*) 是著名的泰米尔语不二论吠檀多经典，推断大约成书于15世纪，作者为唐达瓦喇雅·斯瓦米（Swami Tandavaraya）。

中读到了自己的经历。有时候他会很兴奋，对我们喊道："听听这个人说的！发生在我身上的就是这样！"然后他会朗读这句引起他注意的诗句或者段落。

有天我问他为什么之前从来没想过要读这些书。

他回答说："我听说过这些书名，但是不知为何，我就是从来没有时间读。过去十四年间，我在矿场营地工作。那里总有各种状况需要我当心，哪怕在夜里。在我退休之前，我从来没有时间能读完任何一本书。"

我们到罗摩寺做客的时候，会经常发现他沉浸在那罗衍·巴克惹的藏书中。那罗衍医生也是饱读群书之人。他当时出诊都是徒步走去附近的村庄。有时为了探望一个病人，就要走上八到十公里。为了打发路上的时间，他要么会读《薄伽梵歌》，要么读雅内湿瓦尊者的《雅内湿瓦论》。

看到彭嘉吉读得津津有味，我们就开始给他买新书了。很多印度的大道场出版了经典著作的廉价版本，我们就函购这些书，添到罗摩寺的藏书中。给他新书是个好方法，能让他和我们说起他的自身经历。不管我们给什么，他都会看完，并向我们解释其中的难点，然后说哪些地方和他的亲身经历相符。他从不建议我们自己读这些书。"书并不会帮助你觉醒。"他说。但是他确实很享受阅读过去的伟大著作中关于觉悟的说法。如果访客请他推荐一本好书来读，他通常推荐《超越三位之秘》或者拉玛那·马哈希相关的某本书。虽然他说过我们不必阅读宗教书籍，但确实有次建议我们去读《证神之林中》(*In the Woods of God Realisation*)，此书是他的舅舅罗摩·提尔塔所写。彭嘉吉自己十来岁的时候读了这本书。我们告诉他，我们还是孩子时，母亲就已经给我们读过这本书了，听到这话，他脸上露出璀璨的笑容。我这里要提一下，小时候我家从来没什么小说或者漫画书，所有书都是修行类的。母亲会朗诵著名圣人的生平故事给我们听，还鼓励我们在课余时间自己阅读这样的书。回想起来，可以说这是非常美妙的家教。母亲的虔诚和她对于一位在世上师的热烈渴望，对我们的童年生活造成了重大的影响。

我这里必须要说，母亲也被彭嘉吉改造了。通常她非常健谈，但只要彭嘉吉来做客，巨大的寂静就会降临在她身上。她会静静地坐在他身边，双眼含泪。彭嘉吉走进我们的人生后，她鼓励我们尽可能跟他在一起。我们第一次和他会面时正在邻镇上大学。我们住校，只在假期或周末回家。认识彭嘉吉后的第一个暑假，我们回到家，想着在那里度假，母亲却另有打算。

"你们怎么会打算待在这里？"她问，"去隆达，和彭嘉吉在一起。现在大学放假了，你们有绝好的机会待在他身边。赶紧去那里，能待多久就待多久。告诉他，如果想来的话，这里永远欢迎他。但只要他还在那里，你们就别离开。"

我们去了隆达，告诉彭嘉吉母亲说的话。他对她的态度非常高兴。

"有多少母亲会送自己的孩子去导师那里过假期？"他感叹道，"她也难得见到你们，可是当你们一有长假，她就把你们送到这里，而不是拴在家中。我还没见过在印度有哪个母亲是这样做的。"

母亲的态度使我们能伴随彭嘉吉在隆达度过长假。

那个时候，所有到隆达见彭嘉吉的人都坐火车来，很少有人有车，公共汽车也不是很方便。所以隆达的火车站成了欢迎站，迎接所有来觐见彭嘉吉的弟子。新人都会得到热情的欢迎,因为那个车站的所有铁路员工都是他弟子。站长是弟子,餐厅承包商和其他一些人也是。从车站走到罗摩寺只要几分钟。

彭嘉吉和大家一起散步时,经常走到车站,和那里的朋友来个萨特桑。那时隆达是个寂静的小镇,实际上称为大村庄更为适合。一天之中都没有几列火车靠站,所以铁路员工很方便抽空和我们坐一会儿。

彭嘉吉自己出门旅行时,车站就顿时醒了过来,披挂上节日的氛围。很多人来给他送行,在站台上会有盛大的送别仪式。康拉尼(Kamlani)是车站的餐厅承包商,我们也叫他印德鲁·巴巴。他会准备丰盛的食物,给站台上的人和那些有幸能陪彭嘉吉一起旅行的人。这些告别仪式上的食物,康拉尼从不收取分文。

彭嘉吉旅行时排场经常很大。他的票或许是二等车厢,但他巡游北卡纳塔克邦的阵势就像是大君巡游领土。首先他会打扫身边环境,尽可能清理干净。然后会在凳子上铺布单,地板上铺毯子。每样东西都称心满意了,他会让人们进来看他,一场萨特桑就立刻开始。他出游前几天,会写信给住在铁路沿线附近镇上的所有弟子,告诉大家坐的是哪班火车。每到一个车站就有一群新人在等他。他让大家上车,火车靠站的几分钟里和他们谈话。他乘坐的每列火车都成了移动的罗摩寺,只要他坐在上面。这个旅行秀总会吸引一群好奇的围观者,但彭嘉吉会彻底无视他们。对于不是跟随他的那些乘客和铁路员工,他有某种皇族般的蔑视。

有时人们会陪他到下一个车站下车。有个不成文的规定,弟子们只要愿意,就可以从自己镇上和他坐到下一站。到了下一站,他们就必须得下车，好腾出地方给要见他的新一拨人。检票员也是他的弟子，所以来多少人都可以，没票也行。通常会有一或两个人全程陪伴他。有时他会和孟买来的室利·德赛一起旅行，其他时候则是我弟弟或者我享受此特权。

那时候火车开得很慢，是米轨①铁道。经常是短短距离就要开上几个小时。彭嘉吉教我们充分享受这些旅行。对他而言，旅行并不是暂时又无聊的麻烦事，而是怡然自得的机会。我们从他那里学到了在肮脏、喧闹、混乱的铁道系统中给自己制造一小片净土。

"你们迈索尔的谷德②人不知道怎样好好旅行，"有次他对我说，"你们以最不舒服的姿势蜷伏在座位上，然后凄惨地等着列车到达终点。这趟旅程就是人生本身！充分享受它吧！"

他很爱铁路，似乎知道这个国家的每一个车站。如果有人把自己的旅行计划告诉他，彭嘉吉就会检查这些人的路线，给出详细指示，告诉他们一路上可以去哪里吃饭。他会这么说，"这个或者那个车站的咖啡不好。等到下一站再喝"，或者"火车停靠这一站的时候，会停20分钟。等的时候，可以在车站餐厅点个好吃的煎蛋。如果你看到某某在那里的话，替我向他问好"。他似乎就是活的铁路百科全书，对偏远地方的人们和设施的了解总让我们震惊。

我刚认识他时，彭嘉吉似乎身无分文地在生活、旅行。我曾给他打包行李，管理他的衣物，所以我可以证明他从来没有钱，除了在他衬衫口袋里放的几个卢比，可以买几杯茶之类。他的火车票总是由邀请他前去镇上的弟子们买好。他到后，弟子会照顾好他的食宿，再把

---

① 米轨（metre gauge），指1米以及大于1米且小于1.435米的轨距，是窄轨火车。
② 谷德（Goud），毗纳亚克所属的氏族。

他交给下一群想见他的弟子。我惊叹于他能身无分文,却又如此自信地游遍全国南北。有时他会出门,独自在喜马拉雅山区待上几个月。我完全不知道他是怎么搞定旅行花费的。

我的爷爷不是彭嘉吉的弟子,有一次问他:"了悟真我有什么好处呢?"我们对他的问题感到有点不好意思,因为都觉得问得有点不尊重。

彭嘉吉只是大笑,回答说:"我去哪里,人们就会给我买食物和车票。我一直在旅行,去了那么多地方,我的弟子们或许一年要花大概两拉克照顾我。我自己完全没有收入,但是不管我走到哪里,这些人都慷慨解囊,给我买票买礼物。这不就表明了证悟是很赚钱的事情吗?"

我的爷爷非常唯物主义,但也不得不赞同他。虽然我爷爷很自豪自己赚了很多钱,但他的收入远远不及我们一众弟子花在彭嘉吉身上的钱。他一直没有成为弟子,但他的确开始欣赏彭嘉吉所作所为和所取得的成就。

我和弟弟在胡布利的大学读书时,彭嘉吉每周至少一次坐车来看我们。通常他周末来,在当地一家旅店过夜,因为我们没地方安排他。我记得是一晚付八卢比,安排他住在火车站附近的乌蒂皮黑天尊者旅店(Udipi Sri Krishna Bhavan)。他来胡布利并不仅仅是为了看我们,那里还有四五户人家也都是他的弟子。白天他会和这些人一起度过,但晚上就留给我们了。如果他在非周末时间过来,绝不允许我们逃课去见他。但他允许我们和他一起坐火车回隆达。我们陪他回隆达,但会再坐车返回。

出于某个原因,他喜欢把所有的衣服都拿到胡布利洗。他曾经跟我们开玩笑说:"隆达太潮湿了,我得每周来一次这里晾干我的衣服。"每次我们到旅馆去看他,他房间的晾衣绳上总是晾满了洗好的衣服。

那时他似乎大部分时间都在旅行。他极少在某地待上超过几天,因为印度其他地方总有人想要见他。每次他回罗摩寺,打开邮箱就会发现来自全国各地的邀请信。我们从来不知道他会接受哪些,拒绝哪些。

有时他会提前几天来计划行程,然后到最后一刻取消,不给出任何理由。别的时候则是完全没有计划。他会走出房子,说自己要出门了,然后就离开几天。

我记得有次我们去隆达,在我们告辞返回胡布利时,彭嘉吉说要陪我们去车站。

在站台上我们当中有人开玩笑说:"来吧,彭嘉吉,为什么不跟我们一起走呢?"

"这主意不错。"他回答。

我们给他买了一张票,但实际上不清楚他是不是认真的。车来了,他就陪我们去了胡布利,在那里待了几天。

帕帕吉自己讲述一则有趣的火车故事,刚好发生在这期间:

我那时在森林工作。因为需要给工人发钱,我就去班加罗尔的银行取钱。我买了一张班加罗尔—浦那快车的票去隆达。到隆达车站后,我直接去了罗摩寺,那里大概离车站一英里远。达塔特瑞亚医生正拿着所有转寄给我的信件等着我。翻阅这些信的时候,我发现一张来自阿比什克塔南达·斯瓦米的明信片,说他会在同一天坐浦那快车到达。我意识到他一定是在我刚才坐的那列火车上。

我对医生说:"我们回车站去吧。阿比什克塔南达·斯瓦米特意中断行程来这里看我。"

医生不认为他坐的是那辆火车。"这是个很小的车站。如果他下了车的话,你一定会看到他的。这里没有多少人下车。没必要回去。"

我坚持要回去看看他是不是在那儿。我们到的时候发现阿比什克塔南达·斯瓦米正站在车厢外。这车照理应该半小时前就开走了的,但它还是停在车站上。

因为没看到我在车站露面,斯瓦米就以为我人不在隆达。他立刻买了从隆达到浦那的车票,又回到了车上。他说服了检票员让他坐回原来的位子。但车一直没有动,所以他就下车在站台上伸伸腿脚。

阿比什克塔南达·斯瓦米看到我们走近,就立即从车厢里拿了自己的行李,走向前来招呼我。他朝我走来时,火车就开始驶出了车站。

惯常寒暄后,我告诉他自己其实是坐了同一班车来的,但我是回到罗摩寺后才读到他的明信片。我们先去售票处把他的票退了,然后他告诉我刚刚这班火车的情况。

"这列火车照理只在这里停十分钟。火车到站的时候,我其实是睡着了,所以你没在站台上看到我。有个人知道我是要在这站下车的,他叫醒了我,告诉我已经到了。

"十分钟后,机械工吹了哨,站务守卫挥了旗子,但却没有动静。车就是不开。就这样卡在这里停了将近一小时。没人能让车启动。我看到你在站台上走过来,就跑回车拿上行李。才把行李拿下车,火车就开动了。

"我现在明白为什么印度的火车总是迟到了。没人知道有一股更大的力量能停下火车。"

他和我在隆达住了一段时间,然后我们一起去了果阿。之后他就自己去浦那了。

20世纪90年代初期,在勒克瑙的一次开示中,帕帕吉不经意说道:"我曾经有过神通,但我放弃了。我不想再保留这些了。"

一个弟子问他曾经能做什么时,帕帕吉讲了这个火车在隆达车站被停住的故事,承认他在某种程度上希望自己走到车站时火车还留在那里。

毗纳亚克继续回忆彭嘉吉当时在卡纳塔克邦的日子:

他大部分出行是去附近的城镇或地区,都相对容易到达:贝尔高姆、果阿、胡布利、安阔拉、达尔瓦尔、米拉吉、堪纳普尔,以及位于密林深处的单德里,我父亲偶尔会去那里做事。彭嘉吉较少去更远的地方,比如孟买或者北印度。我父亲有次带他去单德里见几个弟子,在那里他甚至说服了彭嘉吉同意拍照。这是一个很大的成就,因为当时他通常拒绝所有拍照的请求。

我们全家成了彭嘉吉的弟子,自然地,大家想在普嘉房里放张他的照片。当时我们放的是赛西亚·塞·巴巴、拉玛那·马哈希和罗摩克里希纳·波罗摩汉萨的照片,但我们没有彭嘉吉的照片。我问过那罗衍·巴克惹是否有好的相片可以摆放在普嘉房里,但他也无能为力。

"都不用跟彭嘉吉提这事,"他说,"他不会同意的。如果有人问,他通常会对那些人发火。来,我给你看看我仅有的几张。"

他指着挂在他墙上的两张照片,都拍得很不清晰。

"这两张是库尔卡尼拍的,"他说,"他想拍一张近照,所以就躲在树丛里,等彭嘉吉经过的时候,他从叶子缝隙中拍了张照片。他很紧张,所以照片拍花了。我想他拍的时候,手一定在抖。"

别的人试图给他拍照,就更不走运了。我认识一个人在彭嘉吉不知道或者不同意的情况下拍了几张照片,去冲洗的时候,整卷胶卷都成了空白。有些弟子听到这件事,就归结为彭嘉吉的力量,认为虽然他没有故意做什么,但是因为他排斥拍照就不知怎么地导致了胶卷损坏。

我们一家稍微走运些。我父亲在单德里拍到了一张照片,连我也不必借用什么手段就拍到了一张。彭嘉吉第二次来我们安阔拉家做客时,我父亲和他外出一起散步。我想要一起去,但彭嘉吉不同意我陪。

他们散步回来,走向我们的时候,我拿着一只老盒式相机走近,说道:"很多人想要一张你的照片,能放在普嘉房里,但目前为止你没同意过任何人拍。现在我可以拍一张照片,然后发给想要的弟子吗?"

让我们惊讶的是,他笑着说:"当然!拍吧。"

那时陪着他的有两个人:我父亲,还有纳亚克师父——在讲到我和彭嘉吉初认识时,提到过纳亚克师父甘地式的行为。他们三人站在一棵芒果树下,摆好了姿势。这属于最初被许可的照片,冲印出来后,发现树叶和枝干形成一个明显的 OM 字。当然,每个人都想要一张。彭嘉吉许可一个计划后,事情总会很顺利,但如果他不许可,经常事情就砸了。没有经过许可的照片拍出来是花的或者受损，经过许可的照片就非常好。大约一年之后，他对于拍照的事情更加放松了，甚至让我们从他保存的一些旧负片中冲印照片。我记得有张是他大概四十岁时候拍的，他当时非常年轻、健壮，身体肌肉遒劲有力。若是从没见过他的人看了这张照片，或许会以为他是职业摔跤手或者举重运动员。

那个时候有个比较有意思的访客，名叫阿卜杜尔·噶法尔（Abdul Gaffar），是苏菲教徒。他自己就是导师，有很多弟子。阿卜杜尔·噶法尔有过一些神秘体验，他能看得出彭嘉吉的伟大，虽然后者并不属于苏菲派系统。阿卜杜尔·噶法尔定期去隆达拜访，他的许多弟子随行。我想他在贝尔高姆有自己的中心，大概五十公里远。有时候会有上百人一起来。法会由阿卜杜尔·噶法尔以阿拉伯语唱虔信歌开始，偶尔是他弟子一起唱。然后他会和彭嘉吉热情高涨地讨论苏菲主义中的各个方面。彭嘉吉的波斯语和乌尔都语说得很好，也非常熟悉这两个语言的苏菲派著作。他似乎很享受阿卜杜尔·噶法尔作陪，每次这人来看我们，彭嘉吉总是兴高采烈。

实际上所有来隆达罗摩寺的弟子在第一次遇到彭嘉吉时都已在某种修行道路上。他给所有人的建议都是一样的："放弃你的修习。没有必要。"大多数来见他的人，甚至那些自认为是他弟子的人都无法接受这一建议。彭嘉吉不在的时候，他们会继续自己的修行和礼拜，有些人甚至在他一出门旅行时，就跑去见其他的上师。他们对彭嘉吉闭口不言，试图隐藏自己的行为，但他知道是怎么回事。虽然他完全明白发生的事情，但他从不埋怨或者批评。这是彭嘉吉深受我们喜爱的原因。他从来不迫使他的弟子以特定的方式行事。别人问他时，他会给出建议,但来人如果不愿意接受的话,他从来不会迫使大家接受他的教授。

我们家庭是少数几个全然接受他建议的,我想这是他喜欢来家里做客的原因。他告诉我们,单个地说过,也当着全体说过:"你不需要做任何事情。你已经臣服于我了。从现在开始,你的修行福祉就是我的事,不是你的。把一切都交给我。"我们每个人都信任他,并接受他的建议。我们放弃了我们的仪式、所有的信仰、所有之前的修持,甚至把普嘉房里所有其他的照片都拿掉了,只放了拉玛那·马哈希和彭嘉吉的照片。实际上,我们把他当成一家之主。我们把所有的问题都告诉他,修行的和俗世的,他对生活中每方面的建议我们都听从。

还有一个人也放弃了之前所有的信仰和仪式。彭嘉吉第一次来到隆达时,达塔特瑞亚·巴克惹医生大部分时间都在礼拜神祇。每天两到三小时,他按照仪轨礼敬他普嘉房里的每一尊雕像。这些仪式是他生活中最重要的事。他的病人或许正躺在临终的病榻上,但如果巴克惹医生没有完成早上的普嘉礼拜,就不会去看那些病人。在没按照仪轨一个接一个地礼拜完所有一百多尊神像前,他不会接待任何病人。要是神不巧忘记了自己的不同化身形象,他大可到巴克惹医生的普嘉房温习一下。比方说,巴克惹医生绝不会满足于一个迦尼萨[①]像。因为迦尼萨有八个不同的形象,巴克惹医生就必须拥有八个不同的雕像,每一个都略有不同。那里的其他神祇也各有多种形象。每天早上,他对每尊神像都投入几分钟的关注。首先他清洗、擦拭神像,然后做个简短的敬拜,唱诵那尊神祇相应的咒语。

---

① 迦尼萨,象头神,是湿婆与雪山女神之子。

彭嘉吉知道巴克惹医生的修行生活是以早上的仪式为中心，他从没有直接让他停止。但一段时间后，巴克惹医生自己意识到不再需要这些修行了。20世纪60年代后期，他陪彭嘉吉去哈德瓦朝圣，他把所有的神像都装在一个大金属箱子里随身带着。在火车站，他需要两三个苦力来抬箱子，因为那重达一百多公斤。他到了哈德瓦，让苦力们把箱子提到恒河的一座桥上，再丢入河里。在印度我们用这种方法来处置不想要的神祇，把它们沉到圣河里。我看过巴克惹医生的普嘉房，知道他很多雕像是用贵重的金属打造的。那天他丢到河里的神像估计花了他好几年的薪水。后来去隆达时，我看进他的普嘉房，很惊讶发现只剩两张照片：一张是彭嘉吉，一张是拉玛那·马哈希。我问他发生什么了，但他却不能解释。他开始描述自己内在的一些变化，但说了几句就放弃了，开始哭泣。我再也没有问过，因为看起来他不想谈。

我不知道他内在发生了什么，但可以保证他的个性和人格发生了可喜的巨大转变。他还做礼拜的时候，村里每个人都对他又敬又怕。他是个很有威严的人，之前会用非常愤怒的语气凌压他的病人。虽然他是个好医生，但他临床态度非常盛气凌人。我听说他令人生畏的名声，当地的小孩看到他在街上走都会跑开。但他从哈德瓦回来后，变成了一个安静而柔和的人，很多时间都在罗摩寺做些杂活。有时我走进去，会看到他跪在地上擦着地板。他会给彭嘉吉做饭，亲自伺候。彭嘉吉用餐时，他会静静站在身后，两眼含泪，双手感恩合十。

这两位巴克惹医生照顾着隆达和周围几个村子的医疗所需。彭嘉吉偶尔会打听一下自己认识的病人，除此之外极少介入他们的工作。然而，曾有一次他确实自己接手了一个病人。那罗衍·巴克惹医生一直在治疗一个黄疸病人,直到最后放弃希望。病情非常严重,他预料病人几天内就会过世。他去罗摩寺的时候跟彭嘉吉提到了此事,预言说那人再过几天或许就要死了。

"胡说八道!"彭嘉吉反驳,"有个很简单的方法治疗黄疸病。走,我们一起去看他。"

到了病人家,彭嘉吉给病人一根还没熟的香蕉,上面涂了一些青柠檬酱。这个青柠檬酱就是吃槟榔的人卷在萎叶上的东西。第二天病人就大为好转,再过了一天就开始康复。那罗衍医生认为这是治疗黄疸病新的天然药方,他随后在其他同类病人身上使用,但没一个人被治愈。他最终得出结论,是彭嘉吉本人影响了疗效,和青柠檬加香蕉的方子一点关系都没有。

20 世纪 60 年代中期彭嘉吉开始大范围旅行,所到之处都会接收新弟子。为了和他们保持联系,他会用罗摩寺作通信地址。拉哲和我每次从胡布利去看他时,都会替他拿这些国内信件和国外航空信件,知道他会收到大量的信。每次他回到隆达,都有一堆信件在等他。他会在刚回来的几天中看完并基本上回复完毕。

我们去看他时,也会带上其他我们觉得可能有用的东西。住在隆达的人会很惊讶,因为我们带去的东西常常正是所急需的。彭嘉吉常会不经意地提到需要某些东西,几天之后,拉哲和我就从胡布利带来了。我们不知道他是怎么传达消息的。我们只是决定去看他,在路上买一些东西,通常决定买的就是一两天前他说自己需要的。

彭嘉吉出门在外时,我们也会定期给他写信,从来没有任何一周断了书信。那段时间我满怀虔诚的热情,在我很多信中都透露出这种充沛之情。彭嘉吉非常喜欢这些信。他回信中经常提到他把我的信大声朗读给全国其他地方的弟子听。彭嘉吉也会把其他弟子的来信复印寄给我们。他喜欢分享自己的快乐和写信者的快乐，如果来信中描述了很好的体验，他会把信件复印后分发给全国各地的弟子。

通信中，我们发现彭嘉吉是有他心通的。我们写信告诉他某个具体问题。经常是我们的信件寄到他那里之前就已经收到他的回信了。我们得出的结论是，如果我们写信并且投寄，他马上就会知道我们想要什么，并不需要等收到信。给他的信寄出几小时之内，他就给我们寄出了答复。

1974年，毗纳亚克看了一部关于中世纪马拉地圣者图卡拉姆生平的电影，突然充满了强烈的渴望，想要抛弃世间做苦行僧。帕帕吉的回复如下：

1974年3月26日

德里

你在电视上看了《顶严图卡圣者》(*Tuka Zalase Kalasa*)这部电影，有了强烈的反应，觉得应该抛弃世间去庞度让嘎。你的信迫使我带你去俱卢之野（Kurukshetra）的战场。看看阿周那说的："我不该作战。我怎能杀死自己家族中的老人和受尊敬的人：我自己的老师、我的岳父和堂兄弟？与其杀死他人赢得自己的王国，我不如退居僻静的圣地，做个乞食之人。"黑天不让他逃跑。我也不会让你逃跑的。你现在也在一场战役中，我怎么能允许你转过身逃到庞度让嘎去呢？你的彭嘉吉会把庞度让嘎带到你心里去。不要担心。你的解脱是注定的。要对我有信心。我绝不会放掉你，你也不要放掉我。你有这些想法让我很满意，土壤肥沃，雨水将会及时到来。现在安静地等着大丰收吧……放心，我在爱着你……

毗纳亚克安静了很长时间，等着他的大丰收。我这么说是因为1996年年中他来勒克瑙参加上师节①庆典，我那时跟他聊过。我给他看了书稿，请他读一遍，审阅他第一手了解的故事，增加一些没有提到的他自己的故事。他翻阅后，提了一些有用的建议和改正。一个月后，他寄了下面这封信给我一个在美国的朋友，他们两人已相识多年。

给你写信我真是高兴，就好像是久远的友谊得以再续。很肯定的是，我们在宿世中曾经一度是个大家族，与我们挚爱的帕帕吉一起。由于过去悬而未决的欲望、成就、愿望等等，每个人被赋予了不同的任务，于是大家就分开了。我们很幸运，因为帕帕吉及时把我们唤了回来。他向我们所有人一一保证，我们安享着可靠的照拂。

在此期间失去一些岁月并不要紧，在那之前数百万年也早已度过。在我们挚爱的自性上师（Satguru）加持下，我们现在离轮回的终点很近了。相对于无量劫都在一起来说，几十年的分离是微不足道的。

最近去了勒克瑙之后，我因为与他分开而悲伤。我还有种深深的懊悔感，觉得虽然在他座下三十年，自己没有多大进步。当我从马德拉斯中心乘坐区间火车去谭巴朗②见一个客户的时候，这一感觉变得

---

① 上师节（Guru Purnima），印度的印度教和佛教共有的感谢自己导师的节日。
② 谭巴朗（Tambaram），马德拉斯南郊的区名。

尤其强烈。我想起自己没有任何一个体验能和很多其他弟子媲美。很多人闭上眼睛时看到眼前的光，有些人在内在的极度寂静中听到神圣的笛声。一些有福的灵魂体验到妙乐如云般降临到他们身上以及数不清的其他吉祥境界。还有人甚至体验到和其他生命体的一体感，这是在真我认识道路上非常崇高的体验。但我什么都没有。

"除了我和上师住过，亲近过他足下，和他一起分享过食物和住处，吃过他亲手递来的食物，听过他讲不完的笑话之外，在我亲近智者漫长的三十年中，我没有过任何其他体验。"

在路上这些念头变得非常强烈的时候，我突然感觉到了宁静。我觉得在过去三十年中甚至更早，自己一直都有这个至高的宁静。内在涌现出某种确信："这个宁静即是唯一。其他的体验都不重要。"

我开始哭泣，同车的乘客以为我疯了。

我现在依然安住在那个幸福中，就算拿梵天的宝座我都不换。就像你那天说的，亲爱的帕帕吉对我们家的殊胜加持就是：我们从未有片刻离开过他的足下，我们和他的关联并不是三十年，而是无始以来的。

几天前我有了一个很有趣的体验。我正感觉到自己体验的宁静是高于其他一切体验的，突然我开始闻到身边一股强烈的香味。这持续了二十四小时，然后自动消失；但消失之前，那股香气非常强烈、有力而且罕见。我翻动了身边所有的东西，想看看这个香气是否会消失，但是它毫不受影响。最后，我不得不向上师祈求摒除它，因为它让人分心。我现在不羡慕那些体验到香气或者其他觉受的弟子了。亲爱的帕帕吉就是这样用他的游戏来教导我们。

就像毗纳亚克一开始说的，他们家里第一个遇到帕帕吉的是他父亲，罗摩商德拉·普拉布。他父亲在20世纪60年代提交了一篇文章给室利·拉玛那道场出版的杂志《山路》(*The Mountain Path*)，以下摘自这篇文章：

我在1942年的自由抗争中扮演了一个重要角色。我阅读了比如罗摩·提尔塔、柴坦亚大尊者[①]、辨喜·斯瓦米[②]和罗摩克里希纳·波罗摩汉萨等圣人的著作，但我那时候认为的实修就是为自由而战，以及服务贫穷和被压迫者。印度独立之后，我意识到穷人没有从国家独立中得到任何经济利益，我成了马克思主义者。后来我加入印度国大党[③]，成了一名邦立法议会成员。最终我对政治的幻想破灭了，转而从商，但生意伙伴欺骗了我，我亏了一大笔钱。

1965年我因为森林承包工作来到隆达，彭嘉尊者在那里生活、工作。他那时还在矿业公司上班。我在罗摩寺遇见他，那是为他而建的小道场。彭嘉吉上师的非凡人格，他极其仁慈、鼓励的恒常微笑，以及对弟子平等的爱融化了我的自我，我生平第一次臣服了。我认他为上师，在他面前礼拜。室利·彭嘉吉扶起我，鼓励地看着我，然后

---

① 柴坦亚大尊者（Chaitanya Mahaprabhu，1486—1534），活跃在印度东部的印度教宗教领袖及社会改革家，著名的黑天虔信者，留下了八首著名的黑天赞颂诗。

② 辨喜·斯瓦米（1863—1902），罗摩克里希纳的主要弟子，是将印度吠陀和瑜伽介绍到西方的重要人物。

③ 印度国大党，全称为印度国民大会党（Indian National Congress），为印度历史最悠久的政党，最初的目标是争取受过良好教育的印度人分享政府权利，所以未遭殖民当局反对，后来转以反对英国殖民统治、争取独立为目标。1947年印度独立后，国大党长期执政至1977年。

带着巨大的慈爱拥抱了我,就好像他一直焦急等待着我到来一样。

帕帕吉在20世纪70年代至80年代和他频繁通信,涉及许多话题。

1978年12月15日
勒克瑙

亲爱的普拉布吉,

我很高兴读完你12月11日的信。你在里面说:"愿我们在对上师的爱慕中蓬勃成长。"这是秘中之秘,虽然它和时间一样古老,但只有少数有福者才知道。在古代,喜马拉雅山王达刹的女儿吉芮迦①对她的上师无比虔诚,没人可以阻断她的爱慕。她的父亲不可以,仙人们不行,天神也不行。她被居住在火葬场的伟大导师(湿婆)接受了。有一天她和上师有以下这番对话:

雪山女神:哦,祜主,如何进入无分别三摩地?

湿婆:看着我。你看到谁?

雪山女神:我看到祜主湿婆。

湿婆:超越这个所见!你看到什么?

雪山女神:我看到光。

湿婆:超越这个光!你看到什么?

雪山女神默然。然后融入了真我。

我最近的旅行很顺利,遇到了一些不错的人。有个霍尚噶巴德②

---

① 吉芮迦(Girija),雪山女神的一个别名。
② 霍尚噶巴德(Hoshangabad),印度中央邦的一个城市。

的年轻工程师叫色拉德（Sharad）；巴罗达①的女士苏哈斯·本（Suhas Ben），夏诗卡拉太太（Smt Shashikala，罗摩商德拉·普拉布的弟媳），两人曾在孟买见过。有天夏诗卡拉太太来了，坐在我面前问："师父，我该做什么？"好几年来她从没问过我一个问题，虽然我一直很喜欢她的服务。我看着她说："你不必做任何事！"仅此而已，但她马上变了。她看起来在巨大的平静中，脸上透出灿烂的光。对此我很高兴。

向你、普拉布太太和毗纳亚克致爱。

你的深情的

1981年8月4日
隆达

亲爱的普拉布吉，

……上师之职已经完成了，对这个交付于我的工作，我很高兴。直到每个人都处于平静和妙乐之前，我不会休息……

1981年10月15日
雅利安尼瓦斯②
哈德瓦

亲爱的普拉布吉，

……我很高兴读到你的体验。称之为定境或者一瞥，不管你想怎么称呼都行。它显示出你纯净头脑及所志求的明晰状态。一直透过你

---

① 巴罗达（Baroda），印度古吉拉特邦人口数量第三的城市。
② 雅利安尼瓦斯（Arya Niwas），位于哈德瓦的一家旅店。

的存在去看，或者哪怕只是偶尔为之，那么，了悟到你根本的真我本质就是毫无疑问的了。人们真正被赐予的就是这个：一种能领悟它的内在潜能。若心无系缚，那么弹指之间就能做到……

1983年2月13日
勒克瑙

亲爱的普拉布吉，

……在你1月10日从马斯喀特①寄来的信中，我要很抱歉地说我不是很明白你写的：

上师和文卡特什②的关系并不同于父子关系。我带着父亲的关心去看文卡特什时，我因他的行为产生了执着和私利之心。但当我带着上师的眼光去看他，则看到了他的纯真，对上师及他母亲纯净的虔诚和爱。

这是整个宇宙患上的疾病：双重人格、分裂的内心、精神分裂、妄想症。对事物应该只有一个看法。不应该去分别执着和出离、父亲和上师、上师和弟子、朋友和敌人、善与恶。只是看，不要分别。这是涅槃－寂静－极喜的钥匙。

世界之师（黑天）在战场上不是这么教导阿周那的吗？——"我给你我之见。如我般看。履行你的职责。作战……"

---

① 马斯喀特（Muscat），阿曼首都，地处波斯湾通向印度洋的要冲，三面环山，东南濒阿拉伯海，东北临阿曼湾。
② 文卡特什（Venkatesh），普拉布的儿子。

1983年3月1日

勒克瑙

亲爱的普拉布吉,

……在印度也一样,因为砍伐森林,这个国家变得光秃秃,被污染了。你以前和现在都在干这行,所以卡尔瓦尔和达尔瓦尔地区遭到的浩劫,你知道的比我更多。为了迦梨河大坝,砍伐掉了数以百万的树木。甚至隆达山脉上的树木也被砍掉,让山体裸露在外,但我们无能为力。

我之前在哈德瓦和瑞诗凯诗,每天都看到大概两千个男人、女人和小孩砍伐树木,扛着一堆堆木柴跨过恒河。这样的情况已经持续了很久了,也是有原因的。每一捆柴可以赚八卢比。厨房燃料也只靠木材,全国不是各地都有煤气的。我看不出有什么解决的办法。每晚散步的时候,我看到很多人挥舞斧子一下下砍在小树或幼苗柔软的树枝上。每一下都砍在我手臂上。除了去俱卢之野的战场,倾听两军对垒时弟子和他智慧之师间的对话外,我别无良策。

"但是我不能作战,尊师,"阿周那说道,"他们是我的堂兄弟、岳父和我的箭术老师。"他把自己的弓箭丢弃在地,跪在地上,低着头,全身颤抖,因为恐惧而面色苍白,咬紧了双唇。

《薄伽梵歌》就此开始。宇宙的智慧由祜主本人宣说。我们可以在孟买谈论接下来的事。是你引我说到这个,因为最近一封信中你长篇累牍引用《薄伽梵歌》。我现在得打住了,因为一开口,就会是一段非常真实而滔滔不绝的对话。就算是黑天也在十八个章节七百句偈颂后停下了。然而我一谈到黑天对他所挚爱的弟子和朋友所说的,我就停不下来。时间和语言都无法涵盖我想要说的。

我之前提到污染的话题,后来跳到了《薄伽梵歌》、阿周那和黑天。因为黑天应对的是根本的污染,人类头脑的最初污染,由亚当夏娃开始,还会延续下去。我们的头脑被污染了。一个宗教对抗另一个,犹太人对阿拉伯人,阿拉伯人对伊朗人,资本主义者对社会主义者;一个种姓对抗另一个,家族对抗家族,兄弟对兄弟,丈夫对妻子。这是精神污染。如果把这个从我们的心中清除出去,我们就能像天国的神祇一样生活。我或许是在做梦,但是我希望这能成真。

我遇见年轻的男孩、女孩和孩子们,我教他们怎么在对所有众生、所有物种的爱中生活。所有的神祇、人、动物、鸟类、树木、海洋生物,甚至是石头和砂砾,都只指向同一个源头。它形成了过去、现在和未来的所有一切,而不扰动它本身的"一"……

其他的,我当面再跟你说。谢谢你。

1984 年 7 月 29 日

亲爱的普拉布吉,

……从商克里①来的另一个年轻男子和我一起坐吉普车去了彭达(Ponda),他和我共住一晚,在我床上给我按摩双腿。到了早上他感谢说:"我觉悟了。"我复印了一份他留给我的纸条,寄给你。

亲爱的普嘉·彭嘉吉,

我带着巨大的满足离开这里。我得到了所有想要的,不再寻

---

① 商克里(Sankhli),位于果阿邦北部的一个镇子。

求任何其他的了。我是自由、幸福、圆满、觉悟和解脱的，这全依赖于上师、师父、真我——也就是您的加持。谢谢。

您真诚的，

帕提尔（Patil）……

1985年7月27日

勒克瑙

亲爱的普拉布吉，

我读到了1985年6月23日搭乘迦腻色伽皇号印度航空182班机的329名无辜者不幸身亡的消息，之后就一直遭受着深深的精神痛苦。那些人中有还未出世的婴儿、各个年纪的男人女人，他们平白无故丧命于空中。曾经阿育王号飞机在圣克鲁斯①起飞没过几分钟就在阿拉伯海上空爆炸②。这是自此之后最大的一起航空灾难。

许多天来，在梦中和定境之中，我潜入大西洋与死尸相见，寻找黑匣子（能显示飞机失事原因的飞行记录器）。我无法回到自己的正常状态……

这是宗教教给信徒的：杀死非我族类的人。

我对死者的家人深表同情，希望他们能保持勇气面对丧失亲人之痛。我为这些不幸离世的人的灵魂祈祷善提。特别是在灾难发生时怀

---

① 圣克鲁斯（Santa Cruz），孟买的一个地区名，孟买国际机场位于此区。
② 这是1978年1月1日发生在印度孟买的一次空难事故。当天晚间，一架波音747-237B名为"阿育王号"的飞机从孟买国际机场起飞后于距离班德拉海岸三千米处失控坠海，机上二百一十三人无一生还。打捞出的飞机残骸显示飞机并未发生爆炸，而是由于仪器故障导致事故。

中抱着娃娃的孩子们。

呵利　唵①

1987 年 4 月 13 日
勒克瑙

亲爱的普拉布吉，

……我对自己的任务感到满意，它让我一路走到现在。我在祜主拉玛那②前礼拜，是他，正运用这一工具来完成他的使命和意愿——也就是在每个男人、女人，所有众生中开发出那无法想象、不可驯服、不为所知的光……

为这本书收集资料的时候，我会把他的老弟子们有趣的故事、信件或口述经历资料给帕帕吉看。他会饶有兴致地阅读，不过几乎没有主动让我联系过某个或许有故事可讲的人，只有一个例外。

有一天，他突然看着我说："加布列有没有写信给你？"

帕帕吉定期在隆达举行萨特桑时，加布列先生是隆达的邮局局长。我已经联系过他，他给了我一条简短的回复，说不愿谈论自己的经历，因为他不认为别人会感兴趣。我没有把这封信给帕帕吉看，因为其中没谈到任何有趣的事，但既然他突然间这么问起，我就把信从资料中拿出来，递给了他。

帕帕吉读完后说："再给他写信，告诉他，是我要求他写出他的

---

① 呵利　唵（Hari aum），这是一个常见的咒语。Hari 有"去除"之意，指的是究竟之神能移除一切苦难和迷惑，是毗湿奴的名号之一。aum 是世界本初之音。
② 祜主拉玛那（Lord Ramana），指拉玛那·马哈希。

故事。我想要知道他是怎么回事。"

然后帕帕吉说了一些细节，激起了我的好奇心。

"隆达是个很小的地方，大家都是熟人。加布列是当地的邮局局长。他是个无神论者，似乎很不喜欢看到村庄里举办大型的萨特桑。他会非常友善地和村里每个人打招呼，但每次遇到我，都会充满敌意地瞪着我，或者彻底无视我。后来发生了一个巨大突变。我记得他妻子有天早上冲进我的萨特桑，一脸无法置信的表情：'我的丈夫正在我的普嘉房里，正在打坐！您对他做了什么？'

"我还是不知道我算是做了什么，但在他身上肯定发生了什么。再写封信去，告诉他，我想要知道。"

我给加布列先生写了信，提到帕帕吉说的关于他的话。这一次我收到一封长而详尽的回复。

我没有详细回复你的第一封信，因为我自认是普通人，并不值得在描述室利·彭嘉吉这般崇高的世界知名导师的传记中被提到。我依然觉得自己所能贡献的故事将是微不足道的，因为这只是出自一个在自己村庄中都不甚起眼的乡下人之口。

我想自己是一个理性主义者。我乐于接受新思想，但只能接受那些被证明是正确有效的思想。

如今我记忆不太好了，所以接下来叙述的基本上摘抄自我当时的日记。彭嘉吉鼓励我写日记，说可以帮助我不陷入幻想从而不耽误我恰当地履行职责。

我担任隆达的邮局副局长时，偶尔会去那罗衍·巴克惹医生的诊所，并不是去看病，而是去讨论政治和宗教。我不信神，强烈反对所有的宗教信仰和修行。我那个时候受到伯特兰·罗素①和其他现代思想家的影响，大量阅读反宗教书籍，只要有人肯听我说，我就喜欢宣扬那些观点。

1979年11月初，我在那罗衍·巴克惹医生的诊疗所时不经意听到他对人说："他昨天到了。"他没有提到名字，我感觉他不想让我知道这件事。后来我才发现他们把室利·彭嘉吉到来的事情瞒着我，就怕我再发表什么反对宗教的演说，破坏他们的萨特桑。在那个时候，我并不太了解室利·彭嘉吉，只知道他是那罗衍·巴克惹医生和他父亲达塔特瑞亚·巴克惹医生都极为崇敬的一位修行老师。我知道他们在村里为他准备了一所房子，除了他在，别的时候都空着。

那罗衍·巴克惹曾经对我说过："罗摩寺起初并不是为彭嘉吉造的。他刚来的时候，就已经在建造中了，我们本来是打算自己搬进去住的。彭嘉吉第一次看到建筑时，就感慨说：'这幢房子的每一块砖头都在吟唱"罗摩！罗摩！"'听了这话，我们就决定把这房子留给室利·彭嘉吉专用。他不在的时候，我们就锁起来，没人可以住在那里。"

我很好奇，想去见见这位让村里这么多人都蜂拥前往拜见的男人。我并没有打算破坏他们的活动，但如果有人挑战，我将很乐意捍卫我的无神论。

第一次去的时候，我听室利·彭嘉吉叙述了某个斯瓦米去旅馆房间看他的故事，讲了很久。这个斯瓦米说自己读了所有经文，做了很

---

① 伯特兰·罗素（Bertrand Russell，1872—1970），20世纪英国哲学家、数学家、逻辑学家、历史学家，无神论或者不可知论者，也是20世纪西方最著名、影响最大的学者和和平主义社会活动家之一。1950年，罗素获得诺贝尔文学奖。

多苦修，但都没有让他觉悟，或让他心灵平静。室利·彭嘉吉补充说这人自己是位上师，当时正带着几个弟子去喜马拉雅山。彭嘉吉说他让那人走出去，把所有过去的垃圾都丢在房间门外，然后不带丝毫地再走进房门。斯瓦米感觉受了侮辱，不过还是听话照做了。几秒钟之后，他冲进房间，向彭嘉吉礼拜，说他开悟了。还有很多其他的细节，但基本上的故事要点就是这样。

我无动于衷，心想："这个人只是在吹嘘。"我完全没向室利·彭嘉吉问候或致谢就离开了房间。

第二天我又去那里探个究竟。进门时，我能听到大家在谈论我。

那罗衍·巴克惹看到我走进来时，大声宣布："这位就是加布列先生。"

彭嘉吉转向我，说："这么说，你不信神？"

"对，"我说，"我不信。神是受限的头脑创造出来的产物。"

"那么，去掉限制。"彭嘉吉提议。

"这做不到，"我回答说，"是不可能的。"

"你能给我一点点时间吗？"他问，"你愿意让我向你展示头脑如何可以不受限吗？"

那个时候，思维限制是我所爱的理论之一，所以任何保证可以去除这一问题的方法或者系统，我都有兴趣尝试。

"好的，"我说，"如果你能展示怎么做到这点的话，我愿意拨出点时间给你。"

他让我坐在面前。我直接看进他的双眼，他看回我的。我们保持沉默。

最后我不得不开口："哪怕我很努力，我还是做不到为你留出一秒钟。"

我离开的时候,内心信念毫无动摇,然后接下来的大约一天时间内,我开始觉察到这个人已经以某种方式触动了我、吸引了我。

一部分的我在说:"我不会向这个斯瓦米屈服的。"但另一部分的我已经开始感觉到我是一个自大的人,需要帮助,而这个帮助或许会来自室利·彭嘉吉所主持的萨特桑。

下班后,我又参加了几次晚上的萨特桑,但没有加入任何讨论。这些萨特桑并没有让我平静。相反,我有一种感觉,它们搅乱了我的意识,引起了思维动荡。我有个想法,认为室利·彭嘉吉是试图给我的头脑做点什么手脚,以此来吸引我,使我成为他的弟子。我觉得是这个原因才让我感觉到这些奇怪的精神状态。不过,尽管感受颇不寻常,我仍然觉得情况还在控制之中。我下定决心:"我不会向这个斯瓦米屈服,也不会从他这里跑开。我不会让他控制我的判断力。"

那段时间,我静静地坐在后面,听到谈话中经常提到室利·拉玛那·马哈希和他的教法。我曾经看到在那罗衍·巴克惹医生的家里,桌上摆着一幅很大的马哈希照片,但我并没有留意。现在,我知道这个人是彭嘉吉自己的上师,就慢慢地对彭嘉吉讲述的有关他的故事越来越感兴趣了。

几天后,就在我默默出席萨特桑期间,巴克惹医生把《和室利·拉玛那·马哈希的对话》(*The Talks with Sri Ramana Maharshi*)一书给我看。那时,我已经颇有兴趣想读这本书,想看看里面都说些什么。我立刻就被马哈希推荐的参问真我击中了。我之前曾对室利·彭嘉吉说头脑的限制是不可能去掉的,但读到马哈希的方法后,我意识到这是个简单、理性甚至科学的方法,可以找出什么是头脑的源头。这似乎不用树立任何信仰体系，只是一个方法，去探究头脑的本质、形成方式和其可能的来源之处。我决定使用这个方法，理性地探究"我"的本质。

当天晚上我大概在凌晨两点半醒来，感到一股强烈的渴望要专注地集中在这个"我"之感上。我努力去做，但一无所获。接下来几天中，想要找出"我"究竟是什么的冲动越来越强烈。我开始无法克制地要参问真我，发现自己越来越久地沉浸在对"我－念"本质的深深冥思之中。

虽然没什么成果，但参问攫取了我，让我无法放下。那时我一定是表现出了一些奇怪的症状，因为彭嘉吉出门几天去孟买的时候，他嘱咐巴克惹医生要关注一下我，理由是他怀疑我有可能会发疯！我没有因此打退堂鼓。虽然没能称心解决"我是谁"这个问题，我却发现自己的生活开始有了变化。我对于每天惯常的办公室和家庭事务产生了厌倦，甚至对自己的妻子和孩子产生了一种距离感，不愿意和他们有联系。

几天后彭嘉吉回来了，我又开始参加他的萨特桑。萨特桑上讲的东西我不明白，但是不知为何，这似乎并不重要。闲暇时间我还是在读《和室利·拉玛那·马哈希的对话》。令我欣喜的是，随便翻开一页，就可以发现答案来回答我对参问的疑惑。在那个阶段，我没有就自己的参问向彭嘉吉请教，而更喜欢从这本书中得到答案。

我发现室利·彭嘉吉的性格和方式有点让人生畏，我不敢接近他。我这么告诉达塔特瑞亚·巴克惹医生，他报以大笑。

"对我来说，"他说，"他就像个小孩子。我和他相处、爱他就像爱自己家人一样。我把他当作自己家里的年轻人一样对待。"

我观察医生，发现果然如此。他坐在室利·彭嘉吉旁边，像哄小孩一样哄他。如果医生想要他吃点特别的东西，就用对待小孩的方式。这似乎对他挺管用，但是我和室利·彭嘉吉之间没有这种关系。对我来说，他是一个非常疏远而严厉的人物。

我很快意识到自己迷上了待在室利·彭嘉吉身边。我无法远离他。

我对真我的参问越来越深入。我发现自己在半夜用力地试图拒绝和遣除自己的想法。我这样努力时，嘴巴里就发出呻吟般的声音。我最终去向彭嘉吉请教，他回答说："继续。你正在取得很好的进展。"

第二天我感到已经把自己的头脑推到了某个边缘。在那之外，似乎是一条非常广大而黑暗的道路。我告诉了彭嘉吉，他只是回复说："超越那个黑暗的通道。"

然后最终有了突破。在凌晨一点半左右，我醒了。我正躺在小床上，但是我立刻知道自己不在平常的状态。当我坐起身来，能觉察到现实中在我附近的所有东西——房子、外面的马路和附近的铁路，但它们不再在我之外，或者有别于我。我知道并体验到它们都在我之内，能直接地感到含摄了一切事物。这整个宇宙都在我之内。铁轨上有火车经过，我知道它是在我之内经过，而不是路过我。

我掐了掐自己的大腿，确认不是在做梦，很确信自己的确是醒着。我想去上厕所，但不敢动。我感觉如果自己动了，整个世界都会以某种方式随我而动。最终我实在憋不住了，决定冒险看看。我起身直接向墙壁走去。我觉得既然墙壁是在我之内，没有东西是在我之外、有别于我的，它就不会阻挡我直接走向厕所。我"砰"地撞到了墙，明白虽然世界或许是在我之内，但它依然还是像之前一样坚固。

我也明白了还是需要从门出去。

去完厕所之后我走了回来，坐在小床上，带着一种敬畏和惊叹享受这一奇特的新状态。最终我又睡了几小时。我在六点半左右再次醒来，感到如同孩童一般，快乐、振奋，心情愉快。我去上了班，照常完成了所有工作。

那个晚上我去了室利·彭嘉吉的萨特桑，献给他一串香蕉，向他礼拜并且宣称："我已经领悟了。"

他哈哈大笑，说道："从来没有人这么肯定地走到我面前，发表过这样的宣言！"那个时候他没有否定我。我也不知道为什么突然觉得这一体验就真的是那么一回事。

这个万物皆在我之内的体验发生了几次，通常在半夜。我会突然感到："我是超越并凌驾于一切的。"然后我会实实在在地感觉自己无处不在，超越于云朵、月亮、天空等等，在它们之上。

有天早上，我坐在外面凉台上，突然体会到了这个遍在性的真我，不过伴随而来的是身体内的奇特觉受。我感觉分为了左右两部分。左边的一半是正常的，右边的一半却处于非常态。从那时起，我感觉自己越来越频繁地处于奇怪的状态中。有时候我会看着自己的四肢，发现自己无法移动它们；有时候感觉我要死了；有时候感觉我的自我已经完全消失了。但这些状态都会过去，我最终还是会回到惯常的状态。事后看来，我觉得这是某种神经系统崩溃了。我毫不怀疑，这些奇怪又让人不安的状态是因为我遇到了室利·彭嘉吉之后，才突然被引发了。

到1979年11月底的时候，我通常会在凌晨两点半醒来，听到自己内在有声音说法。那都是关于不二论的话题,比如智慧坚定①,实相的本质,以及梵唯是一无二。这些开示每晚都有,持续了大约一周。聆听这些开示的时候,我感觉自己是正在为某件事情做准备。我向巴克惹医生提到了这个情况,他立即想要知道更多细节:我认为这些声音是从哪里来的?听起来是怎样的?等等。我没法回答他的问题。实际上,他提问时,我甚至都说不出这些开示是什么语言的。只有一种知识被传递的感觉,但并不是寻常的方式。我记得自己这样想:"这就是吠陀和奥义书不朽的原因。它们一定是以某种精妙的方式在不停地重复宣说,无有穷尽,偶尔处于纯净状态的人们就能收听到。"

奇怪的体验继续着,但是随之而来的是对其背后和之上的东西有了更好的理解。我翻阅日记,发现在1979年11月29日有如下记载:

> 我是一切。我是零。领悟到并不需要领悟。不要试图把自己变成什么东西。你恰得其所;你在做的,就是正确的事。没什么是错的。只是领悟。把一切当作我,看清我是超越意识概念的。
>
> 自从遇到上师,我曾试图改变自己的性格、行为等等。现在看来这是不必要的。
>
> 如果一切都是对的,如其所然,谁会改变?改变谁?为何改变?
>
> 领悟究竟真实。知道真实涵盖一切。不要刻意为之。就是它。

---

① 智慧坚定(Stitha prajna),出自《薄伽梵歌》。

从那一天起，我就默认所有东西和所有人都是我的上师。我感觉到从每个人和每样东西那里都可以学到某些真理，我在见到的身边每件事物上都看到了潜在上师。

在接下来的日子里，我持续体会到了甚深的寂静。有时候我会独自一人走向罗摩镇（Ramnagar，隆达附近的镇子）或者沃特锐门（Watregate，隆达镇外一个铁道口），深深地专注于自己，享受着内在深深的寂静。这寂静是实在的。我称之为绝对存在，因为它感觉起来就像是那样。它持续了几个月。它是真理，是寂静，是让人无法置信的坚实、不可动摇；没有任何强加于它，也没有任何可以强加于它。我试图理解，但是失败了，因为它是无法被理解的。

有个著名的卡纳塔圣人叫阿拉玛·普拉布（Allama Prabhu）。他的格言说着对实相的直接体验，这些话开始在我心中回旋。随着它们展露，我明白这也是在描述我自己的状态。因为我有和阿拉玛·普拉布同样的体验，并且在同样的状态中，所以能够理解。

翻看自己以前的日记时，我发现有很多都记录着自己很努力想要弄明白这一体验的本质。我会把它和商羯罗以及其他智者说过的东西比较，会试图自己去分析，但并没有什么收获。还有很多记录是我一再赞美室利·彭嘉赐予我加持，敞开了我，使我能够体验到这一美妙的状态。有一条记录着："终于，我向我的上师尊臣服了。"

有了这些初期体验后的两三年中，我一直处于高能饱满的状态。那种一切皆在我之内的感觉，和任何人任何事皆无分别的感觉常常出现。如果在火车上，我会知道自己是彻底地寂止，没有来去。我不在世界上移动，世界在我之内移动。有时我看着人们，发现很难将他们区分为个体。我记得自己有次在白拉昆特利①的节日上看着一群乞丐,无法把他们区分为不同的个体。我看着他们就像看着拥有不同脸孔的同一个灵魂。有时候甚至一些小事情也会给我带来麻烦。一次我盯着盘子里的米饭,吃之前很犹豫,因为我无法把自己和米饭区分开来。它真的是我的一部分,我不想咬它而伤害它。我必须承认在很多年中,我的行为非常怪异。有些人认为我有点疯。

很多年来我谈论的唯一话题就是觉悟真我、拉玛那·马哈希的教法和我在室利·彭嘉吉处的体验。我每周举办萨特桑,充满热情地谈论这些事情,鼓励每个前来的人都去室利·彭嘉吉那里感受加持。

几年后,这觉受开始消退,大概在九年后彻底消失了。虽然对真我的自然而然、持续不断的觉知不再了,但对我上师室利·彭嘉吉的尊敬、敬仰依然留存。同样还在的,是我对传承祖师(Paramaguru)拉玛那·马哈希尊者的敬意。通过他们,我得以一见那种从未料想过会存在的美妙。实际上,遇见室利·彭嘉吉之前,我还任性地试图劝说别人相信这样的状态和体验并不存在。

现在我对彭嘉尊者的尊敬和景仰是一个儿子对他慈父的感情。经由他的加持,我得以一瞥他自己的殊胜境界,为此我将永远热爱他、尊敬他。不过我也因为他的平凡而爱他。他就像家庭成员一样,和我们一起吃喝、谈话。他记得我们所有人,充满慈爱地问候我们的孩子和孙辈等等。他是无与伦比的瑜伽士,但也是我遇到的最可爱的人。

20世纪70年代至80年代帕帕吉依然定期造访隆达,和住在那

---

① 白拉昆特利(Balakundri),位于贝尔高姆区的村庄。

个镇子以及附近的弟子保持联系。在他的名声传到周围地区后，越来越多的人前来觐见，接受他的教法。其中有一个人叫胡克利（B. V. Hukeri），是住在邻近贝尔高姆区的工程师。

接下来的回忆颇有意义，原因有二：首先它罕见地记录了这一时期的教示对话。那段时间帕帕吉的萨特桑没有录音，但胡克利先生在日记上做了笔记，记录了他和帕帕吉的关键对话；其次，帕帕吉就拙火给出了详细建议。如今，帕帕吉决不推荐用来产生拙火体验的瑜伽修法，他说目前世界上的条件并不适合这样的修持。

当他被问到传统的瑜伽方法，特别是拙火修行时，通常会这么回答："这些修行需要绝对干净的空气、非常洁净的饮食和持续不断的监督。如今，就算在山中也找不到这些条件了。污染太严重，这些法门都无法起效。甚至连我们吃的食物也都污染了。我自己修过这些技巧，所以知道哪些有效，哪些无效。"

1980年我是公用事业部门（P.W.D.）的工程师，在距离贝尔高姆大约三十英里的一个水坝上工作。我负责安顿那些土地将被淹没的村民。3月9日我和一个朋友就修行问题讨论了一番。隆达邮局的副局长室利·加布列走了进来，加入谈话。他是和我聊天那人的好朋友。

他发现我对修行感兴趣，就说："你为什么不来隆达呢？在那住着一位伟大的智者，叫彭嘉吉·马哈拉吉，他会遣除你所有的困惑。"

一听到这个名字，我的心立刻就被吸引住了。

几天后我坐公共汽车来到隆达，由室利·加布列介绍给彭嘉吉。我感觉对觉悟真我已经渴望了很久，所以机会来临时，就开始向他提出这方面的问题。在引述这第一场对话之前，我得说，现在我称呼室利·彭嘉吉为"上师神尊"（Gurudeo），因为对我来说，他既是上师，也是神。在讲述中，我会一直以此名称称呼他。

问：我读过《薄伽梵歌》、《雅内湿瓦论》和其他著作。读了之后，在理智上能够接受我不是头脑而是真我。我有一种渴望，要研究教理。请告诉我，应该如何修行以了悟我自己？

上师神尊：没有任何方法步骤。我不教任何修行法门。

问：那我该做什么？

上师神尊：为什么不在此时此地就让你自己觉悟呢？为什么不现在就完成呢？我不会骗人做这做那的。我不会叫你去浪费时间。

问：要花多久完成？

上师神尊：就给我一分钟。

问：如果我证悟了，还可以回家履行职责吗？还是不得不离职？我的孩子还在上学。我想让他们妥善地婚配成家，继承我的工作。证悟之后会发生什么？

上师神尊：你想要做什么？你是谁？

问：我是真我，阿特曼，但是我想要看到它。

上师神尊：我不能让你看到，因为你已经是那个了。只要去除无知。如果做到这个，你就解脱了。你将成为之后发生所有一切的观者。既然你不是做者，为什么要为孩子们担心呢？

问：我的心还没有准备好。请给我一点时间。

上师神尊：没什么可畏惧的。你看了一部电影之后，难道不喜欢一遍遍重看最精彩的片段吗？

问：喜欢。

上师神尊：婚礼一结束，新娘和新郎就想所有时间都在一起，片刻都不愿意分离。这就是证悟者的状态。他永远想处在真我的喜悦中，会不停地回去。如果你推迟，那只会在未来轮回。为什么不现在就完成你的事情呢？一旦你知道你是谁，就明白了自己的觉性。有那个了知，你的工作会比以前做得更好。在你、你妻子、孩子和其他人之内，你都能看到这个同样的觉性。

问：虽然我的理智接受"我即是觉性"的见地，但我仍然觉得自己内心并未准备好。

上师神尊不再试着说服我，而是持续凝视了我几秒。我发现他的双眼是如此明亮而具穿透性，我无法承受他的注视。我垂下双眼，然后闭上眼睛。

我闭着眼睛大概有十五分钟。后来我听说在那段时间里上师神尊一直持续坚定地注视着我。我坐在那里时，感觉似乎有某种电流在脊椎流过，蹿到了心脏位置。心是平静的，整个身体充满了极喜。

我睁开眼睛时，上师神尊让室利·加布列带我去吃饭，晚上再把我带回来。在那天中，他在我体内引发的火焰熊熊燃烧起来。晚上我又见到他，坐在他身边，处于极喜和宁静的状态中。最后他不得不提醒我得离开，该坐火车回家了。

几天之后我又回来见他，整整一天都静静坐在他身边。他问我是否还有什么其他疑问，我回答："没有，斯瓦米吉，我没有疑问了，因为我觉得您已经牢牢驻在了我心里。"

之后不久他就离开隆达，直到第二年我才有机会再见到他。虽然他没让我做任何功课，我依然感到想要每天打坐两三小时。巴克惹医生给了我《和室利·拉玛那·马哈希的对话》，从书中我学到了上师神尊的师父教导的参问真我之法。在下一次会面时，我向他问到了这个。

问：我正试图每天早上打坐半小时到一小时，试着去参问"我是谁？"虽然我对此感觉不错，但我头脑中几乎是一片空白。只要我有空，就试着阅读教理著作，念诵神的名号，来使我和我自己相连。虽然您上次给了我指示，但我不能理解。我该怎么做？

上师神尊：我的教法并不包括阅读书籍。打坐半小时到一小时并不够。就算三小时也不够。你可以打坐到八十岁，但也不会有什么用。你还是依然念头不断。每天试着离于念头一分钟。这就够了。我们的方法是保持无念。你的真正本性就是禅坐。保持一直都无念。

问：对于觉悟还是有恐惧，但我不知道为何如此。

上师神尊：不该有恐惧。为何你要害怕把自己从束缚之笼中释放出来？

问：我请求您的加持。

上师神尊：加持一直都在，否则你就不会过来见我了。

不知为何，他的回答让我很满意。我礼拜，然后回到贝尔高姆。之后的一年我开始和他通信，感觉在几点上我需要建议。我发现他一直乐于回复弟子来信。如果我们向他汇报一些好的体验，他甚至会表现出极端的喜悦和快乐。下面这几行话是从他写给我的信中摘录下来的，信写于1982年7月和8月：

> 试着离于念头。去看念头从何处升起，住在那里。或许这是你的真实本质……坐下禅修。看心念的造作：如何升起，如何停留，如何消失……主要的障碍是太执着于那些并不安住本位的事物。有一天我们必须抛弃它们而独自回家，这是我们来时的

路……让我们记得自性普鲁沙（Sat Purusha，圆满者），快点完成我们的工作，为出发做好准备。

那一年10月，我收到下面这一封，这是回复我的某一封信：

> 你的信真实表达了你内心的信任、爱和真诚。整整五十年来，你在非永恒、稳定、本自常住的种种感官对境中追逐快乐而忽视你自己的挚爱，如今你与此挚爱有约。一个人怎么可能在应对转瞬即逝之物中得到内心宁静呢？
> 从日常生活中抽出一个小时，静静地坐着。看着你心念外逸的习气，它导致了你百万次的转世。

我遵循了他的建议，在1983年初开始有了貌似是拙火的体验。我打坐时，背部会变热，脊椎里有一个上升的能量，四肢开始震颤，头会晃动，偶尔右耳会听到奇怪的声音。我写信告诉上师神尊，他回复说：

> 让你的修持自然得就像呼吸一样。你头顶的晃动是由于想要努力专注。让它成为无作的禅修。所有的震动都表示拙火升起。保持升起。更认真地投入到这个力中。不要有任何恐惧。你提到还有恐惧是因为你正沿着一条不寻常的人生之路逆流而上。头脑并不喜欢它的杀手，所以会有恐惧。

拙火体验在1983和1984年持续着。热流沿着脊椎上升，温暖、愉悦的觉受会透过并充满整个身体。热流似乎一直升到了颈部。头还会不由自主晃动。上师神尊去隆达时，我向他汇报了这些体验。他听到这些非常高兴，说这些体验烧掉了过去的业。他还告诉我："不再需要任何努力。如果力量已经升到了颈部，接下来发生什么就是上师的责任。他会带你到达顶轮，将你从所有未来的轮回和束缚中解脱出来。"

他告诉我还会有更多的体验，这些将是上师加持的展现。"整天都时刻记着这个状态，"他说，"就不需要其他的修持了。"

1984年上师神尊去隆达时，我多次觐见他，还在贝尔高姆郊区提拉克瓦蒂（Tilakwadi）的室利·巴布饶·墨尔古德家里见过他。上师神尊向我指出室利·墨尔古德就是不用任何努力或者修持而证悟真相的例子。

"他带着信心服侍上师，全无所求，"上师神尊说，"他什么书都不看，什么神都不拜，也不去朝圣。"

我向室利·墨尔古德问起他的体验，他回答说："我唯是觉性。三种状态[①]经过其上。我不觉察身体或它的活动。"

在他开着吉普车载着我们时，我得以确认了这一点。上师神尊问："巴布，谁在开车？"他回答："我不知道。我也奇怪呢。一具死尸怎么能开车的？"

那一年上师神尊也加持了我家，我家离隆达大概五十公里。我把他介绍给了一个穆斯林朋友室利·伊纳姆达尔（Sri B. M. Inamdar），他们热烈讨论了苏菲派。室利·伊纳姆达尔拥抱了上师神尊，他说这

[①] 三种状态，指清醒、沉睡无梦、做梦。

么做的时候，感觉第三眼开启了。无论那人走的是什么修行道路，上师神尊都可以提供必需的加持和建议，使求道者更进一步。

就像上师神尊所预言的，我在接下来的几年中有了更多的拙火体验。有时是强烈的喜乐，有时会引发恐惧和痛苦。我向上师神尊汇报，要么是当面说，要么是写信。以下是他来信给我的一些回复：

> 我收到你的信，并且读了。我明白你身体内是怎么回事。你在隆达的时候，我观察了你的脸，我看到有热且汗毛竖立。你必须更认真一点……观察内心的活动……
>
> 最近至少有四个人向我描述了类似的体验。认真地继续你的修持吧。成功取决于你对上师的虔信和你的认真程度。投入越来越多时间进去……
>
> 你过来坐在我面前，眼睛半闭，饱含着喜悦的泪水，潸然而下，开始叙述拙火上升到心轮的故事。你充满了狂喜……保持安住，看着拙火升起。不要把念头转移到其他事情上，多亲近一些神圣之人，比如室利·加布列……
>
> 不要摇摆不定。不要到处看。永恒的莎克蒂玛[①]正张开双臂站着，等着给你一个吻。一个吻！我亲爱的孩子，这是你从来没有尝过的味道。放更多时间在上面，在寂静、爱和独处之中……
>
> 刚才就在我写这封信的时候，你坐在我面前。写的时候我的笔在颤抖，然后就写下了上面这些话。我希望你明白我的意思。请理解当我给好学生写信的时候，往往会这样……

---

① 莎克蒂玛（Shakti Ma），莎克蒂（Shakti）是"力"的意思，玛（Ma）是对年长女性亲切的尊称。

独自走进这道门。去直面你自己美丽的本来面目,这是你之前从未亲见过的。当头脑被迷惑时,没有人能领悟到他自己的本性。人们需要找到一个专业老师来了解该如何进入自己父亲的国土。这是永远都不可能在辩论、读经、仪式或念咒中找到的。保持你头脑不被迷惑。你要做的就是这个。

非常简单,不是吗?

1986年我和室利·达塔·金德(Sri Datta Ginde)去哈德瓦见他,这是一位在隆达遇见他的弟子。他满怀爱意欢迎了我们,建议我们在恒河中沐浴,并去镇上和四周的景点观光。他还带我们向恒河神净供(Ganga arti①),甚至出钱购买了所有献供的用花。那天晚上,我们在他下榻的杜利尚德芭提雅旅店(Dullichand Bhatia Bhavan)和他进行萨特桑。名为萨提亚南达·斯瓦米(Swami Satyananda)的西班牙云游僧也在。我记录了他们的对话:

问: 印度被认为是一个解脱之地。为什么呢?

上师神尊: 对,是的。(长久的停顿)其他国家对享乐有兴趣,但印度以牺牲闻名。

很多外国人在前世是生于印度的,但现在为了享乐投生去了那里。在知道享乐的后果——没有内心平静时,他们注定要再次回到印度。印度是一个有利于灵性成长的国家,是能达到解脱的一个地方。

---

① arti 又作 aarti 或者 arathi,意为除暗。是印度教的一种礼拜仪式,主礼者手捧圆盘,上面放置代表地水火风空五大元素的物品,包括鲜花、数盏酥油灯等,唱诵赞歌赞美神祇,然后主礼者将圆盘传递给众人,众人手掌作捂住灯光的姿势,然后放到自己前额,意为得到净化的加持。

看着上师神尊与所有来见他的人打交道，我被他表现出来的对所有弟子广大的爱震撼了。我告诉他自己的感受，说出这些话的时候，我自己的心里也充满了爱。眼泪夺眶而出，我开始放声哭泣。我感受到的极喜无法控制，就像是打开了一座大水库的闸门，只不过流出的不是水而是极喜。我感觉它是从右边的心中倾泻出来，就是上师神尊和他的上师偶尔提到的那个。头脑完全不在了。这样持续了大概十五分钟，那段时间我把头靠在上师神尊的腿上。他也很高兴，我看到他流出了喜悦的泪水。

我抽泣缓和些之后，他问我："你之前是否曾经享受过这样的极喜，哪怕一次？"

我不得不说："没有。"

然后上师神尊说："人绝不可能从任何物质对境的享受中得到这样的极喜。对这些东西的享乐是幻想出来的，是不真实的。你已经完成到此的目的了。"

第二天，他的恩典又淹没了我，我再次不停地哭泣了大概十分钟。上师神尊评论："你来这里是寻求教导的，现在你已经得到了。我非常高兴。"

有生以来我第一次知道了什么是真正的极喜。上师之手一直在给予，但如果我们不去接受，这又是谁的错呢？

在叙述中，室利·胡克利提到了他的师兄巴布饶·墨尔古德曾对帕帕吉的加持有过至深的体验。这是他写的：

"上师神尊向我指出室利·墨尔古德就是不用任何努力或者修持而证悟真相的例子。

"'他带着信心服侍上师，全无所求，'上师神尊说，'他什么书都不看，什么神都不拜，也不去朝圣。'"

巴布饶·墨尔古德在帕帕吉初到隆达居于罗摩寺时就认识他了，但却是几乎在二十年之后，即1984年才体验到他们关系的巅峰。体验发生几天后，巴布饶·墨尔古德简短记录了发生的事：

1984年8月18日，薄伽梵（帕帕吉）和我一起吃午餐。后来室利·贝塔吉利（Sri Betagiri）加入进来。我们都坐在薄伽梵面前，和他聊天。

突然之间，没有任何理由或原因，我失去了对外在的觉知，内在经历了无法描述的极喜。我试图要解释发生的事情或者自己正在经历的，但我总找不到合适的话。

第二天，19日，我们又坐在薄伽梵身边。那时大约是下午五点，在我看来，薄伽梵似乎是在某种三摩地中。我看着他时，突然看到在他身后有个明亮的蓝色轮在旋转，看上去像是黑天尊者的善见轮[①]。这一景象持续了三四个小时。

这段时间中，有一次薄伽梵睁开眼睛并看着我，但我们没有说话。晚上九十点，薄伽梵打破静默，建议我们都出去。薄伽梵一定是想要让我做点什么，因为他告诉我，他想要我开车载他出去。我们开了一辆吉普车，去了在卡卡提（Kakati）的室利·加布列家。整段路程中，我彻底没有意识。回来后，我们散步了一下。虽然身体在走，但却意识不到周围的环境。

---

① 善见轮（sudarshan chakra），毗湿奴的武器之一，为圆形，带有一百零八个利齿，用于摧毁敌人。

后来，薄伽梵让我就自己的体验写点什么。我能写的只有："我永远自由了。"

有一种全然臣服的感觉。我彻底地向我的自性上师臣服了，在我之内除了感觉到与他一体之外，已经不存在任何感觉了。

卡纳塔克邦的伟大不二论圣者阿拉玛·普拉布曾写到过这一体验，将之描述为"坐在空性的狮子座①上"。如果一定要描述自己的状态，我会说就是和这一样。

在他身边有了这个体验后，我就永远和上师在一起了，他一直就在我之内。我再也不可能从这一状态或者境界中出来。这是薄伽梵对我的允诺。他还说了这话进一步祝福我："这是解脱。"

我写下这些是因为薄伽梵让我叙述这一经历，以有利于其他弟子。

20世纪80年代早期，罗摩寺改名为"达塔之家"（Datta Nivas）②。因为"寺"（mandir）意为"寺庙"，故而以前这个名字让很多路过的苦行僧误以为可以在此得到免费食宿。而这从来都不是罗摩寺的功能，它只是一栋给帕帕吉在隆达专用的房屋。新的名称意为"达塔之家"，更好地反映了其实际用途。

贝尔高姆的工程师胡克利讲述与帕帕吉相处的故事时，提到了他曾和另一位弟子达塔·金德一起去哈德瓦。室利·金德是胡克利的同乡，第一次在隆达遇见帕帕吉是在20世纪80年代中期。他和帕帕吉

---

① 狮子座（simhasana），simha，狮子；asana，座位、体式。simhasana也指国王的宝座。
② 其中的达塔（Datta）是达塔特瑞亚的简称，即集合了梵天、毗湿奴和湿婆三者的印度教神祇。Nivas是"住所"之义。

有多次会面，以下是他讲述的其中一部分：

1984年7月20日，在隆达的达塔之家，我第一次遇到室利·彭嘉吉，并作了自我介绍。不知为何他也很高兴，并说："我一直在召唤你，正奇怪你怎么还没来。"他问我想要什么。我回答说："心灵平静。"那个时候我对觉悟或者证道一无所知。他叫我上前，我深深鞠躬。有两三秒的时间，他摸了摸我的面颊，然后说："这已经在你之内了。现在发展它吧。"我的身躯开始沉浸在狂喜之乐中。三个多小时内我都在享受这个状态。

上师让我以全然的谦逊来参问本性："你从哪里来？你要去哪里？"我这样做了大约一个月，然后被光吞没，在光中我清楚看到了自己来源之处。之后就是狂喜，持续了一个星期。那段时间里我笑得很厉害，脸上的肌肉都笑痛了。这段时间中，我一直有个特别的感觉，觉得自己可以吞下整个宇宙。我记得自己看着太阳，想着只要张开嘴巴就能吞下它。这一欢乐和狂喜势不可挡。

帕帕吉离开隆达后，室利·金德给他写了几封信，请求对禅修给予建议和指导。以下是帕帕吉的三封回信：

1984年12月25日

勒克瑙

亲爱的达塔·金德

读了你12月17日的来信。你是带着喜悦的泪水和彻底的狂喜写下这封信的，是这股震动化成了信件中的文字和内容，要不然我会称之为成羯本人亲自所述的《薄伽梵往世书》。它让我幸福地读了一遍又一遍。或许你并不知道自己在这个狂喜的超觉中写下了什么。保持下去，你离家近了。不要忧虑家人。它们就像是海洋的波浪：升起、漂移、发出声响，然后消退。如果你深入下去，这一过程还会继续。在水流之下没有波浪。练习这个。潜入到轮回海洋（samsara sagar）的喧嚣波浪之下，得到自由。

1985年2月5日

勒克瑙

亲爱的达塔·金德

读了你的挂号信以及完整的附件。祝福。这封信表达了你深层、稳定的状态。你已经进入了真实存在的王国。你说自己的禅修已成为自然安住（sahaja sthiti），这让我无比幸福。你做得很好，在很短的时间内就突破了。那么现在，专注于自己的狂喜，不要念诵任何咒语。保持安静、不动。不要动摇。现在是突破的时候了，就如你在信中所说。

极喜是真实状态，是你自己的本来面目。谁在禅修于谁呢？你从一开始就是自由的，我亲爱的孩子。自由不是得到的。它已经就在手心之中。不要让一丝念头升起。

如你本然地安住。

1985年3月7日

勒克瑙

亲爱金德吉,

我逐一读了你 1985 年 2 月 18 日、19 日和 22 日的信。

18 日:如果你不能长时间坐着,双腿不舒服,你可以每天短时间坐几次。只要你能有安静的时刻,就安住在你的心中。不要让头脑空白。不要专注在肉体心脏上。避免头脑变得很沉重。不要专注于眉心。狂喜是个好征兆,可以继续。

19 日:不要专注在心上。有信心。放松。坐着,不要看任何地方。

22 日:对你的上师要有全然的信心,一切都会好的。不要担心,你在正确的无道之道上。

室利·胡克利提到 1986 年去哈德瓦。那趟拜访中,室利·金德发现自己在帕帕吉身边反复体验到了狂喜。胡克利在日记中提到了金德先生体内自发产生了内持诵,他的身体不由自主地做出不同的瑜伽坐法,这是之前从未出现过的。虽然这不停的动作使得他晚上无法躺下、入睡,但他脸上出现了妙乐的光,帕帕吉和室利·胡克利都看到了。下面是一段对这种体验的描述,继而讲述在此之后体验变得更深、更持久了。

在哈德瓦,我和上师坐在一起,然后四肢开始颤动。我发现自己自发做出了那咤罗阇[①]祜主的姿势,并且看到黑天祜主的善见轮在我面前旋转。这一景象使我保持在狂喜状态直到第二天早上。后一

[①] 那咤罗阇(Nataraja),起舞的湿婆。Nata 意为"舞蹈",raja 意为"王",那咤罗阇即舞王之意,他所跳的是创造和毁灭的宇宙之舞。

天，上师把手放在我头上，说："你已经完成了你的任务。剩下的交给我吧。"

甚至在此事发生多年之后，还是会有奇怪的境界出现，但关键事件发生在几个月后，即1986年12月在哈德瓦的时候。在半夜，上师向我揭示了存在/非存在、有形/无形、有特质/无特质、有限/无限的意义。我融化在狂喜之泪中，哭喊着："上师，唵，唵！你是多么仁慈！你是多么可亲！"

自性上师的临在中，有母亲般的爱、内心的平静和珍贵的教导，彻底遣除了所有的疑问。他会让我们大笑，忘了世界上除他之外的一切。那些能够敞开自己内心、向他开放的人会融化于空性中，领悟到自身的真相。

在之后的章节中，这段时期遇到帕帕吉的其他弟子的叙述还会出现。这一章讲述了在罗摩寺发生的事和在那里遇到帕帕吉的众弟子，在结束这一章之前，我想要引用最后一个故事。这是室利·康拉尼记录的，他是在隆达的弟子，负责当地火车站的餐厅。在我搜集此书资料时，室利·康拉尼已经过世了，所以我无法直接采访他、记录他的体验。但我在帕帕吉的一本笔记本中发现室利·康拉尼写下了简短的一段话。20世纪80年代期间，如果弟子在座下有了特别的体验，帕帕吉经常会要求他们在他旅行时随身携带的笔记本上写下这一经历。

帕帕吉的一贯做法是要求在他座下有觉悟体验的弟子们试着用某个方式描述这些体验。虽然大多数人承认自己无法做到，但他依然鼓励大家尝试。

隆达

1984年8月14日

坐在我的上师面前,我进入了一种定境,越来越深地沉入了我自己。在很短的时间内,所有外在景象都消失了。我仍然能听到外面的声音,但听起来就像是从很远的距离传来的。我听到自己心脏跳动的巨响,有一会儿我感到似乎我的心很厚很重,正被一把锤子敲打着。过了一会儿,光亮了起来,我感觉自己正看着一堵墙,是一堵厚实的墙壁,似乎是由像阳光的东西构成的,只是它要比阳光还明亮。我久久地体会着这光。不太情愿地,我慢慢睁开了自己的双眼,看到面前我的上师正在向我微笑。一道耀眼的夺目光芒正从他的双眼中发射出来。感觉好像是太阳本身照到了我的双眼中。我越是看向上师,他就越是闪耀。感受如此强烈,泪水从我双眼中流下。这是一个无法忘记的体验,是百万生中都无法见到的景象。得到上师的仁慈之光的笑容,我是多么有福!它穿透进入了心,即创造之源头,在那里摧毁了我的头脑。我是多么有福!这一次深深地沉入心中,已摧毁了一切。所有一切都分崩离析。现在我知道只有一个遍在的宇宙之心。不管我将目光投向何处,唯有心在。啊,万物中之奇迹!愿上师将我永远安住于此神圣状态中。愿他的加持永远沐浴我。

I. J. 康拉尼

中译者后记

《帕帕吉传》是一部近现代印度及西方灵修文化的百科全书，其中收录了历史、政治、文化、宗教等包罗万象的第一手资料，撰写编辑此书的大卫·高德曼厥功至伟。这部传记的中译工作最初开始于2014年初，初稿由智原和顾象合作于2015年底完成，在小范围内与朋友们分享，得到了极为热烈的反响。因为卷帙浩繁，加之帕帕吉其人还不为中文读者所熟悉，数年之中寻求出版无门。因缘最终成熟于2024年，出版了诸多印度圣者传记的梵澄译丛主编闻中先生及广西师范大学出版社递出了橄榄枝，使得这一部巨著终于得以推出，中国读者能够直接借此领略一代圣者的风采。

中译本的修改、校对得到了许多朋友的参与。感谢智喜细心对比全书英文原本，修改中译加以润色，并且检查确保了名词术语的前后一致。感谢昱、智焱、撄宁、智烨参与校对。

一切从未发生：帕帕吉传（上）
YIQIE CONGWEI FASHENG: PAPAJI ZHUAN SHANG

著作权合同登记号桂图登字：20-2024-174

图书在版编目（CIP）数据

一切从未发生：帕帕吉传. 上 /（英）大卫·高德曼著；顾象，智原译. -- 桂林：广西师范大学出版社，2025.1. --（梵澄译丛 / 闻中主编）. -- ISBN 978-7-5598-7665-2

Ⅰ．B949.935.1

中国国家版本馆 CIP 数据核字第 20242B5J79 号

广西师范大学出版社出版发行

　广西桂林市五里店路 9 号　　邮政编码：541004

　　网址：http://www.bbtpress.com

出版人：黄轩庄

全国新华书店经销

北京博海升彩色印刷有限公司印刷

　北京市通州区金桥科技产业基地环宇路 6 号

　邮政编码：100076

开本：710 mm × 960 mm　1/16

印张：25.25　　字数：280 千

2025 年 1 月第 1 版　2025 年 1 月第 1 次印刷

印数：0 001~5 000 册　定价：86.00 元

如发现印装质量问题，影响阅读，请与出版社发行部门联系调换。